高职高专法律专业系列规划教材

U0716741

国际经济法

主　编：王金兰

副主编：宗　泊

西安交通大学出版社
XI'AN JIAOTONG UNIVERSITY PRESS

国家一级出版社
全国百佳图书出版单位

内容提要

本课程研究对象为调整超越一国国境经济交往的法律规范,其涵盖了国际经济关系的各个方面,例如国际贸易关系、国际投资关系、国际金融关系、国际税收关系等。主要内容包括国际经济法的基本原则、国际贸易法、国际投资法、国际货币金融法、国际税法等。

本教材第一模块为国际经济法律基础。主要包括国际经济法的基本原则、法律渊源、法律主体等几个方面。

第二模块为国际贸易法原理与实务。当今的国际贸易法主要包括国际货物贸易法、国际技术贸易法、国际服务贸易法及国际贸易管制法。

第三模块为国际投资法律制度。主要介绍了各国关于国际投资法、中国外商投资法律制度及国际投资的国际法律制度。

第四模块为国际金融法律制度。主要介绍了国际金融法、国际贷款融资及担保法律制度。

第五模块为国际税收法律制度。国际税法的核心目的之一在于协调有关国家的税收管辖权的冲突,以消除国际重复征税。另一重点问题是通过国内法律措施和开展国际税务合作来解决国际逃税与国际避税。

总之,国际经济法是一个独立的法律部门,随着经济全球化的发展,其内容会更加丰富。

本教材可作为高职政法院校及成人高等教育教材,也可供从事法律工作、涉外经济工作的人员使用。

图书在版编目(CIP)数据

国际经济法/王金兰主编. —西安:西安交通大学出版社,2010.12(2022.3 重印)
ISBN 978 - 7 - 5605 - 3707 - 8

Ⅰ.①国… Ⅱ.①王… Ⅲ.①国际经济法-高等学校:技术学校-教材
Ⅳ.①D996

中国版本图书馆 CIP 数据核字(2010)第 169654 号

书　　名	国际经济法	
主　　编	王金兰	
责任编辑	魏照民　赵怀瀛	
出版发行	西安交通大学出版社	
	(西安市兴庆南路 1 号　邮政编码 710048)	
网　　址	http://www.xjtupress.com	
电　　话	(029)82668357　82667874(发行中心)	
	(029)82668315(总编办)	
传　　真	(029)82668280	
印　　刷	西安日报社印务中心	
开　　本	787mm×1092mm　1/16　印张 14.875　字数 359 千字	
版次印次	2010 年 12 月第 1 版　2022 年 3 月第 4 次印刷	
书　　号	ISBN 978 - 7 - 5605 - 3707 - 8	
定　　价	39.80 元	

读者购书、书店添货,如发现印装质量问题,请与本社发行中心联系、调换。
订购热线:(029)82665248　(029)82665249
投稿热线:(029)82668133
读者信箱:xj_rwjg@126.com

前言
Foreword

　　随着我国加入 WTO，逐步融入世界经济，中国市场已成为世界市场的重要组成部分，这为我国改革开放以及法制建设注入了新的外在动力，同时给法律人才的需求带来了结构上的变化，也给我国法学体系的深层次变革与调整带来了全新的研究课题。法学教育必须树立国际意识和全球意识，以具有国际性和国际竞争能力的法学教育来应对经济和法律的全球化，为国内、国际两个市场培养法律人才。大力培养懂法律、懂外语、懂经济的法律人才，为我国参与世界竞争服务，已成为当务之急。

　　国际经济法是调整国际经济关系法律规范的总和，是从事国际经济贸易活动的国家、国际经济组织、法人、自然人行使权利和承担义务的基本准则。作为一个新兴的法律部门，它是随着国际经济发展的客观需要而产生和发展起来的，有其独特的结构和体系。它包括的内容十分广泛，涉及贸易、投资、货币金融、税收等方面。在 21 世纪的今天，国家之间的经济、贸易交往愈加频繁且相互依存，世界各国间的经济联系日益紧密，全球经济一体化初现端倪，我国对外经济贸易与世界接轨已不容回避。国际经济法在维护国际经济、贸易秩序和建立新的国际经济秩序方面正发挥着日益重要的作用。同时，作为世界成员之一的中国，与世界经济、贸易发展唇齿相依，我国既要成为遵守现行国际经济法规则的成员，也要成为制定国际经济法规则的成员。因而，了解和掌握国际经济法基本理论、基本规则，是世界经济、贸易发展的要求，也是中国经济、贸易发展的要求。

　　为了适应我国入世和高职院校国际经济法教学的需求，我们编写了本教材。在本教材的编写过程中，我们结合高职院校学生的实际，吸收了近几年学术界关于国际经济法研究的最新成果，也融入了各位编者多年的教学经验与体会，努力使本教材在创新性和延续性、丰富性和简练性、学术性和通用性等方面结合得更为完善。

　　尤为值得一提的是，本教材作为一本高职高专适用的规划教材，以培养实务型人才为目标，突出能力培养，强调能力要以项目任务来训练，打破多年来的传统体例，以实务需要和能力培养为准则，对教材重新进行规划，并请来自于实务部门的专家参加了本教材的编写。

本书由王金兰任主编,宗泊任副主编。具体编写分工如下(按章节顺序):

王金兰(河北政法职业学院教授):模块一

张惠彦(河北政法职业学院讲师):模块二

李娟(中国政法大学副教授):模块三

曹晓燕(江汉大学文理学院讲师):模块四

宗泊(河北政法职业学院副教授):模块五

陶涌(河北石新律师事务所主任、合伙人):各模块的任务分析、拓展活动

本书内容丰富,资料翔实,可作为高职政法院校及成人高等教育教材,也可适于从事法律工作、涉外经济工作的人员使用。

因作者的水平有限,在编写过程中不妥之处在所难免,敬请读者批评斧正。

2010 年 11 月 5 日

目录
Contents

模块五　国际税收法律制度/199

模块一　国际经济法律基础

国际经济法是调整自然人、法人、国家和国际经济组织在国际经济交往中所形成的各种法津关系的国内法规范与国际法规范的总和。国际经济法是第二次世界大战后新兴的法津部门,至今尚未形成完整的体系。本模块主要从国际经济法的主体、基本原则、法津渊源等几个方面来论述,是理解后续各模块的知识铺垫和理论基础。

项目一
国际经济法概述

学习目标

知识目标　掌握各种对国际经济法的不同理解

能力目标　能够用国际经济法的基本原则分析问题

项目分析

项目概述　国际经济法是第二次世界大战后新兴的法律部门,至今尚未形成完整的体系。关于国际经济法的概念、研究对象、性质和范围,无论是从理论上还是从实践上,各国的意见很不一致,我国法学界也未形成一致的看法。

导入阅读

普惠制的形成

1964 年,在"联合国贸易和发展会议"的首届大会上,与会的 77 个国家发表联合宣言,呼吁改变《关税与贸易总协定》(General Agreement on Traiffs and Trade,简称 GATT)中不合理、不公平的规定,要求发达国家排除不利于发展中国家出口的障碍,针对来自发展中国家的商品给予普遍的、非互惠的和非歧视的关税优惠待遇,并强调把这种要求与建立国际经济新秩序的总要求紧密联系起来。会议最终通过了一项重要决议:"发达国家应当给予全体发展中国家减让,把发达国家之间相互给予的一切减让,推广给予发展中国家;在给予这些减让时,不应要求发展中国家以任何减让作为回报。……应当把所有发展中国家作为一个整体,给予新的优惠减让;这种优惠,不应推广给予发达国家。"

经过众多发展中国家多年的联合斗争,促使"关税与贸易总协定"这一国际公约组织先后在 1964 年 11 月 17 日至 1965 年 2 月 8 日先后召开会议。GATT 缔约方全体第二次特别会议在瑞士日内瓦召开,会议的主要成果就是对《关税与贸易总协定》的文本作了重大补充——增加了题为"贸易与发展"的第四部分。在法律上,它第一次对《关税与贸易总协定》的基本原则作了重大改革。GATT 全体缔约方于 1971 年 5 月 25 日援引《关税与贸易总协定》第 25 条第 5 款的规定作出了一个免除义务的声明,允许发达国家在 10 年内放弃总协定第 1 条的规定,给予发展中国家的产品优惠的关税待遇。GATT 东京回合结束时达成最终谈判结果之一——《关于差别和更为优惠待遇、互惠及发展中国家的进一步参与》,即为著名的"授权条款"。"授权条款"第一次在贸易关系和国际经济法中确立了有利于发展中国家或发展中国家之间的优惠的永久法律根据。它对十分僵硬的"互惠、最惠国、无差别"的原有体制,作了局部的修订和变更,逐步认可和肯定了专门给予发展中国家出口产品的"非互惠的普惠待遇"以及"非互惠的关税普惠制"。在这个过程中,发展中国家又通过集体的努力,促使此种普惠原则和普惠关税制在1974年正式载入联合国大会通过的《建立国际经济新秩序宣言》《建立国际经济新秩序行动纲领》和《各国经济权利和义务宪章》等具有国际权威性的法律文献。通过这些国际公约组织、国际法律文献以及相应的国际关税实践,逐步在法律上确立了普惠待遇原则和普惠关税制的合法地位。

任务分析

任务一　通过录像、多媒体课件及相关阅读资料,启发学生对国际经济法的特征、法律渊源、基本原则、发展过程有一定的感性认识

任务二　通过对若干国际经济法主体的实际案例资料的阅读,指导学生能够掌握不同主体的不同地位和作用的相关方面内容

必备知识(理论知识)

子项目一　国际经济法的概念与特征

一、国际经济法的概念

法律是调整人与人之间关系的法律规范的总和,换言之,法律是通过规范人与人之间权利与义务的关系来达到规范人的行为的目的。因此,通常一个部门法的概念应包括主体、主体之间的关系等内容。基于此,我们认为国际经济法(international economic law)是指调整自然人、法人、国家和国际经济组织在国际经济交往中所形成的各种法律关系的国内法规范与国际法规范的总和。

二、国际经济法的特征

对国际经济法的概念予以分析,就可以得出国际经济法的特征。

(一)国际经济法主体的特殊性

国际经济法的主体是指在国际经济交往中可以享有权利和承担义务的人格者,又称国际经济法律关系的参加者或当事人,包括国家、国际经济组织、法人和自然人。

1.国家

国家在国际经济交往中是十分活跃的当事人,它的主要活动有:制定国内法,签订国际协定或国际条约,直接参与对外贸易活动。

2.国际经济组织

国际经济组织包括世界性的、区域性的以及专业性的经济组织,通常它们有自己的法律人格,如世界银行、世界贸易组织、国际货币基金组织、欧盟、亚太经合组织等国际经济组织都具有自己的权利与义务。这些国际经济组织通过制定条约或协定,协调各国立法,与国家、私人间签订经济合同等方式,参加国际经济活动。

3.法人

法人是国际经济法中最活跃的法律主体,它是近现代社会经济生活的产物,并在当代的经济生活中扮演着日益重要的角色。尤其是跨国公司在国际经济交往中地位愈发重要,它掌握着全球 1/3 的生产、2/3 的贸易、70% 的投资。

4.自然人

自然人是国际经济法中最古老的法律主体,远在第二次世界大战后国际经济法成为独立的法律部门以前,自然人就活跃在国际经济交往中,如在欧洲,古希腊、古罗马时代就存在着国与国、城邦与城邦之间繁荣的经贸往来。作为国际经济法的主体,自然人以自己的名义独立参与国际经济交往,并独立地承担相应的经济义务。他们从事投资、贸易、金融、技术转让等各种经济活动。

综上所述,国际经济法的主体包括国家、国际经济组织、法人和自然人,这一点是国际法、国际私法及其他的部门法所不具备的,也是国际经济法独特的地方。

(二)国际经济法独特的调整对象(客体)

国际经济法的调整对象是指国际经济法所调整的特殊的社会关系。国际经济法所调整的对象既包括国际法上的关系,又包括国内法上的关系,而且在一项具体的社会关系中,往往具有双重性。国际经济法调整对象的特点体现为:

1.国际经济法调整的当事人之间的关系范围是广泛的

国际经济法调整的当事人之间的关系包括:

(1)一国自然人、法人与他国自然人、法人之间的关系。如货物贸易、投资合作等。

(2)自然人、法人与其他国家、国际经济组织之间的关系。如各国对自然人、法人在本国领域投资、贸易的保护,世界银行、国际货币组织等国际经济组织对自然人、法人贷款、融资担保的协议等。

(3)国家之间、国际经济组织之间、国家与国际经济组织之间的关系。如国家之间签订协定或条约、国家对国际经济组织章程的遵守等。

由此可见,在涉及经济领域的法律规范中,国际经济法调整的当事人之间的法律关系的范围是极为广泛的。它既不同于国际公法,也不同于国际私法,更不同于各国国内法的经济法、民商法。

2.国际经济法调整的法律关系的性质是独特的

在其他部门法中,它们所调整的社会关系或者是纵向的法律关系,如经济法、行政法、刑法、诉讼法,或者是横向的法律关系,如民商法;而国际经济法调整的社会关系既包括纵向的法律关系,又包括横向的法律关系。

(1)纵向的国际经济法律关系。纵向的国际经济法律关系是指国际经济管制关系,即对国际经济活动进行管理与调节的关系。如各国对本国海外投资的保护,各国的外贸管制、外汇管理等。这些无疑体现了各国对经济的干预与管理,国家与这些私人投资者、贸易者之间的关系显然是管理与被管理、服从与被服从、干预与被干预的关系,即纵向的国际经济关系。

（2）横向的国际经济法律关系。横向的国际经济法律关系是指国际经济流转关系,即双方当事人在平等自愿的基础上建立起来的国际经济交流与合作关系。如各国私人投资者之间的合作关系,各国法人、自然人之间的货物贸易、技术贸易以及货物的运输与保险等服务贸易,当事人之间的法律地位显然是平等的。

（3）一些具体法律关系具有双重的法律关系、法律性质。通常在其他的法律部门中一项具体的法律关系,或者是纵向的法律关系,或者是横向的法律关系,前者如各国的税收法律,后者如各国的国内贸易法律。但是在国际经济法中的一些国际经济法律关系往往同时具有双重的法律关系和双重的法律性质,如在投资法律关系中既涉及投资合作者之间的法律关系,又涉及各国对投资行为的管制的法律关系,投资合作者之间的投资合作协议表明了当事人之间的横向的平等的法律关系,各国对投资行为的管制表明了当事人之间纵向的不平等的法律关系。同样,在国内贸易中比较充分地体现了私法自治的理念;而在国际贸易中既有私法自治精神的体现,又有外汇管制、许可证制度、配额制度等国家干预经济行为的体现。

（三）国际经济法法律规范的特殊性

国际经济法法律规范的特点体现为:

1. 国际经济法法律规范是国际法规范与国内法规范的总和

通常,一个部门法或者是国内法规范,如刑法,或者是国际法规范,如国际法;但是国际经济法的法律规范则既包括国内法规范,又包括国际法规范,前者如各国的外资法、公司法,后者如国际条约、国际惯例。

2. 国际经济法法律规范是实体法规范与程序法规范的总和

通常,各部门法或者是程序法的总和,如刑事诉讼法、行政诉讼法、民事诉讼法,或者是实体法的总和,如宪法、刑法、民法;而国际经济法的法律规范既涉及实体法规范,如《联合国国际货物销售合同公约》,又涉及程序法规范,如《解决国家与他国国民投资争端的公约》。

3. 国际经济法法律规范是强制性规范与任意性规范的总和

通常,其他部门法或者是强制性法律规范,如刑法、行政法,或者是任意性法律规范,如民商法;而国际经济法的法律规范则既包括强制性法律规范,如国际产品责任法、反倾销法,又包括大量的任意性法律规范,如国际贸易惯例。

子项目二　国际经济法的基本原则

一、国际经济法基本原则的含义

法律的基本原则,指立法、司法、法律行为都必须遵循的基本准则。国际经济法的基本原则是指被国际社会普遍接受的指导国际经济活动的基本准则,是贯穿于调整国际经济关系的各类法律规范的主要精神和指导思想。国际经济法基本原则是国际经济法的灵魂,它总揽国际经济法的具体制度和规则。作为国际经济法规范体系中的帝王规则,国际经济法基本原则对国际经济法具体法律制度的建立和适用都具有重要的指导作用。换言之,国际经济法的基本原则应具有普遍意义,适用于国际经济法的一切领域,并且构成国际经济法的基础。这意味着,国际经济法的所有各项具体法律制度的建立和适用都必须受到国际经济法基本原则的指导和制约。

二、国际经济法基本原则的主要内容

国际经济法的基本原则包括:

(一)经济主权和国家对自然资源的永久主权原则

在分析经济主权以前,我们首先要搞清什么是主权。主权经常被人们滥用、误用。我们认为,主权应是一种权力,并且是一个国家在其领域内拥有的最高权力。根据这种权力,国家可以按照自己的意志决定对内对外政策,处理国内国际一切事务,而不受任何外来干涉。可见,主权的根本内涵是国家对本国领域内任何事务的自由处分权。因此,主权是以领土为依托,既包括政治主权,又包括经济主权。其中经济主权表明:一国对其领域内的任何经济活动有管理和监督权,对经济活动的物质经济基础——自然资源、自然财富——享有占有、使用和处分权。

1974 年 12 月 12 日,联合国大会第 29 届会议通过了一个纲领性、法典性文件——《各国经济权利和义务宪章》(以下简称《宪章》)。《宪章》第 1 条规定:"每个国家都享有独立自主和不容剥夺的权利,根据本国人民的意愿,国家不仅可以选择本国的政治、社会和文化制度,而且可以选择本国的经济制度,不受任何形式的外来干涉、压制和威胁。"该条特别突出地强调了各国在经济上的独立自主权。

《宪章》第 2 条进一步指出了经济主权的主要内容:"每个国家对本国的全部财富、自然资源以及全部经济活动,都享有并且可以自由行使完整的、永久的主权,其中包括占有、使用和处置的权利。"

经济主权和国家对自然资源的永久主权作为国家主权的不可分割的一部分,是国家主权在经济权利上的具体体现。因此,经济主权和国家对自然资源的永久主权原则是国际经济法的最重要的原则之一。

经济主权和国家对自然资源的永久主权原则具体体现为:

1.尊重各国对本国自然财富和自然资源的永久主权

各国境内的自然财富和自然资源是该国民族生存和发展的物质基础,因此,尊重各国对本国自然财富和自然资源永久主权的意义就显得非常重要。1962 年 12 月在联合国第 17 届会议上通过了《关于自然资源永久主权的决议》,正式确立了各国对本国境内的自然资源享有永久主权的基本原则。该决议序言中指出:"承认各国享有根据本国国家利益自由处置本国自然财富和自然资源的权利,并且尊重各国的经济独立";"建立和加强各国对本国自然财富和自然资源的不可剥夺的主权,能够增进各国的经济独立"。

在勘探、开发和处置自然资源方面,尊重各国对本国自然财富和自然资源的永久主权,要求不仅对东道国的陆地资源,而且对东道国的海洋资源的主权也要予以尊重。这要求各国应切实遵守东道国针对上述资源投资活动而制定的法律、法规以及各种规章准则。为此,"侵犯各民族和各部族对本族自然财富和自然资源的各种自主权利,就是完全违背联合国宪章的精神和原则,阻碍国际合作的发展,防碍和平维持的行为。"

2.管理外国投资权

各国在国际经济法基础上确认对外国投资的管理,是维护本国经济主权以及对本国自然资源永久主权的重要法律保障。来自发达国家的外国资本,相当一大部分集中于发展中国家的自然资源的开发与经营上,即使是用于非自然资源的外国投资,其经营活动也常常涉及东道国的自然资源。因此,管理外国投资权,实质上是东道国的经济主权以及对本国自然财富和自然资源的永久主权的另一个有机组成部分。

管理外国投资权就意味着每个国家有权按照其法律和规章,并依据其国家目标和优先顺序,对国家管理范围内的外国投资加以管理和行使权利,不被迫给予外国投资优惠待遇。各国有权依据本国情况,制定本国外资法,对外资加以管理、限制。

3.管理和监督跨国公司权

1974年5月联合国大会第6届特别会议上通过了《建立国际经济新秩序宣言》(以下简称《宣言》)和《建立国际经济新秩序行动纲领》(以下简称《纲领》)。《宣言》第4部分第7点指出:"接纳跨国公司从事经营活动的国家,根据它们所拥有的完整主权,可以采取各种有利于本国国民经济的措施来管制和监督这些跨国公司的活动。"同时,《纲领》进一步规定,国际社会应制定跨国公司行为准则,以防止跨国公司干涉东道国内政。

《宪章》第2条规定,各国有权根据本国法律和条例,对境内的跨国公司实行管辖和管理,有权采取各种措施,以确保跨国公司的经营活动遵守本国的法律、法规和各项规章制度。

4.征收和国有化权

《宪章》第2条第2款第3项指出:"每个国家都有权把外国资产收归国有、征用或者转移其所有权。在这种场合,采取上述措施的国家应当考虑本国有关的法律、条例以及本国认为有关的一切情况,给予适当的补偿。"从中可以看出,国有化权利体现了经济主权。

(二)公平互利原则

1.公平互利原则的内涵

《宪章》第1章第5点明确提出了在各国经济交往之中应遵循公平互利原则。公平互利原则实际上包含两个方面:一是公平原则,一是互利原则。

(1)公平原则。公平原则是传统的国际法上主权平等原则在国际经济交往中的体现。它是指在国际经济交往中的国家不分大小强弱,都具有平等的国际人格,享有平等的法律地位。各国既没有高低贵贱之分,也不存在统治与被统治的关系,任何国家都不享有超越其他国家之上的特权。

(2)互利原则。互利原则是指人们在国际经济交往中,应做到对有关各方都有利,反对损人利己,反对民族利己主义以及由此派生的霸权主义。

需要注意的是,在国际经济交往中强调公平互利原则,实际上是要树立新的平等观。马克思在100年前曾经指出,用同一尺度去衡量和要求先天禀赋各异、后天负担不同的劳动者,必然造成实质上的不平等的弊端。为此,"要避免这些弊端,权利就不应当是平等的,而应当是不平等的"。因此,各个国家之间的公平互利应追寻实质上的公平互利和平等,而不是形式上的公平互利和平等。《宪章》指出:"为了加速发展中国家的经济增长,消除发达国家与发展中国家的经济鸿沟,发达国家应当尽可能在国际经济合作的领域内给予发展中国家普遍优惠的、不要求互惠的和不加歧视的待遇。"

2.公平互利原则的具体体现

公平互利原则具体体现为:

(1)国家之间经济交往中的公平互利。在国与国之间的经济交往中,各国的法律地位是平等的。反对任何国家凭其政治与经济实力,以各种借口或形式恃强凌弱、以大欺小。尤其要强调,发达国家要给予发展中国家更优惠的待遇,如国际贸易方面非互惠的特惠待遇,技术转让方面符合发展中国家的需要和技术转让的国际行为准则。

(2)其他国际经济当事人之间的公平互利。在国际经济组织、法人、自然人相互之间的经济关系上,当事人之间的关系是平等的,他们从事国际贸易、国际技术转让、国际金融等活动都必须建立在平等、自愿、意思一致的基础之上。要切实保障当事人各方都可获得经济利益,任何一方都不得以其经济或技术的优势胁迫对方签订不平等的协议。

(三)发展权原则

1.发展权原则的含义

发展权是各国的一项独立权利,是不容剥夺的。根据《宪章》规定,发展权原则是指:"每个国家都有权利和责任来选择本国发展的道路和目标,充分动员和利用本国资源,实行进步的经济改革和社会改革,并且切实保证本国人民充分参加发展的过程,充分分享发展的权利。"

2.发展权原则的具体体现

发展权原则具体体现为:

(1)不断改善全体居民福利的权利与义务。为了不断改善全体居民的生活生存条件,提高每一个人的福利,各国有制定本国发展政策的权利与义务。

(2)获得发展援助权。发展权原则要求每一个国家对其自身的发展负有主要责任。但是,每一个国家的发展不能与国际社会的共同发展相脱离,尤其是发展中国家的发展,更离不开其他国家特别是发达国家的经济、技术援助。

(3)分享科学技术进步和发展权。为了加速本国社会和经济的发展,各国都有权分享科学技术成果,有权获得科学技术发展的权益。通过各国的国内立法、司法与执法以及国与国之间的双边协定、国际公约等国际法的途径,发展中国家可以与发达国家一道,共同分享人类科技进步的果实。

(四)国际合作以谋发展原则

1.国际合作以谋发展原则的含义

这一原则是发展权原则的衍生与发展,它的含义是:发达国家与发展中国家相互之间在经济、社会、文化、科学与技术等领域中进行合作,以促进全球的经济发展和社会进步。

2.国际合作以谋发展原则的要求

依据这一原则,各国相互提供合作,是一项国际义务。依据义务必须遵循的法的理念,任何国家都必须履行。一切国家在履行此项义务的时候,不可附加任何有损于其他国家主权的条件。各国只有在国际税收领域、知识产权领域以及国际贸易、国际金融、国际投资等国际经济领域加强合作,才能谋取全球共同发展。

3.国际合作以谋发展原则的意义

《宣言》指出:发达国家的利益与发展中国家的利益不能再相互分开,发达国家的繁荣与发展中国家的发展是密不可分的。整个国际大家庭的繁荣取决于它的组成部分的繁荣。因此,国际合作以谋发展原则,明确了发展中国家的权利,同时,也明确了必须通过整个国际社会的合作才能促进发展中国家与发达国家共同发展、共同繁荣的前景。

子项目三　国际经济法的法律渊源

一、国际经济法的法律渊源的概念

法律渊源简称为法渊,中外学者对此有不同的解释,它包括:①历史渊源,如西方民法法系的历史渊源是古代罗马法。②本质渊源,如法的本质归结为神的意志、抽象的理性、正义或者统治阶级的意志、社会生活的条件等。③文献渊源,如权威性法学著作、法典和法律汇编等。④效力渊源,这是我们通常所说的渊源,是指由不同国家机关制定或认可,因而具有不同法律效力或地位的各种法律类别,如宪法、行政法等制定法、判例法、习惯法等。

我们所讲的国际经济法的法律渊源就是国际经济法的效力渊源,它是指国际经济法规范的各种表现形式,包括国内法渊源和国际法渊源两个部分。

二、国际经济法的法律渊源的类型及其内容

国际经济法的法律渊源类型具体为:

(一)国际条约

1986 年 3 月 21 日签订的《关于国家与国际组织间或国际组织相互之间条约法法规的维也纳公约》第 2 条指出,"国际条约"是指一个或一个以上的国家和一个或一个以上的国际组织间,或国际组织相互之间,所缔结的以国际法为准,为了确定彼此权利与义务而达成的国际书面协议,协议可载于一项单独的文书或两项以上的相互有关的文书内,不论其特定的名称为何。

这表明国际条约具有下列特点:①国际条约的主体双方是国家或国际组织。自然人和法人同国际法主体之间签订的协议,无论其内容或性质多么重要,都不是条约。②国际条约以国际法为准。一切不平等的条约因其违反国际法而无效。③国际条约为各方创设权利与义务。根据理论与实践,凡是条约,不论其性质、名称和形式为何,都必须规定缔约者的权利与义务。④国际条约是书面协议。1928 年《哈瓦那条约法公约》规定:"书面形式是条约的必备条件。"

那么,国际条约的法律效力如何呢?

1.国际条约对缔约者的法律效力

国际条约可以被看作是国际法主体之间的协议,国际法宣称,"正式缔结的条约对当事国创设约束性的义务"。各国或各经济组织必须遵守合同,同样也必须遵守条约,这是国际法的一项基本原则。国际条约一旦生效将对缔约者产生当然的约束力,缔约者将遵守条约的规定。国际条约具有法律效力,各缔约者除对所签订条约的个别条款声明保留以外,对于条约所载明的一切条款必须遵守。可见,国际条约是通过对缔约者权利与义务的创设,来调节缔约者之间的法律关系。

2.国际条约对非缔约者的法律效力

协议只对当事人才产生法律效力,这意味着国际条约只能调整条约的缔约者之间的法律关系,只对缔约当事者产生法律效力。换言之,条约对非缔约者没有法律约束力。但是,这并不表明非缔约者与其他国家、国际经济组织尤其是条约的缔约者之间进行经济交往时,对国际经济条约的内容,特别是国际公约和多边条约所规定的内容不予考虑。国际公约、多边条约所确立的规范,往往容纳了许多国家从事国际经济交往方面的国内立法和国际惯例,并且反映了这些国家从事国际经济交往的意向和发展国际经济合作的趋势,这些无疑对非缔约者而言是极为重要的。非缔约者往往将国际公约的某些要点吸收到其国内立法之中。

可见,国际条约虽然对非缔约者没有直接的法律效力,但是它可能会被非缔约者吸收而成为其国内法,从而产生相应的法律效力。

(二)国际惯例

惯例是在法律意义上取得了法律效力的习惯,它通常是不成文的。《国际法院规约》第38条规定:"国际惯例是作为通例的证明,而且被接受的法律。"据此项规定,作为国际惯例,必须具备两个要件:一是通例的存在。各国对某事项长期重复地采取类似的行为,形成某些公认的规则,有的学者称之为"物质因素"。二是通例被各国确认具有法律效力。通例本身没有法律约束力,不属于法律范畴。要使通例具备法律效力,这些通例必须被各国承认具有法律约束力。这一要件被称之为国际惯例形成的"心理因素"。

国际惯例与国际条约不同的特点:①国际惯例是不成文法。虽然有些国际惯例被编纂成文本的形式,常用的国际惯例有《华沙—牛津规则》、《国际贸易术语解释通则》、《跟单信用证统一惯例》、《商业单据托收统一规则》、《约克•安特卫普规则》等。但这只是为了使用的方便,实际上,并没有一个国际法律文本来表现国际惯例的原则、规则和制度。②国际惯例的产生与发展与人们的经济活动相一致。国际惯例不像国际条约那样要经过协商、草拟、签署、批准等程序,它的产生早于国际条约,是最古老的国际经济法的渊源。它产生以后,总是随着国际经济活动的发展而发展,一旦国际经济活动出现了新的领域,就会产生新的国际惯例。③国际惯例的效力独特。国际惯例是长期反复使用、反复实践而形成的习惯性法律规范。为此,它一般只具有任意法的效力,即在当事人同意适用时,才对该当事人产生法律效力。

(三)重要国际组织的决议

1.重要国际组织的决议的含义

重要国际组织的决议是指普遍性的国际组织所作出的有关经济性的规范性决议。如联合国的《建立国际经济新秩序宣言》、《各国经济权利和义务宪章》等。

2.重要国际组织的决议的法律效力

重要国际组织所作出的决议一般来说并不对其成员国具有强制力。按照《联合国宪章》的规定,国际组织的决议"具有建议的效力",而建议的本质在于,它们不创设遵守的法律义务。因此,重要国际组织的决议不同于经国家签署或批准而产生法律拘束力的国际条约。

那么,重要国际组织关于国际经济活动的规范性决议属于国际经济法的渊源吗?

对此问题,国际上存在将这些决议视作"软法"(soft law)的观点。"软法"即那些倾向于形成但是尚未形成的未确定规则和原则,或者是敦促性或纲领性的规定。依此否认这些决议为国际经济法的渊源的根据是:①"软法"是不拥有立法权力的国际组织制定的。没有立法权而只有建议权的国际组织,如联合国大会,它们的决议只能是"软法"。②"软法"的条文,一般使用条件式语句来写,或者用"应该"(should)或"尽可能"(as far as possible)一类语句来表达。③"软法"有些规范的内容不确定,含义模糊,多为原则性的规定,而不是具体详细的规定,是尚未成熟到法律程度的规则。④许多"软法"规则的实施须由各国制定国内法来完成,或需要许多国家多边合作来实现。⑤"软法"多为自愿遵守法,不遵守"软法"的规定,也不构成违法或非法行为。⑥"软法"不具有制裁手段,最多只能实施包括舆论压力等压力的手段。⑦"软法"是一种过渡性的、试行性的、没有严格法律意义的规则,它只能通过某种程序才能变成"硬法"(hard law)。

我们认为,重要国际组织的决议是国际经济法的渊源。理由是:

(1)重要国际组织的决议,在很大程度上具有国际法的性质。为此,不能如"软法论"者那样,以衡量国内法的尺度来衡量重要国际组织的决议,也不能为此而否认国际组织决议的法律效力。

(2)重要国际组织的决议具有法律效力的根本性,它是国际社会成员的意志的体现。国际法具有法律效力在于人们对它具有法的确信。"自愿遵守"是这种确信的体现,所以,不能否认这种"自愿遵守法"的法律效力。

(3)有些国际组织有权制定法律,此法律直接适用于成员国。如欧盟理事会制定的法规对其成员国有较强的、直接的约束力。

(4)无立法权的国际组织的决议,已经超出了"建议"的范畴。由于人们对国际组织的法的确信,使它具有法的效力,如联合国的《建立国际经济新秩序宣言》和《建立国际经济新秩序行动纲领》以及《各国经济权利与义务宪章》均已超出了"建议"的范畴。《建立国际经济新秩序宣言》指出:"这一建立的新的国际经济秩序宣言,应当成为各国人民之间和各国之间的经济关系的基础之一。"

(四)国内立法

国际经济活动,从某一国家的角度来看,就是涉外经济活动。因此,涉外经济法成为国际经济法的重要渊源。

1.英美法系的涉外经济法

英美法系国家即"判例法"国家,其许多涉外经济法规范存在于他们的判例中。当然,他们也有许多制定法,如英国的 1893 年《货物买卖法》、美国的《统一商法典》等。

2.大陆法系的涉外经济法

大陆法系国家即"成文法"国家,其制定的商法典,是他们从事国际经济交往的重要法律渊源。

需要注意的是,在经济发达国家中,不论是英美法系国家,还是大陆法系国家,他们的经济立法,除少数是专为涉外经济活动制定的以外,都既适用于国内经济活动,又适用于涉外经济活动。而某些发展中国家,其涉外经济立法基本上与国内经济立法分开。

三、关于其他国际经济法的法律渊源的若干问题

(一)判例作为国际经济法渊源的问题

在英美法系国家,判例无疑是国际经济法的渊源,而且是重要的渊源。在英国,上议院的判例,对处理相同争议的其他一切法院都有约束力;上诉法院的判例,对处理相同争议的下级

法院同样有约束力；上诉法院通常也受它自己先例的约束；高等法院各法庭的判例，对处理相同争议的下级法院有约束力。

在大陆法系，判例在法律上无约束力，不能被看做国际经济法的渊源，可是判例在事实上却具有权威性。有些判例体现了真正的法律准则，它们往往被其他法院所奉行和仿效。

（二）学说作为国际经济法渊源的问题

大多数国家不认为学说是国际经济法的渊源，但是学说对立法、法的解释和适用却都有影响。在英国法院，在提出争辩或宣布判决时，往往引证近代法学的著作，以作为次要的法源；而在苏格兰，某些法学家的著作，被认为是苏格兰法律的主要渊源。

项目习题

1. 什么是国际经济法？其有什么特点？
2. 国际经济法的基本原则是什么？
3. 国际经济法的法律渊源有哪些？

项目小结

国际经济法是指调整自然人、法人、国家和国际经济组织在国际经济交往中所形成的各种法律关系的国内法规范与国际法规范的总和。通过学习，学生要学会分析各种国际经济法律关系。本项目另一个重点问题是国际经济法的基本原则，学生要在分析这些基本原则形成的历史进程及其主要理论根据的同时，掌握运用这些法律原则，分析其在促进国际经济秩序新旧更替过程中的表现、重要作用及其发展趋向。

拓展活动

1996年3月，美国总统克林顿签署了《古巴自由与民主声援法》，其主要提出者是共和党的极端保守派、美国参议院外交委员会主席杰西·赫尔姆斯，以及共和党众议员丹·伯顿，故又称"赫尔姆斯—伯顿法"。该法案根本目的在于"加强对卡斯特罗政府的国际制裁"，其主要内容是：①禁止第三国在美销售古巴产品，包括含有古巴原材料的制成品。②不给在古巴投资或进行贸易的外国公司经理、股东及其家属发放入美签证。③允许在古巴革命时被没收财产的美国人向法院对在古巴利用其财产从事经营的外国公司和投资者进行起诉。④反对国际金融机构向古巴提供贷款，或接纳古巴加入。

根据本项目所学知识，回答《赫尔姆斯—伯顿法》是否违背国家经济主权原则。

项目二
国际经济法的主体

学习目标

　　知识目标　熟悉自然人和法人主体资格的确认、跨国公司的法律特征;掌握国际经济组织的概念与特征、国际经济组织的表决制

　　能力目标　能够分析各种国际经济法主体在国际经济活动中的地位和作用

项目分析

　　项目概述　国际经济法的主体有自然人、法人、国家和国际经济组织,不同的主体在国际经济活动中所处的地位和发挥的作用有很大区别。

导入阅读

中国—东盟自由贸易区

　　欧盟(European Union,EU)、北美自由贸易区(North American Free Trade Area,NAFTA)和中国—东盟自由贸易区(China and ASEAN Free Trade Area,CAFTA)是世界上三大区域经济合作区。

　　1997年12月,中国和东盟领导人在首次中国—东盟领导人非正式会议上确定了建立睦邻互信伙伴关系的方针。

　　为扩大双方的经贸交往,时任中国国务院总理的朱镕基1999年在菲律宾马尼拉召开的第三次中国—东盟领导人会议上提出,中国愿加强与东盟自由贸易区的联系,这一提议得到东盟国家的积极回应。2000年11月,朱镕基总理在新加坡举行的第四次中国—东盟领导人会议上首次提出建立中国—东盟自由贸易区的构想,并建议在中国—东盟经济贸易合作联合委员会框架下成立中国—东盟经济合作专家组,就中国与东盟建立自由贸易关系的可行性进行研究。

　　2001年3月,中国—东盟经济合作专家组在中国—东盟经济贸易合作联合委员会框架下正式成立。专家组围绕中国加入世界贸易组织的影响及中国与东盟建立自由贸易关系两个议题进行了充分研究,认为建立中国—东盟自由贸易区对中国和东盟是双赢的决定,建议双方用10年时间建立自由贸易区。这一建议经过中国—东盟高官会议和经济部长会议的认可后,于2001年11月在文莱举行的第五次中国—东盟领导人会议上正式宣布。2002年11月,第六次中国—东盟领导人会议在柬埔寨首都金边举行,朱镕基总理和东盟10国领导人签署了《中国

与东盟全面经济合作框架协议》,决定到 2010 年建成中国—东盟自由贸易区。这标志着中国—东盟建立自由贸易区的计划正式启动。

《中国与东盟全面经济合作框架协议》提出了加强和增进中国与东盟各缔约方之间的经济、贸易和投资合作;促进货物和服务贸易的发展,逐步实现货物和服务贸易自由化,并创造透明、自由和便利的投资机制;为各缔约方之间更紧密的经济合作开辟新领域等全面经济合作的目标。

2004 年 11 月,中国—东盟签署了《货物贸易协议》,规定自 2005 年 7 月起,除 2004 年已实施降税的早期收获产品和少量敏感产品外,双方将对其他约 7000 个税目的产品实施降税。

中国—东盟自由贸易区涵盖 19 亿人口,GDP 超过 6 万亿美元,贸易额达 4.5 万亿美元,是世界上由发展中国家组成的最大的自由贸易区。

任务分析

任务一　通过对跨国公司案例的分析,指导学生重点认识跨国公司的法律责任问题

任务二　课后准备材料,让学生讲解若干重要的国际经济组织

必备知识(理论知识)

子项目一　国际经济法的主体概述

所谓国际经济法的主体是指在国际经济法律关系中能行使权利、承担义务并具有法律人格的人。国际经济法主体通常应具备两个基本因素:其一,该主体应具有独立参与国际经济关系的资格,即具有独立从事国际经济贸易活动的权利能力;其二,该主体应具有直接承受国际经济法律关系中具体权利、义务的资格,即具有法律上的行为能力,主要表现为订立合同、取得和处分财产以及进行诉讼的能力等。在国际经济法中,主体包括自然人、法人、国家和国际经济组织。鉴于跨国公司与国际经济组织作为法律关系主体的复杂性,我们单列一子项目来介绍。本节仅涉及自然人、法人和国家作为国际经济法律关系主体的问题。

一、自然人

自然人是国际经济关系的参加者,能依有关国家的国内法享有权利和承担义务,是国际经济法的主体之一。

(一)自然人主体资格的含义

自然人作为国家经济法主体,首先必须具有一般的法律能力,包括权利能力和行为能力。自然人的权利能力是指其享有权利和承担义务的资格。自然人的权利能力同其人身不可分离,始于出生,止于死亡。自然人的行为能力是指其通过自己的行为实际取得权利和承担义务的资格。各国法律都根据一个人是否有正常的认识能力和判断能力以及丧失这两种能力的程

度,把自然人分为完全行为能力人、限制行为能力人和无行为能力人。作为国际经济法主体的自然人,必须是完全行为能力人。

(二)自然人主体资格的确认

通常情况下,自然人能力的确认多依其属人法确定。如《德国民法典施行法》第 7 条规定:"自然人的权利能力和行为能力依其所属国法律。"

但是,在国际经济交往中,纯粹依属人法来确定自然人的主体资格将会出现障碍。国内自然人同外国自然人进行经济交往前,必须要了解对方的属人法,这在实践中难以做到。因此,对外国自然人主体资格确定依属人法的规则应予以限制。一些国家主张在国际经济交往方面,以行为地法作为确认外国自然人权利能力和行为能力的准据法。如 1930 年《解决汇票和本票的某些法律冲突公约》规定:依属人法(本国法)为无行为能力者,如依其签署地法为有行为能力,则视该自然人为有行为能力者。因此,对外国自然人主体资格的确定有两个依据:一为属人法,二为行为地法,其中以属人法为主,以行为地法为辅。

(三)中国自然人的国际经济法主体资格的限制

自然人作为国际经济领域中最早出现的主体,现在仍然是国际经济活动中活跃的主体。虽然在境外我国自然人在国际经济活动中的主体地位得到一些国际条约的承认,但需要注意的是,我国自然人国际经济活动的主体资格在境内受到一定的限制。如在国际投资方面,中国的公民不能作为中外合作经营企业和中外合资经营企业的中方当事人。

二、法人

法人是指依法定程序设立的,具有一定的组织机构和独立财产并能以自己的名义独立享有权利并承担义务的组织体。它是国际经济法律关系中最主要、最活跃的主体。

(一)对外国法人能力确认的原则

在确定外国法人的主体资格问题上,有两项原则:一为属人法,在确定法人的内部关系,如组织性质、股权转让等特别是权利能力和行为能力的问题上,依属人法规则来确定;二为行为地法,即法人在行为地国的一切活动,均由行为地国法来调整。其中行为地法原则是对属人法原则的限制,它防止了外国法人以其属人法中关于无行为能力的规定对抗行为地法,逃避责任,损害他国或私人利益。

法人的权利能力决定了法人能否成为国际经济法律关系主体的资格。通常,各国均赋予本国法人以从事国际经济贸易的主体资格,但也有少数国家对作为国际经济法律关系主体的法人进行了一定限制;东道国对于外国法人在本国从事经济贸易活动的资格,通常采用"法人认可制度"(或称外国法人许可制度)。在实践中,各国对于外国法人资格认证的做法不尽相同,有的采用"一般许可制",有的采用"特别许可制",也有的采用"相互承认制"。一旦外国法人资格在东道国得到承认,该外国法人权利能力和行为能力就须受到东道国法或国际条约的约束,即东道国依其本国法或其与该外国法人所属国缔结或参加的国际条约给予该外国法人以国民待遇、最惠国待遇或其他待遇。

(二)对外国法人资格确认的方式

对外国法人资格的确认,各国通常采取的方式有:

1. 登记制

登记制是指外国法人向东道国政府提出申请并办理必要的登记或注册手续,无需东道国政府的特别批准的方式。

2. 许可制

许可制是指外国法人向东道国政府提出申请后,其法人资格须在东道国政府主管机构按法定程序批准才能获得承认的方式。

3. 相互承认制

相互承认制是指两国通过缔结双边协定、国际条约,相互承认对方国家的法人资格,无需特别许可,也无需办理有关手续的方式。

三、国家

(一)国家主体资格的特殊性

国家作为国际经济法主体具有特殊性,具体体现为:

(1)国家既参与国际经济条约行为,也参与国际经济合同行为。这是国家与法人、自然人作为国际经济法的主体的不同之处,法人、自然人不能参与国际经济条约行为。

(2)在国家参与的经济合同中,国家及其财产享有豁免权。这与一般合同要求的等价有偿,双方当事人地位平等有所不同。

(二)国家及其财产豁免

国家有权直接参与国际经济活动,成为国际经济合同的当事人,如政府采购行为、政府与外国私人投资者签订特许协议以开发本国资源的行为等。但是鉴于国家的独特地位,由国家主权原则派生出了国家及其财产豁免。具体包括:

1. 管辖豁免

管辖豁免是指未经一国同意,不得在他国法院起诉或以其财产作为诉讼标的。

2. 执行豁免

执行豁免是指即使一国同意在他国作为原告或被告参加民事诉讼,但未经该国同意,也不得对其财产采取诉讼保全和根据法院判决对其实行强制执行。

关于国家及其财产的豁免,引起了国际经济法学界的争论。西方学者提出了限制豁免论。这种观点出现在 19 世纪中期到末期欧洲少数国家的司法实践中。依此观点,国家参与国际经济合同行为是属于私法性质的非主权行为,应同主权行为区别。在国际经济合同中,规定合同双方当事人应地位平等。在第一次世界大战前,意大利、比利时、荷兰、埃及均持此态度。后来英国、新加坡、加拿大等国也提出类似观点,如英国《国家豁免法》就体现着此种观点。

限制豁免论否定了主权平等的原则,而且在理论上是不科学的。国家依其意志从事政治、经济、文化等活动,都是行使主权职能的体现;在实践中很难划分主权行为或非主权行为,实际上,经济活动往往也是政治手段之一。

此外,国家及其财产豁免也并不绝对意味着合同双方的不平等。一则某些国家为了促进国际经济的交往,可以放弃豁免权,例如,一国因加入《解决国家与他国国民间投资争端公约》、《多边投资担保机构公约》以及 WTO 各协定,而放弃豁免权,服从有关国际经济组织的管辖;

二则国家之间进行经济合同行为中如果产生纠纷可以通过国际调解、国际仲裁等方式解决,而不必非通过诉讼不可;三则国际经济合同中私人也可以借助其所在国家,通过外交途径来解决与他国间的经济纠纷。

子项目二 跨国公司

一、跨国公司的概念与法律特征

(一)跨国公司的概念

国际上对跨国公司的称谓有多种,如"多国公司"、"多国企业"、"国际企业"、"世界企业"、"全球公司"等,现在最常用的是"跨国公司"(transnational corporation)和"多国企业"(multinational enterprise)两种称谓。在联合国的正式文件中基本使用"跨国公司"这一称谓。但有些学者仍使用"多国企业"的称谓,因为他们认为多国企业是由许多法人或非法人实体组成的集团,是企业,而不是公司。

对于什么是跨国公司,目前尚无一个被各国普遍认同的权威性定义。目前被广泛应用的是由联合国跨国公司委员会拟定的《跨国公司行为守则(草案)》中的定义。该守则指出,其所用跨国公司一词,是指这样的一种企业,该企业由设在两个或两个以上的国家的实体组成,而不论这些实体的法律形式和活动范围如何;这种企业的业务是通过一个或多个决策中心,根据一定的决策体制经营的,可以具有一贯的政策和共同的策略;企业的各个实体由于所有权或别的因素相联系,其中一个或一个以上的实体能对其他实体的活动施加重要影响,尤其是可以同其他实体分享知识、资源以及分担责任。

(二)跨国公司的法律特征

从以上联合国跨国公司委员会草拟的行为守则的定义中,我们可以看出,跨国公司具有以下基本法律特征:

1. 规模性

目前,欧美发达国家的大量海外投资、技术转让及国际贸易活动,主要是通过跨国公司进行的。在这些活动中,跨国公司由于其雄厚的资金、先进的技术、多样化的产品、富有经验的管理人才、较高的商业信誉以及遍布全球的实体优势,销售额达到了惊人的程度。全球最大的50家跨国公司的销售额都在百亿和数千亿美元之间。巨型跨国公司,如英荷壳牌石油公司、美国通用汽车公司的销售额常常超过一些中小国家的国民生产总值。

2. 跨国性

跨国公司通过海外直接投资,在国外设立子公司或分支机构,可以在两个以上国家同时从事生产经营活动。虽然跨国公司的各实体分布于两个以上的国家,但其往往以一国为基地,受一国大企业的控制、管理和指挥,使各实体相互联系,从而实现生产经营的跨国化。

3. 战略的全球性和管理的集中性

所谓战略的全球性,是指跨国公司从事生产和经营时,不是从一个子公司或分支机构所在地的某一地区着眼,而是从整个公司的利益出发,以全世界市场为角逐目标。为了全局的利益,常常要从全球范围考虑公司的生产、销售、扩张的政策和策略,如有时为了抢占某一市场,母公司可以某个子公司暂时性的亏损为代价,以追求全球范围内最大限度的、长远的高额利润。

为了实现跨国公司的全球目标,由跨国公司母公司制定的全球战略,各子公司或分支机构都要接受、服从,跨国公司从而把分散在世界各地的子公司及分支机构组成一个有机整体,实施周密的一体化战略部署,只有这样才可以适应国际市场的瞬息万变、同行业的激烈竞争以及东道国政策变化的复杂形势。母公司决策中心对整个公司各实体拥有高度集中的管理权,是跨国公司获得巨大成功的重要措施。例如,英国帝国化学工业公司在全世界的 45 个国家中开展经营活动,但其管理权始终牢牢掌握在母公司手里。

4.公司内部的相互联系性

跨国公司是由它分布在世界许多国家里的诸多实体所组成的企业,实体间并非是简单的组合,而是通过各种复杂的法律关系,使公司内部有机地、紧密地联系在一起。这种内部法律关系主要是通过股权控制和非股权安排来实现的。

拥有全部股权或多数股权是母公司对子公司实施有效控制的最简单的办法。母公司在子公司中持有的股份比例越高,就越能提高其控制子公司的程度。自 20 世纪 70 年代以来,跨国公司在发展中国家东道国的合营企业比重明显增加,股权比重格局有所变化。这一方面主要是因为东道国的谈判地位有了提高;另一方面,发达国家的跨国公司也看到了合营企业给它们带来的若干好处,如投资会更为安全、融资会相对便利以及销售渠道增加等。

此外,跨国公司正越来越多地使用一些不受股权限制的跨国界活动,即以非股权安排来实现其内部控制。这种非股权安排形式多种多样,从范围比较简单的专利权许可、技术援助合同、代销合同、管理合同、产品分成合同,到复杂的生产合作和其他方式合作,如提供或出租工厂、承包加工等。这样,跨国公司不是以参加直接投资或保留股权的方式,而是以承包商、代理商、合作商、技术转让方等身份取得收益。事实上,只要跨国公司处于技术和管理上的实际垄断地位,并利用它们所拥有的重要财务管理手段,就不必担心对这些公司失去控制。

二、跨国公司的法律地位

跨国公司在国际经济关系和世界经济发展中发挥着重要的影响和作用,而跨国公司的法律地位问题就直接关系到对跨国公司的管制等一系列重要的实际问题。法学界对此众说纷纭,我国有学者以"特许契约"或《华盛顿公约》为理由,推论跨国公司应该是国际法主体。如果认同这一观点,那就意味着赋予了跨国公司与国家及国际经济组织相同的豁免特权,将其置于与国家平等的地位,从而为跨国公司逃避有关主权国家的管辖提供了理论依据;而如果否认跨国公司具有国际法主体资格,仅仅是国内法主体,那么它就必须服从有关国家的管辖。

根据一般法学理论,法律关系的主体是指法律关系中权利和义务的承担者。要成为法律关系的主体,就必须具有法律上的权利能力和行为能力。众所周知,国际上并不存在国际公司法之类的法律,因此,跨国公司是依国内法规定设立的企业组织或法人,不是国际法的产物。无论是跨国公司的母公司还是其子公司都必须根据母国或东道国的法律设立,这就决定了跨国公司的国内企业法人的性质,其权利能力和行为能力只能取决于有关国家国内法的规定。

虽然跨国公司不是国际法主体,但这并不妨碍国际法对其活动予以规范。国际上早已存在规定个人和公司行为的国际法规则,而且随着国际经济的发展、国际交往的增多,此类规则会越来越多,但这并非意味着个人和公司就可以成为国际法的主体。

三、跨国公司与东道国的矛盾以及对跨国公司的法律管制

(一)跨国公司与东道国的矛盾

由于跨国公司的强大经济实力和其在世界范围内追逐高额利润的全球战略,这就极易导致跨国公司与东道国间、跨国公司与母国间、东道国与母国间产生尖锐的矛盾。其中,跨国公司与东道国的矛盾最为引人注目。因为在发达国家跨国公司的诸多优势面前,作为东道国的绝大多数发展中国家由于技术水平低、经济实力弱,同跨国公司打交道时往往处于不利地位。

跨国公司与东道国间的矛盾主要有:

(1)与东道国发展目标和计划的冲突。当跨国公司的全球战略与东道国社会发展计划和目标不一致时,子公司将会面临是遵循跨国公司的全球战略,还是按东道国的目标和计划进行经营的两难选择。实际上,作为发展中国家的东道国,其经济发展极易受到跨国公司的制约。

(2)跨国公司采取转移定价逃避东道国的税收和外汇管理措施。

(3)跨国公司在东道国采取限制性商业惯例,限制竞争,垄断市场。

(4)跨国公司在技术转让中,可能通过各种限制性条款,阻碍技术性交流和东道国的技术发展,或者抬高技术转让费以牟取暴利。

(5)在雇佣与劳动问题上,跨国公司可能不愿雇佣当地管理人员和技术人员,不重视劳动安全保护问题,执行反工会政策,在劳动条件、劳动保护、劳动管理等方面也会与东道国的法律、政策不一致。

(6)跨国公司为了避免汇兑风险或进行货币投机等目的,大量转移资金,给东道国的国际收支带来重大影响。

(7)环境保护问题。跨国公司可能会将有严重污染和公害的工厂开设在东道国,给东道国的环境质量造成重大损害。

(8)消费者保护问题。跨国公司可能不注意产品对消费者的健康损害和安全问题。

(9)对国家主权的挑战。跨国公司可能会采取各种手段,无视或违反东道国的法律,逃避东道国的管辖,阻碍或破坏东道国的发展目标和政策,掠夺东道国的自然资源,甚至干涉东道国的内政。

此外,跨国公司与母国也会存在着矛盾。诸如,母国与跨国公司因国内就业机会,出口额和投资的减少,技术外流、国际收支平衡和逃税等问题发生矛盾。

跨国公司母国与东道国的矛盾主要发生在对跨国公司活动的管制上。例如,东道国实行财产国有化,而同时母国行使外交保护;母国行使税收管辖权等。

(二)对跨国公司的法律管制

由于跨国公司可能会给有关国家,乃至国际社会带来不利影响,因而有必要对其活动予以法律管制。这种管制,分为国家管制、区域管制和国际管制。

1.国家管制

为了发挥跨国公司的积极作用,限制和防止其消极影响,各国都相继颁布了一些法律来调整跨国公司的活动。这些法律涉及跨国公司活动的各个领域,包括外国投资法、合营企业法、

公司法、涉外税法、反托拉斯法、涉外劳工法、破产法、外汇管制法等。其作用主要有两方面：一方面是鼓励和保护跨国公司的投资和合法利益。例如，对跨国公司和外国投资者给予国民待遇和税收优惠，允许其利润汇出，保护其经营自主权，同时开放市场，以吸引投资，促进本国经济的发展。另一方面是对跨国公司不利于本国的活动予以限制或管制。例如，设立审查批准机构对外国直接投资项目进行审查，对跨国公司投资本国企业所占股份比重实行限制，对跨国公司的经营活动进行管制（如跨国公司的会计制度是否健全，是否利用转让定价避税，是否在引进技术时带有限制性商业行为等）。

一般来说，发达国家对跨国公司的投资大多采取比较宽松的政策。而发展中国家由于国情千差万别，对外国跨国公司采取的政策存在较大差异：有的对跨国公司的直接投资采取完全接受而不加限制的政策，如新加坡；有的则采取比较严格的限制政策，如印度；而大多数发展中国家实行的是既利用又限制的政策。

2. 区域管制

有些地区或区域性组织也采取措施加强管理跨国公司的活动。其中主要有安第斯条约组织的《共同外资规则》，经济合作与发展组织（OCED）于 1976 年 6 月通过的《关于国际投资和多国企业宣言》以及附属的《多国企业的行动指导方针》都是为加强管理跨国公司活动而制定的。

3. 国际管制

跨国公司的跨国性生产、经营的特点，决定了对跨国公司管制的国家或区域管制力度的薄弱。20 世纪 70 年代以来国际社会十分重视对跨国公司实行国际管制，并且这也是广大发展中国家建立国际经济新秩序的根本要求所在。《建立国际经济新秩序宣言》《建立国际经济新秩序行动纲领》《各国经济权利和义务宪章》等联大文件都对跨国公司活动进行了一定规制。

1974 年 12 月联合国经社理事会成立了跨国公司委员会，并设立跨国公司中心作为其业务执行机构。1975 年该委员会成立了政府间行动守则工作组，工作组于 1977 年开始负责拟订《跨国公司行为守则（草案）》，并在 1982 年提交了最后报告。从 1993 年起，政府间行动守则工作组将关于跨国公司的事项移交给了联合国贸发会议。

《跨国公司行为守则（草案）》主要有六部分：第一部分，序言和目标；第二部分，定义和适用范围；第三部分，跨国公司的活动与行为；第四部分，跨国公司的待遇；第五部分，政府间合作；第六部分，守则的实施。其中的主要内容如下：

（1）第三部分是跨国公司的活动与行为。此部分包括三方面内容：①一般性和政治性问题。该部分旨在满足发展中国家所表示的关于需要以国际准则支配跨国公司的行为，以及主张东道国管制跨国公司活动的权利方面的愿望；规定了关于国家行使主权，依其国内目标和优先次序调整其域内经济活动的权利的基本规则。所涉及的具体问题有：跨国公司应尊重东道国主权并遵守其国内法律、条例和行政管理办法，遵从所在国的经济和发展目标、政策和优先事项，尊重东道国合同的审查和重新谈判的权利，遵从东道国社会文化目标和价值观；尊重人权和基本自由，不应与南非种族主义少数人政权勾结，不干涉东道国内部政治事务，不干涉政府间关系，不行贿。需要注意的是，在对"国家永久主权"和"不干涉东道国内部事务"问题上各国存在着分歧。②经济、财务和社会问题。该部分包括投资的所有权和控制权、国际收支和金融财务、转移定价、税收、竞争、限制性商业惯例、技术转让、消费者保护、环境保护等问题。③资料公开。"资料公开"的基本要求是：跨国公司在其所在国应向公众公开关于整个跨国公司的结构、政策、活动的清晰、易懂的资料,这些资料包括财务资料和非财务资料,通常为每年定期提出,适当时应公布半年财务资料摘要。对于该部分的规定各国已全部达成一致。

(2)第四部分是跨国公司的待遇。此部分有四个方面内容:①一般待遇。守则规定跨国公司在所在国应获得公平和公正待遇。②国有化和补偿。发达国家与发展中国家对此达成的共识基于两点:一是国家对其领域内的跨国公司的财产有实行国有化或征用的权利;二是国家对这种国有化有补偿的义务。③国际法与国际义务。④管辖权。该部分主要指国家对跨国公司活动具有管辖权,包括管辖冲突、法律选择、争议解决的方法。各国在对跨国公司待遇的问题上大都存有争议。

(3)第五部分是关于政府间合作。此部分内容具体包括:政府间交换为实施守则采取的措施的资料和交流实施守则的经验;在双边或多边的基础上就守则及其适用的有关各种问题进行协商;在进行涉及跨国公司的双边或多边协议的谈判时要考虑到守则;反对以跨国公司作为干涉其他国家内部事务的工具,并应在其管辖范围内采取适当措施以防止跨国公司的这种干涉活动;一国政府对在另一国营业的跨国公司采取行动,应遵循用当地救济原则以及其所同意的涉及国际法律求偿的程序等。

尽管该守则最终是以联大决议形式作为自愿性文件通过的,但却为东道国管辖跨国公司的活动提供了一套基本准则,有助于东道国协调某些领域中的国内法,并为制定新的国际法规范奠定了一定基础。

子项目三 国际经济组织

一、国际经济组织的概念

广义的国际经济组织是指两个或两个以上国家政府或民间团体为了实现共同的经济目标,通过一定的协议形式建立的、具有常设组织机构和经济职能的组织。狭义的国际经济组织仅限于政府间组织,不包括非政府间组织。本节所述仅限于狭义的国际经济组织。

由此,我们不难分析出国际经济组织的法律特征:首先,它是国家之间的组织,不是凌驾于国家之上的组织,其所有权力都是由其成员通过缔结条约授予的;其次,国际经济组织的成员一般是国家,在某些特殊情况下,非主权的政治实体也可获得一些国际经济组织的成员资格;再次,调整国际经济组织成员间关系的基本原则是国家主权平等原则,各成员无论大小、强弱,在国际经济组织内部的法律地位都是平等的;最后,调整国际经济组织成员间关系的法律规范是各成员正式达成的协议,该协议在法律性质上属于多边性国际条约。

二、国际经济组织的法律地位

国际经济组织必须具备一定的法律人格,才能作为国际经济法的主体行使权利并承担义务,从而有效地进行国际经济交往活动。在国际法中,国际经济组织作为重要的主体享有国际权利,承担国际义务。这是因为国际经济组织具备国际法上独立的法律人格。这种法律人格不同于各国国内法中一般自然人和法人的法律人格,它的取得只能通过各成员的授予。

多数国际经济组织都在其协议中明确规定,该组织具有国际法律人格,主要表现为具有签约、取得和处置财产以及进行法律诉讼的能力。对于这类规定的法律后果,一方面是特定国际经济组织的全体成员承认该组织具有独立的国际法律人格,由此确立了该组织在其各成员中的法律地位。另一方面,国际经济组织与其他国际组织一样享有特权与豁免权。一些国家通过其国内法确认了国际组织的法律地位,例如,英国1950年《国际组织(豁免与特权)法》、美国1952年《国际组织豁免法》都有此类规定。

在国际经济交往中,国际经济组织的法律地位也得到了广大的非成员国的普遍承认,最明显的表现是,国际经济组织之间、国际经济组织与国家或私人之间签订了大量有关的协议或合同。

三、国际经济组织的表决制度

国际经济组织的表决制度同其他国际组织有相同之处,但因其所调整的对象、所涉及利益的性质和组织职能的特殊性以及国际经济关系的现实,从而使其表决制度带有明显特色。概括起来,目前国际上主要存在以下三种表决制度:

(一)一国一票制

一国一票制适用于涉及与国际经济组织宗旨、与各成员有重大利害关系,讨论事项属于政策问题或所作决议属于建议性的国际经济组织。

根据所作决议与各成员利害关系的程度,分别采用多数通过或一致通过的表决方式。采用多数通过表决方式的国际经济组织,其决议仅仅是建议性的。

旨在协调各成员的重大经济政策、且要作出有约束力决议的国际经济组织中,各成员出于自身利益的考虑,始终保持其独立性,这时一致通过的表决方式仍占有重要地位。如欧盟、石油输出国组织(OPEC,欧佩克)等,其协议均规定,所有实质问题的决定需全体成员国一致通过。但会议无权以多数通过的决议强加于未表示赞同的代表一国主权的任何与会代表。

(二)集团表决制

集团表决制是将表决权平均分配给各个按一定利益关系结成的集团,决议的通过要求分别获得各集团成员的多数赞成票,即所谓的"并行多数"。因此,这种表决实际上分解为集团内部的表决,以此来维持各方的利益均衡。

(三)加权表决制(weighted voting system)

这是业务型国际经济组织普遍采用的一种表决制度。它根据各成员在国际经济组织中认缴股份的份额、地位、影响和其他标准赋予各成员不同的表决权。最常见的加权表决制是将投票权分为基本投票权和加权投票权两部分,根据既定的加权标准计算加权投票权。国际货币基金组织和世界银行等国际经济组织就采用这种加权表决制。

四、国际经济组织的组织机构

国际经济组织的组织机构一般都由三级组织机构组成,即权力机构、执行机构和行政机构。

（一）权力机构

权力机构是由国际经济组织全体成员组成的决策机构。其主要职能包括：制定本组织的方针政策，审核预算，决定接纳新成员，选举执行机构成员，制定有关规章等。

其表现形式大致有三种：

1. 会员大会型

成员较多的世界性国际经济组织多采取这种形式。它由各成员派出代表或代表团参加，数年召开一次会员大会，职能比较广泛。

2. 理事会型

区域性国际经济组织和成员较少的其他国际经济组织大多采用这种形式。

3. 股东会议型

国际金融组织一般采用这种形式。但在实践中这种形式又表现为两种情况：一种是名为会员大会或理事会，实为股东会议，如国际货币基金组织、世界银行、亚洲开发银行等；另一种是名副其实的股东会议，如安第斯开发协会的股东会议。

（二）执行机构

执行机构一般是由国际经济组织部分成员的代表组成的机构，其成员一般由权力机构选举产生。执行机构在实践中一般称之为理事会，如国际劳工组织理事会、欧盟理事会；执行机构有时也称为委员会；而国际金融组织执行机构通常称为董事会。

执行机构的基本职责在于执行权力机构的决议，提出建议、计划和工作方案等。许多国际经济组织的执行机构在权力机构闭会期间还会行使权力机构的大部分职权。

（三）行政机构

行政机构多称为秘书处，有的也称执行局，是国际经济组织的日常工作机构。其主要职责是：处理国际经济组织的各项日常事务，包括同各成员的联系，执行组织决议等。它是各个国际经济组织正常运转的核心机构。

秘书处工作人员职责的性质是纯国际性的，他们不代表任何成员，只对国际经济组织负责。

五、国际经济组织的类型

由于国际经济组织的宗旨、职能、设立程序、活动范围各不相同，因此在国际上有各种类型的国际经济组织。我们以参加方地域及职能为标准，主要介绍以下三种：

（一）世界性国际经济组织

该类组织向世界各国开放，各国根据其协议规定的条件都可以申请参加。如被称为第二次世界大战后国际经济秩序三大支柱的国际货币基金组织、世界银行、关税与贸易总协定（现为世界贸易组织所代替），以及其他诸如世界知识产权组织、联合国贸易和发展会议等都是世界性国际经济组织。

（二）区域性国际经济组织

该组织是以参加方为同一区域为基本条件，并要求彼此的经济发展水平相近，或有着相同或类似的经济体制的若干国家所组成的国际经济组织。其设立目标是依靠集体力量实现各国单独难以实现的经济和政治目标。这是第二次世界大战后国际经济组织的一种新形式,主要有欧洲共同体(现为欧盟)、安第斯条约组织、东南亚联盟、加勒比共同市场、北美自由贸易区、西非国家经济共同体、海湾合作委员会等。随着区域经济一体化的发展,现有的区域性国际经济组织还在不断演化,新的区域性国际经济组织也在不断涌现。

(三)专业性国际经济组织

该类组织主要指初级产品出口国组织和国际商品组织,其特点在于,根据某些国际条约的经济目标的要求开展工作,具有较强的专业性和业务性。初级产品出口组织是发展中国家为反对国际垄断集团的掠夺和剥削、维护本国民族权益而设立的国际经济组织,它主要通过协调成员国在初级产品的产量和价格等方面的共同行动来实现其设立宗旨的,其中最典型的代表当属石油输出国组织。国际商品组织是通过某项国际产品的出口国与消费国就该产品的购销与稳定价格等所缔结的政府间多边贸易协定建立的国际经济组织,如国际锡理事会、国际小麦理事会等。

六、国际经济组织的成员资格

国际经济组织的成员资格,也称会员资格或成员地位,是指一国(在特殊情况下也可以是非主权的政治实体)作为特定国际经济组织中享有一定权利和承担一定义务的一员,而隶属于该组织的一种法律地位。具有某一国际经济组织的成员资格,意味着该成员与其参加的国际经济组织间形成了特别的法律关系,即其在该组织内享有一定的权利,如代表权、选举权和被选举权、决策权和受益权等;同时也承担一定的义务,如遵守该组织协议、缴纳会费等。

一些世界性的国际经济组织,如国际货币基金组织,其成员资格向世界各国(或各地区)开放,即一个国家只要具备该组织的协议所规定的基本条件就可申请参加。有的世界性的国际经济组织的成员资格是以参加另一国际经济组织为前提,如世界银行集团的成员仅限于参加了国际货币基金组织的国家(或地区)。区域性国际经济组织的成员资格一般只向特定区域的国家开放,例如根据《罗马条约》的有关规定,任何欧洲国家都可申请加入欧共体。此外,有的区域性国际经济组织的成员虽以本区域国家为主,但也允许本区域以外的国家加入。例如:亚洲开发银行向亚洲国家开放,同时也允许亚洲以外的发达国家参加;1985年中国成为非洲开发银行的正式成员;2003年中国成为东南亚联盟"1+10"模式成员。

在专业性的国际经济组织中,有的是对一切国家开放,如1975年的《国际可可协定》、1979年的《国际天然橡胶协定》等;有的则限于某些特定国际产品的生产国或消费国参加,如1976年国际锡协定的规定;有的则限于某些初级产品的生产国参加,如石油输出国组织等。

国际经济组织成员可因其取得成员资格的途径不同而分为创始成员和纳入成员。此外,国际经济组织的成员资格还可能通过国家继承的方式而自动取得。吸纳新成员是国际经济组织的重要事项,它意味着国际经济组织中原有成员权利义务的部分调整,原有成员享受权利和承担义务的范围将随之扩大。有鉴于此,各国际经济组织在协议中对接纳新成员的条件和程序均有明确规定。

一般而言,创始成员与纳入成员在国际经济组织中的权利、义务并无区别。但在个别国际经济组织中,创始成员则享有一定的特权,例如石油输出国组织的创始成员在接纳新成员时拥有否决权。

国际经济组织是由各主权国家自愿结合组成的,根据国际经济组织的自愿性和国家主权平等原则,各成员国拥有自由退出权。除了自愿退出的情况外,少数国际经济组织在其基本文件中作了强制退出的规定,以制裁不履行有关国际条约义务的成员。

七、有关世界性国际经济组织的介绍

目前世界性国际经济组织主要包括世界贸易组织、国际货币基金组织以及世界银行集团。关于世界贸易组织将在以后的有关章节中介绍,本节仅对国际货币基金组织和世界银行集团作简单介绍。

(一)国际货币基金组织(International Monetary Fund,IMF)

国际货币基金组织是根据 1944 年 7 月在美国布雷顿森林会议签订的《国际货币基金组织协定》,于 1945 年 12 月 27 日成立的。其宗旨是:促进国际货币合作;促使国际贸易的扩大与平衡发展,以促进和维持高水平的就业率和实际收入,以及会员国生产资源的发展;促进汇价稳定,维持会员国间有秩序地汇率安排,避免竞争性的外汇贬值;协助建立成员国间经常性交易的多边支付制度,并消除妨碍世界贸易发展的外汇管制;通过贷款调整成员国际收支的暂时失衡等。

国际货币基金组织的职能主要有两种:一是制定规章制度的职能,包括确定和实施国际金融和货币事务中的行为准则;二是金融职能,包括向成员国提供贷款。国际货币基金组织向成员国提供贷款有多种,普通贷款主要是向成员国提供的 3~5 年的短期贷款,主要用以解决成员国的国际收支不平衡。贷款所需资金的来源,主要是成员国缴纳的基金份额,此外还有国际货币基金组织的成员国借入的资金以及业务活动中的部分利润。

国际货币基金组织成员国的投票权与其缴纳基金份额的比例密切相关,即表决制度采用股票数为基础的加权投票制。它规定每个成员国有 250 个基本投票权,此外,再按照所占的基金份额,以每 10 万美元增加 1 票的方式计算总票数。显然,这种制度是为经济强国设计的,对广大发展中国家在该组织的各种权利和活动限制颇大,因而对其进行改革也势在必行。

(二)世界银行集团(World Bank Group,WBG)

1944 年 7 月召开的联合国国际货币金融会议通过了《国际复兴开发银行协议》。根据该协定,国际复兴开发银行(International Bank for Reconstruction and Development,IBRD),亦称世界银行,于 1945 年 12 月 27 日成立。1955 年 5 月,世界银行制定了《国际金融公司协定》,成立了国际金融公司(International Financial Corporation,IFC)。1960 年 1 月世界银行又制定了《国际开发协会协定》,并成立了国际开发协会(International Development Association,IDA)。上述三个国际金融组织组成了世界银行集团。

世界银行集团是世界上最大的多边开发援助机构,对其成员国而言,也是最大的国外贷款机构。世界银行集团的宗旨是:通过提供资金、经济和技术援助,鼓励国际投资等方式,帮助成员国特别是发展中国家提高生产力,促进经济发展和社会进步,改善和提高人民的生活水平。为实现其宗旨,三个组织分工协作,各司其职。世界银行的法定资本由各成员国认缴,每认缴一股取得一票投票权。

国际货币基金组织的全体成员均可申请加入世界银行,而国际金融公司和国际开发协会的成员国按规定又必须是世界银行的成员国。中国是世界银行的创始会员国之一。1980 年 5

月,世界银行恢复了中国的合法席位。

八、有关区域性国际经济组织的介绍

区域性国际经济组织的主要目的是依靠区域集团的力量实现各国单独难以实现的经济和政治目标。主要的区域性国际经济组织有欧盟、亚太经济合作组织、北美自由贸易区等。

(一)欧盟(European Union,EU)

欧盟的前身为欧洲共同体(European Communities),1957年3月25日,法国、联邦德国、意大利、荷兰、比利时和卢森堡在意大利首都罗马签订了《欧洲经济共同体条约》和《欧洲原子能共同体条约》。根据这两个条约,欧洲经济共同体和欧洲原子能共同体于1958年1月1日正式成立,连同先前成立的欧洲煤钢共同体,三者合称为欧洲共同体。1991年12月11日,欧共体成员国首脑在荷兰的马斯特里赫特举行会议,通过了《欧洲政治和经济与货币联盟条约》。根据该条约"共同条款"第A条的规定,缔约国通过该条约建立以欧共体为基础,并由该条约确立的政策和合作形式予以补充的欧洲联盟。欧盟的宗旨是:①通过创设一个没有内部边界的区域,加强经济和社会联合,建立经济与货币联盟,并最终实现通过单一货币等途径,促进经济和社会均衡、持续的进步。②通过共同外交和安全政策等的实现,包括共同防务政策的最终形成,维护欧盟的国际实体地位。③通过采用欧盟公民资格的办法,加强对成员国国民权益的保护。④开展司法和内政的紧密合作,完全保持集体成果。

欧盟的主要机构是欧盟理事会、欧洲议会、欧盟委员会和欧洲法院。欧盟理事会由成员国政府部长级的代表组成,是欧盟的最高决策机构和主要立法机关。欧洲议会的议员由各成员国公民直接普选产生,欧洲议会的权力主要是监督和咨询性质的。欧盟委员会是欧盟的执行机构,委员会的主要作用在于提出有关政策和法律的建议,帮助实施政策并监督对政策的遵守,委员会独立于成员国和欧盟理事会,只对欧盟负责,其委员不接受任何成员国政府的指令。欧洲法院的职责是在解释和适用欧盟法律的过程中,保证法律得到遵守,解决各成员国之间、欧盟各机构之间、欧盟与各成员国之间、法人之间和个人之间涉及欧盟事务的争端。法院的裁决对成员国有法律约束力。

(二)亚太经济合作组织(Asia—Pacific Economic Cooperation,APEC)

当前,世界经济集团化已成为一种不可阻挡的趋势。在欧洲、美洲等特定区域都建立了各种区域性合作组织。同样,20世纪80年代以来,亚太地区经济蓬勃发展,被公认是世界经济发展最具活力的地区。亚太地区经济合作的进展也随着经济的发展而加快。而与此同时,亚太地区各国的经济具有很强的互补性。该地区有最大的发达国家美国、最大的发展中国家中国,还有经济大国日本以及亚洲"四小龙"等新兴工业化国家和地区。它们的经济发展水平虽然相差很大,但在产品、劳务、资金等方面互补性很强。

基于上述原因,亚太地区强烈要求尽早成立本地区经济一体化组织。1989年,东盟六国以及韩国、日本、美国、加拿大、澳大利亚和新西兰在新加坡举行部长级会议,决定成立APEC。APEC目前占全球人口的比例为42.5%,占全球国民生产总值的比例为51.6%,已成为当今世界最大的经济联合体。

APEC的成员既有历史悠久的文明古国,也有现代崛起的工业化国家和地区;人口多的超过12亿,人口少的只有几十万;各国价值观念、宗教习惯也不尽相同。这种特殊的多样性使得

APEC与其他经济组织相比,有其独特的特点。首先,APEC的运行机制比较松散,它没有正式的执行机构,也没有用条约来约束其成员,而是采取求同存异的务实态度,通过一年一度的领导人非正式会议的磋商,提出一些推动经济合作,促进贸易投资自由化的原则性意见,发挥着引导方向的作用。其次,APEC虽然是一个具有鲜明地区特色的区域性经济合作组织,但不具有任何排他性,它既对区域内开放,又对区域外开放。

（三）北美自由贸易区(North American Free Trade Area, NAFTA)

1992年12月17日,美国、加拿大和墨西哥三国共同签署了《北美自由贸易协定》,协定从1994年1月1日正式生效之日起,北美自由贸易区正式宣告诞生。这个自由贸易区拥有超过4亿人口,年国民生产总值达11万多亿美元,其经济实力和市场规模均超过欧盟,成为世界上最大的自由贸易区。

建立北美自由贸易区是美国与欧洲相抗衡的一种策略,也是其对于亚欧国家贸易区域化和集团化挑战的一种回应。《北美自由贸易协定》的主要内容包括:消除三国间的贸易壁垒,促进资本与服务的跨国流通;创造更好的公平竞争环境;在实质上增加投资机会;为共同解决争端、实施协定提供有效的程序。

项目习题

1. 自然人国际经济法的主体资格的确定标准是什么?
2. 对外国法人资格的确认,各国通常采取的方式有什么?
3. 什么是跨国公司? 其有什么特点?
4. 国际经济组织的表决制有哪些?

项目小结

自然人、法人、国家和国际经济组织是国际经济法的四类主体,它们在国际经济活动的地位有很大不同。学生要通过本项目的学习,熟悉它们不同的法律地位、不同的权利与义务,以及承担法律责任的区别。

拓展活动

印度的博帕尔惨案

1984年12月3日,印度博帕尔市的美资联合碳化物印度有限公司(美国联合碳化物公司的印度子公司)所属的工厂贮存一种毒气的金属罐泄漏,致使当地居民2000多人丧生,严重受害者达3万~4万人,其余受害受伤者也有52万人之多。印度政府于1986年9月向印度法院提起诉讼。

原告认为这一毒气惨案的发生,美国联合碳化公司负有不可推诿的责任。因为博帕尔工厂是由美国联合碳化公司设计的,工厂的贮气设备设计太差,又没有安装其在美国的同类工厂的应急预警计算机系统;同时,这家公司没有就这种剧毒气体的危险性对住在工厂附近的居民发出过警告,致使居民根本不知道这家工厂到底生产什么产品。这种剧毒气体只能少量贮存,有的西方国家甚至早已停止生产和贮存这种剧毒气体,但美国联合碳化公司仍然不顾当地公司有关负责人的警告而决定在博帕尔工厂大量贮存。显然,美国母公司对这一惨案的发生负有直接责任。当诉讼提起时,美国联合碳化物公司就极力主张,该印度公司是独立的有限公司,因而一切法律责任以及赔偿义务都只能由它承担,同母公司无关。

根据本项目所学知识,回答跨国公司美国联合碳化物公司是否应为其子公司承担法律责任?

模块二　国际贸易法原理与实务

国际贸易是跨越一国国境的商品交换行为，它既包含着有形商品（实物商品）的交换，又包含着无形商品（服务、技术）的交换。国际货物贸易亦即国际货物买卖，是国际贸易中的重要组成部分，指货物所有权跨越国境的有偿转让。传统的国际贸易以有形贸易为主，在传统观念里，国际货物贸易与国际贸易几乎是同义语。当今的国际贸易至少包括国际货物贸易、国际技术贸易及国际服务贸易。自第二次世界大战尤其是20世纪50年代以后，科学技术的发展使专利技术、专有技术等成为商品，于是国际技术贸易出现了。而国际间以运输、保险、旅游、工程承包等无形劳务的提供与接受为内容的无形的服务贸易也属于国际贸易的范畴。尽管如此，国际货物贸易却始终是传统国际贸易的主要部分，在当今的国际贸易中占据重要地位。

项目一
国际货物买卖法律制度

学习目标

  知识目标 掌握《联合国国际货物销售合同公约》、FOB 术语、CFR 术语和 CIF 术语

  能力目标 能够运用国际贸易公约和惯例分析国际贸易合同,审查国际货物贸易合同

项目分析

  项目概述 国际货物贸易法是国际经济法体系中重要的组成部分。国际货物贸易的产生要早于国际投资、国际金融,也早于国际技术贸易和国际服务贸易,因此,国际货物贸易的法律制度是国际经济法律制度中最成熟的部分之一,其中的国际条约、国际惯例以及各国国内法异彩纷呈,颇具特色。该项目是本课程的核心内容。

导入阅读

  2006 年 5 月,中国 A 公司与美国 B 公司签订了电脑进口合同。合同约定:B 公司在 2006 年 7 月底前交货。付款方式为信用证。合同签订后,A 公司按期开来了信用证。但直到 2006 年 7 月 30 日,A 公司仍未收到 B 公司任何关于货物已经装船或延期交货的通知。8 月 3 日,B 公司向 A 公司发来传真,称原定货轮因故延至 8 月 15 日才能起航,无法保证按期交货,要求 A 公司将信用证装船期延至 8 月 15 日,有效期延至 8 月 31 日,并要求 A 公司于 8 月 4 日回复传真。A 公司按期回复,告知 B 公司修改信用证的条件是价格下调 10%,否则将宣告撤销合同。但 B 公司没有同意,仍然要求 A 公司延长信用证有效期,否则将货物另售他人。A 公司于 8 月 5 日正式函告 B 公司,终止合同并提出索赔。

  问:(1)A 公司最后的处理方法是否合理,为什么?

    (2)如果 A 公司的主张成立,B 公司应如何赔偿 A 公司?

任务分析

  任务一 指导学生掌握《联合国国际货物销售合同公约》的结构、适用范围、我国加入该公约的保留、我国的保留与现行合同法的冲突及其解决

  任务二 指导学生掌握国际货物买卖合同签订的主要内容、主要环节、步骤及注意事项

  任务三 掌握要约、承诺的构成要件

任务四 通过案例,分析合同的瑕疵、合同的成立及合同的效力

任务五 通过案例,分析根本违约、预期违约、分批交货合同违约

任务六 通过案例,分析卖方的品质担保、权利担保

任务七 通过案例,分析选择违约救济的措施:解除合同、继续履行合同、中止履行合同、损害赔偿

任务八 通过案例,分析货物意外灭失、毁损的承担及货物所有权的转移,并由专业国际贸易讲师讲解国际贸易买卖中的常见法律风险及对策

任务九 通过案例,分析 FOB 术语、CFR 术语、CIF 术语在国际货物贸易中的适用

必备知识(理论知识)

子项目一 国际货物贸易法概述

一、国际货物贸易法的概念

由于国际货物贸易是通过合同行为来实施的,因此国际货物贸易法是指用以调整国际货物贸易合同的法律。

在国际货物贸易中,主要包括国际货物买卖合同,以及与其相关的国际货物运输合同和国际货物运输保险合同。这三个合同是不可分割的整体,货物既是货物买卖合同的标的,也是货物运输合同的运输对象,同时,它又是货物运输保险合同的保险标的。因此,国际货物贸易法的范围包括三个相互区别又密切相关的三个部分:一为国际货物买卖法,二为国际货物运输法,三为国际货物运输保险法。但是,货物运输、货物运输保险又是典型的服务行为,因此,关于货物运输、货物运输保险的法律规定会在后面的有关内容中具体分析。

国际货物贸易的当事人之间是平等的,他们之间的买卖行为、货物运输行为以及货物运输保险行为是在平等、自愿、等价有偿等基础上实施的,因此,国际货物贸易法具有典型的私法性质,充分体现着私法自治的精神。这一点与国际经济法的其他法律部门如国际税法显然不同。

二、国际货物贸易法的法律渊源

作为国际经济法中最古老的子部门法,国际货物贸易法有大量国际条约和国际惯例,它们成为国际货物贸易的最主要的法律渊源。如《联合国际货物销售合同公约》、《海牙规则》、《汉堡规则》、《华沙条约》等国际条约,《2000 年国际贸易术语解释通则》等贸易惯例。此外,在国际贸易中还存在大量的国内法,如《英国货物买卖法》、《美国统一商法典》等。

子项目二 国际货物买卖法公约

在国际货物买卖法方面,主要的国际公约有罗马统一私法协会编纂的 1964 年的两个海牙

公约和 1980 年联合国国际贸易法委员会制定的《联合国国际货物销售合同公约》。

一、国际货物买卖统一法公约

为了促进国际贸易的发展,亟需通过国际立法协调和统一各国在国际货物买卖领域的法律。有鉴于此,1964 年在海牙外交会议上通过了两个公约,分别是《国际货物买卖统一法公约》(The Uniform Law on International Sale of Goods)和《国际货物买卖合同成立统一法公约》(The Uniform Law on the Formation of Contract for International Sale of Goods),前者规定了国际货物买卖双方当事人的权利、义务和风险转移,后者规定了签订合同的要约和承诺。这两个公约主要反映了以欧洲大陆法系为主的立法习惯,在内容上有极大的限制性,参加或核准的国家不多。参加第一个国际海牙公约的国家有比利时、冈比亚、前联邦德国、以色列、意大利、荷兰、圣马立诺和英国共八个国家。参加或核准第二个国际海牙公约的国家为上述除以色列外的七国。这两个海牙公约的核准生效,是国际货物买卖法向法典化方向发展迈出的重要一步,但是因为其本身的局限性如有些条文过于繁琐,有些条文则含混不清等诸多问题,需要一个新的公约来将其代替。

二、联合国国际货物销售合同公约

联合国国际贸易法委员会从 1964 年开始将两个海牙公约予以合并,并进行了修改,目的是使更多的国家能接受。大卫(David)、施米托夫(Schmitthoft)和巴布斯库(Tudor Popescu)三位教授组成了指导委员会,分别代表了大陆法系、英美法系和社会主义法系。委员会在 1978 年完成了《联合国国际货物销售合同公约》(United Nations Convention on Contracts for the International Sale of Goods,以下简称《合同公约》)的起草工作,并于 1980 年在维也纳外交会议讨论并通过了此项公约。按照该公约第 99 条规定,《合同公约》在有 10 个国家批准之日起的 12 个月后生效。自 1988 年 1 月 1 日起,该公约对包括我国在内的 11 个成员国生效。

(一)《合同公约》的结构

《联合国国际货物销售合同公约》共有 101 条,四个部分,此四个部分分别为:适用范围、合同的成立、货物买卖和最后条款。

(二)我国对《合同公约》的态度

我国在核准该公约时,根据公约第 95 条和 96 条的规定,对该公约提出了两项重要保留。

1.书面形式的保留

《合同公约》第 11 条规定:"买卖合同无须以书面订立或书面证明,在形式方面也不受其他条件的限制。买卖合同可以用包括人证在内的任何方法证明。"同时,依公约规定,国际货物买卖合同的订立,无论采取口头方式或书面方式,都是有效的。我国对此提出了保留,即我国坚持认为,国际货物买卖合同必须采取书面的方式,《合同公约》的上述规定和其他类似的规定对我国不适用。

在我国核准《合同公约》时,调整涉外经济关系的是 1985 年的《中华人民共和国涉外经济合同法》,该法第 7 条明确规定一切涉外经济合同必须采取书面形式。这样,我国当事人与营业地位于其他缔约国的当事人订立合同或者对合同进行修改时,必须采取书面形式。但 1999

年 10 月 1 日《中华人民共和国合同法》(以下简称《合同法》)正式生效,结束了我国合同法三足鼎立的局面。《合同法》对合同的形式作出了与原涉外经济合同法完全不同的规定。《合同法》第 10 条规定:"当事人订立合同,有书面形式、口头形式和其他形式。法律、行政法规规定采用书面形式的应当采用书面形式。当事人约定采用书面形式的,也应当采用书面形式。"

《合同法》作为法典,不区别国内合同和涉外合同,对合同形式均采同一标准,而且《合同法》分则中也并未规定买卖合同须采书面形式。此外,全国人民代表大会或国务院尚未另行以法律或行政法规等规定涉外货物买卖合同须采书面形式。故此,我国涉外货物买卖合同可采用书面形式,也可采口头形式来订立或变更。

那么,如何处理生效的《合同法》与我国加入《合同公约》对合同书面形式保留的关系?我们认为,在我国政府尚未宣布撤销核准书中所作的合同形式保留之前,我国对《合同公约》所作的声明仍然有效,依特别法优于一般法的原理,如果我国与另一方营业地的所在国为缔约国的当事人签订买卖合同时,仍然必须用书面形式。若我国当事人与非缔约国的当事人间的货物买卖合同,依国际私法规则导致适用我国法律,则有关的合同可依《合同法》规定,采用口头或其他任何形式。

2.对依据国际私法规则导致《合同公约》扩大适用的保留

依据《合同公约》第 1 条第 1 款第(b)项的规定,只要当事人双方的营业地处于不同的国家,即使他们所在的国家不是《合同公约》的缔约国,但如果按国际私法的规则导致适用某一缔约国的法律,则该公约也将适用于他们之间订立的国际货物买卖合同。此项规定的目的在于扩大《合同公约》的适用范围,使《合同公约》不仅适用于缔约国的当事人之间,而且也可能适用于非缔约国的当事人之间订立的买卖合同。对于这一点,我国在核准该公约时提出了保留,即我国仅同意对双方的营业地所在国均为缔约国的当事人之间订立的货物买卖合同,才适用该公约,而不允许《合同公约》的扩大适用。如果中国当事人与营业地位于其他国家(该国未参加公约)的当事人之间的国际货物买卖合同约定适用第三国法律,而该第三国是《合同公约》的缔约国,则不能援用该第三国的国际私法转而适用《合同公约》。

(三)《合同公约》的适用范围

1.《合同公约》适用的当事人范围

按照《合同公约》第 1 条第 1 款的规定,适用该公约的货物买卖合同必须同时具备两个条件:①订立公约的当事人的营业地必须位于不同的国家,至于当事人的国籍则不予考虑。②符合下列两个要求之一:(a)当事人营业地所在国都是《合同公约》的缔约国;(b)国际私法规则导致该合同适用某一缔约国的法律。因此,《合同公约》从当事人的营业地、缔约国两个方面规定了当事人的范围。

2.《合同公约》适用的交易范围

《合同公约》采取了排除法的立法体例来确定适用的交易范围。依据《合同公约》第 2 条的规定,《合同公约》不适用于下列买卖:①购买供私人、家人或家庭使用的货物的买卖。②经由拍卖的买卖。③根据法律执行令状或其他令状的买卖。④公债、股票、投资证券、流通票据或货币的买卖。⑤船舶、船只、气垫船或飞机的买卖。⑥电力的买卖。

上述各种买卖主要是由于其买卖的性质、买卖的方式或买卖的标的物具有某种特殊性,因而被排除在《合同公约》的适用范围之外。其中,第①种情况,在性质上此买卖属于消费交易,许多国家为了保护消费者的利益制定了各种法律,要求制造商和卖方对消费者承担较重的责任和义务。这类法律多为强制性的规定,一般不允许卖方在合同中预先排除其对所售商品依法应承担的责任。为了避免与各国的国内法发生冲突,《合同公约》明文规定它不适用此类消费交易。第②、③两种交易一般要依据特殊的规则进行:如拍卖按拍卖行的拍卖规则进行;依司法当局的执行令状进行的买卖,须按强制执行法的程序进行,这显然与一般买卖中当事人通过要约和承诺反复磋商,最终达成一致的做法不同。第④、⑤、⑥三种情况主要与买卖的标的物的特性有关;股票、流通证券、公债、投资证券,在有些国家如美国不认其为货物的范畴,它们进行交易时,不能适用货物买卖法,而应当适用证券法和证券交易规则进行;还有些国家把船舶、飞机的买卖视作不动产的交易,要求对某些船舶和飞机的买卖办理登记手续方可有效,此同一般货物的买卖有不同的要求;电力是无形物,不是传统的货物,因此,《合同公约》也不适用于电力的买卖。

此外,依据《合同公约》第 3 条规定,《合同公约》不适用于下列非买卖交易:①供应货物一方的绝大部分义务在于供应劳动力或其他服务的合同。②由订购方保证供应尚待生产或制造的货物的合同所需的大部分重要材料。依此规定,来件装配合同、来料加工合同、咨询服务合同,都不适用《合同公约》。

3.《合同公约》适用的实体范围

《合同公约》通过第二、三部分的实体规定,分别确定了两方面的内容:①买卖合同的成立,即有关要约和承诺的规定。②货物买卖的规则,包括因合同而产生的权利和义务、违约救济、风险转移的规定。

但《合同公约》在实体方面不涉及以下三个问题:

(1)合同或其任何条款的效力以及惯例的效力。这是因为各国在国内法中对于合同的有效性问题都有一些具体规定,如合同无效、可撤销等,而在这些问题上,各国分歧较大,难以统一,因此,《合同公约》明文规定不涉及这些方面的问题。

(2)合同对所售货物所有权可能产生的影响。关于货物所有权由卖方转移于买方的时间与条件问题,各国规定颇为不同。法国法规定所有权在买卖合同订立时即由卖方移转于买方;德国法则规定买卖合同本身不能产生移转所有权的效果,而必须由双方达成移转所有权的协议,并须由卖方把货物交付给买方,才会产生货物所有权移转于买方的法律后果。为此,《合同公约》只规定了卖方有义务将货物所有权移转于买方,但不涉及移转所有权的具体问题。

关于买卖合同能否切断第三人对已售出货物本来享有的权益问题,《合同公约》亦不涉及。《合同公约》只规定卖方必须交付第三人不能提出任何权利主张或者任何请求权的货物,并以此作为卖方的一项重要义务。但《合同公约》对于当卖方把本来属于他人(第三人)所有或享有担保物权的货物出售给买方后,该第三人能否对买方主张权利的问题则没作任何规定。因为,在这一问题上,各国立法分歧颇大,难以统一。

(3)卖方的产品责任。如果由于产品有缺陷使买方、消费者的人身遭受伤害或导致死亡,卖方应对此负责,这种责任称为产品责任(product liability)。许多国家为了保护消费者的利益,专门制定了产品责任法,要求卖方和生产者对其产品的安全性及质量负责。由于各国在产品责任问题上意见不一致,目前难以统一,故此《合同公约》没有涉及这个问题。

4.《合同公约》适用不具有强制性

《合同公约》第 6 条规定:"双方当事人可以不适用本公约,或在第 12 条的条件下,减损本公约的任何规定或改变其效力。"由此表明,《合同公约》的适用不具有强制性。当买卖双方当事人的营业地分别处于不同的缔约国,本应该适用《合同公约》,但如果他们在合同中约定不适用该公约,而选择《合同公约》以外的其他法律作为该合同的准据法,这就可以完全排除《合同公约》的适用。但是,如果他们没有在合同中排除《合同公约》的适用,则该公约就当然适用于他们订立的买卖合同。

当事人可以在买卖合同中部分地排除《合同公约》的适用,或改变《合同公约》中任何一条款的效力而代之以合同中所作的规定。但是,当事人的这项权利必须受到一定的限制。如果任何一方当事人营业地所在国家在批准或参加该公约时,提出了书面形式的保留,则当事人必须遵守该缔约国所作的保留,而不得予以排除,即当事人必须采用书面形式订立合同,如需修改或废止该合同亦须采用书面形式。

子项目三 国际货物买卖合同的成立

国际货物买卖合同同其他合同一样,是双方意思达成一致的结果。它是通过一方提出要约,另一方对要约表示承诺而成立的。

一、要约(offer)

(一)要约的概念和构成条件

要约是一方向另一方提出的愿意,按一定条件同对方订立合同的建议。提出建议的一方为要约人,其相对方为受要约人。

《合同公约》第14条规定,向一个或一个以上的人提出订立合同的建议,如果十分确定并且表明要约人在得到承诺时承受约束的意旨,即构成要约。一个建议如果写明货物并且明示或暗示地规定数量和价格或规定如何确定数量和价格,即为十分确定。由此可见,要约的构成条件为:

1. 要约应向一个或一个以上特定的人提出

向非特定的人提出的缔约建议仅应视为要约邀请,除非提出建议的一方明确地表示相反的意向。

2. 要约的内容必须十分确定

内容十分确定即要约至少包含货物的名称、数量和价格这三个要素。依《合同公约》的规定,一项要约如包含了以上三个内容,便应认定其为"十分确定",就是一项有效的要约,如果它被对方承诺,买卖合同即告成立。至于要约中没规定的其他事项,可按有关惯例或公约的相关规定来处理。

3. 要约必须表明要约人在得到承诺时,承受其约束的意思

这种订立合同的意愿必须包括在受要约人全部接受要约时,就能按该要约条件订立合同。

(二)要约的生效时间

《合同公约》第15条第1款规定:"要约于送达受要约人时生效。"因此,在收到要约前向对方发出"承诺",此"承诺"实为要约,不能认为订立了合同。即使此项"承诺"的内容与对方提出的要约的内容完全巧合,这种情况在法律上也只能被看作是两个交互的要约。

对于要约的生效时间,各国法律规定相同。

(三)要约的撤回

要约的撤回是指要约人在发出要约之后,在其尚未送达受要约人之前,即在要约尚未生效前将该项要约取消,使其失去效力。

根据《合同公约》第 15 条第 2 款的规定:"一项要约,即使是不可撤销的,如果撤回通知于要约送达受要约人之前或同时送达受要约人,可予撤回。"在要约的撤回问题上,各国的法律规定与《合同公约》的上述规定基本上是一致的。

(四)要约的撤销

要约的撤销是指要约人在要约已送达受要约人之后,即在要约已经生效之后,将该项要约取消,从而使要约的效力归于消灭。在对要约的撤销问题上各国分歧颇大。

1.英美法的规定

英美普通法认为,要约原则上对要约人没有约束力。在受要约人作出承诺以前,要约人可随时撤销其要约或变更要约的内容。

依英国法,要约只是一种允诺(promise),要使作出允诺的人受其允诺的约束,须具备下列条件之一:①允诺人得到对方的某种"对价"(consideration)。②允诺人所作的允诺是采用法律要求的签字蜡封(signed and sealed)的特殊形式作成的。

美国《统一商法典》(Uniform Commercial Code)对英国的上述原则作了修改,承认一定条件下没有"对价"的"确定的要约",其条件是:①要约人必须是商人(merchant)。②要约的存续时间不超过三个月。③要约必须以书面形式做成并由要约人签字。

2.大陆法的规定

《德国民法典》以及瑞士、希腊等国法律认为,要约一旦生效,要约人就要受其约束,不得随意将其撤销。

法国法律原则上认为要约人在其要约被受要约人应诺以前可将其撤销或变更,《法国民法典》对此没有规定,但法院的判例认为,虽然要约可在合同成立前撤销,但要约人须向受要约人承担损害赔偿的责任。

3.《合同公约》的规定

《合同公约》第 16 条规定,一项已经生效的要约,可由要约人在受要约人发出承诺通知以前予以撤销,即撤销通知于受要约人发出接受通知之前送达受要约人。但下列两种情况下,要约不得撤销:①要约写明接受要约的期限或以其他方式表示要约是不可撤销的。②为受要约人有理由信赖该项要约是不可撤销的,而且已本着对其信赖行事。

(五)要约的终止或失效

出现下列四种情形之一,要约即对要约人失去效力:

(1)要约的有效期限届满。

(2)要约未规定有效期限,要约可望得到答复的合理期限已过。

(3)要约人有效地撤回或撤销要约。

(4)受要约人拒绝接受或反要约。对此,《合同公约》第 17 条规定:"一项要约,即使是不可撤销的,于拒绝通知要约人时终止。"

二、承诺(acceptance)

(一)承诺的概念和构成条件

承诺是指受要约人以声明或做出其他行为对要约所提出的缔约条件表示同意。一项有效的承诺,必须具备如下条件:

1.承诺必须由特定的人作出

由于要约是向特定人提出的,因此,除了受要约人或其授权的代理人以外,任何第三人不能作出"承诺"。

2.承诺必须与要约的条件保持一致

依传统的普通法理论,承诺就像镜子一样反射要约的条件,为适应现代商业发展的需要,《合同公约》第19条规定,在国际货物买卖合同中,承诺如未对要约进行实质性修改,则仍可能构成有效的承诺。

3.承诺必须在要约的有效期限内作出

对于规定了有效期限的要约,应在规定的期限内作出承诺,对于未规定有效期限的要约,应在合理的期限内作出承诺。否则,可能导致承诺的无效。

4.以恰当的方式表示承诺

依《合同公约》第18条规定,承诺的方式包括两种,一为声明(即通知),一为按要约的规定或依当事人之间确立的习惯做法或惯例,以行为表示承诺。缄默或不行为本身不等于承诺。

(二)承诺的生效时间

承诺何时生效是合同法中一个极为重要的问题。依各国法律规定,承诺一旦生效,合同即告成立,双方当事人就须受合同约束,承担由合同而生的权利和义务。承诺生效的时间,大陆法和英美法分歧颇大。

1.英美法的规定

英美法系"投邮生效"原则(mail-box rule),认为凡以信件、电报作出承诺的,承诺的函电一旦投邮、拍发,承诺就立即生效,合同即告成立。

2.德国法的规定

《德国民法典》第130条规定:"对于相对人所作的意思表示,于意思表示到达相对人时发生效力。"因此,德国法采用到达生效原则(received of the letter of acceptance rule)。

3.法国法的规定

《法国民法典》对承诺何时生效没有具体规定。但法国最高法院认为,承诺生效的时间完全取决于当事人的意思,并认为这是事实问题,应根据具体情况来确定。在司法审判的实践中,法院往往推定为"投邮生效",即根据事实情况推定承诺于发出通知时生效,合同亦于此时成立。

4.《合同公约》的规定

依《合同公约》第18条第2款规定:"承诺于表示同意的通知送达要约人时生效。如果表示同意的通知在要约人所规定的时间内,或者在如果要约人没有规定期间则在一段合理时间内,未曾送达要约人,承诺即为无效,但须考虑交易的情况,包括要约人所使用的通讯方法的迅速程度。对口头要约必须立即接受,但情况有别者不在此限。"由此可见,《合同公约》原则上采取了到达生效的原则。

(三)逾期承诺的效力

受要约人的承诺通知在要约的有效期限届满或一段合理时间过后才送达要约人的,其承诺属于逾期的承诺。

对逾期的承诺,各国普遍认为其不是一项有效的承诺,而应视作一项新要约或反要约。《合同公约》也认为逾期的承诺原则上是无效的,但《合同公约》的规定更为灵活。《合同公约》第 21 条规定:"①如果要约人毫不迟延地用口头或书面将此种意见通知受要约人,逾期的承诺仍有承诺的效力。②如果载有逾期承诺的信件或其他书面文件表明,它是在传递正常、能及时送达要约人的情况下寄发的,则该项逾期承诺具有承诺效力,除非要约人毫不迟延地用口头或书面通知受要约人,他认为他的要约已经失效。"

(四)变更要约内容的承诺的效力

按照各国传统的法律原则,承诺的内容必须与要约的内容相同。如果二者之间存在差异,则该承诺无效,而应属于新要约或反要约。

《合同公约》第 19 条第 1 款规定,对要约表示接受但载有添加、限制或其他更改的答复,即为拒绝要约并构成反要约。为此,如受要约人在对要约所作的表示承诺的答复中有添加、限制或更改,就不构成承诺,而构成反要约。

对承诺过于严格的要求将造成国际商业交往不利,为此《合同公约》作了相应的例外规定。该公约第 19 条第 2 款规定:"对要约表示接受但载有添加或不同条件的答复,如果所载的添加或不同条件在实质上并不变更该项要约的条件,除要约人在不过分迟延的时间内以口头或书面通知反对其间的差异外,仍构成承诺。如果要约人不作出这种反对,合同的条件就以该项要约的条件以及接受通知内所载的更改内容为准。"该公约第 19 条第 3 款具体规定了实质上变更要约内容的事项,分别是指:有关货物价格、付款、货物数量和质量、交货的地点和时间,一方当事人对另一方当事人的赔偿责任范围或解决争端等。凡在答复中载有此类变更、添加、补充等,均被视为实质性地变更了原要约的内容,构成反要约。

因此,依《合同公约》的规定,不同的承诺表现,其法律效力是不同的。

(五)承诺的撤回

依照英美法,承诺通知在其发出时即生效,因而承诺不涉及撤回的问题。依德国等大陆法国家的法律规定,以及《合同公约》的规定,承诺通知在其送达要约人之前(即生效之前)可以撤回,可以通过在承诺生效之前或同时送达撤回通知的方法撤回承诺。

子项目四 国际货物买卖合同双方的权利义务

一、卖方的义务

在国际贸易中,卖方的义务主要包括以下内容:①交货的义务;②交付与货物有关的装运单据的义务;③对货物的品质担保的义务;④对货物的权利担保的义务。这四项义务的具体内容如下:

（一）卖方交货的义务

按照各国法律的规定，如果合同对交货的时间和地点有明确的规定，则卖方必须按合同规定的时间和地点交付货物，但是如果合同没有明确规定，则应依有关国家的法律来处理。各国法律对此规定颇不一致。

1.大陆法的规定

按大陆法的规定，卖方履行交货义务的地点应在合同规定的地点，如果合同中未对交货地点予以规定，则应视所交付的货物是特定物还是非特定物来确定交货地点。如果是特定物，依法国、日本、瑞士的法律规定，卖方交货地点为订约时该特定物的所在地；如果是非特定物，德国、法国的民法典以及瑞士的债务法典规定在卖方的营业所在地交货，而《日本民法典》则规定在买方营业所在地交货。

按大陆法的规定，如果买卖合同对交货的时间没有作出具体的规定，则买方有权要求即时交货，卖方也有权于合同成立后即时交货。此外，在大陆法看来，履行的期限是为债务人的利益而定的，故此，如合同规定的是履行期限，买方不能要求卖方在履行期到来前交货，而卖方却有权在事先通知买方的前提下提前交付货物。

2.英美法的规定

依英美法的规定，如果买卖合同对交货地点没有规定，一般应在卖方的营业地交货。但是货物如果是特定物，而且买卖双方已经知道该特定物在何处的情况下，卖方则应当在该特定物所在地交货。

如果买卖合同没有规定交货时间，卖方应在合理的时间内交货。如果买方授权或要求卖方把货物运交买方，则货物交给承运人时，就推定卖方已向买方交付货物。

3.《合同公约》的规定

依《合同公约》第31条规定，如果买卖合同涉及货物的运输，卖方可以将货物交给第一承运人，以运交给买方，否则，卖方应将货物交给买方处置；如果出售的货物是特定物，则在特定物所在地交货；在其他情况下，卖方交货的地点为订合同时的卖方营业地。

在卖方的交货时间问题上，依该公约第33条的规定，卖方应在合同规定的时间交货；如果合同规定了一个交货期限，则除买方有权选择一个具体日期外，卖方有权决定在这段时间内的任何一天交货；在其他情况下，卖方应在订立合同后的一段合理时间内交付货物。需要注意的是，"合理时间"是事实问题，应根据具体情况来确定。

（二）卖方交付与货物有关的装运单据的义务

在国际货物买卖中，装运单据（shipping documents）具有十分重要的作用。装运单据主要包括提单、保险单、商业发票、原产地证书、商检证书等，它们是买方提取货物、办理报关手续、转售货物以及向承运人或保险人请求赔偿的所必须的文件。

按国际贸易惯例，在大多数情况下，卖方都有义务向买方提交有关货物的各种单据。而且，买卖合同也往往规定，以卖方移交买方装运单据作为买方付款的对流条件（concurrent condition）。《合同公约》也明确规定，卖方移交货物的装运单据给买方，是其一项重要义务。按该公约第34条以及相关条文的规定，卖方交付单据的义务具体包括卖方应保证交付的装运单据的完整以及符合合同及公约的规定。其中，"完整"系指卖方应该交付一切与货物有关的单据使之足以作为买方正当获得所有权及占有货物的保证。"符合合同及公约的规定"，是指卖方应按合同约定的时间、地点和方式移交装运单据。如果卖方在约定时间以前已移交了这些单据,他可以在约定时间到达前纠正单据中任何不符合合同规定的情形,但对由此给买方造成的损失要承担赔偿责任。

(三)卖方对货物的品质担保的义务

品质担保指卖方对其所出售的货物的质量、特性或适用性承担责任。

《合同公约》第 35 条规定,卖方提交的货物除了应符合合同的规定外,还应符合公约的如下要求:①货物适用于同一规格货物通常使用的目的。②货物适用于订立合同时曾明示或默示地通知卖方的任何特定目的。③货物的质量与卖方向买方提供的货物样品或式样相同。④货物按同类货物通用的方式装箱或包装,如果没有通用的方式,则按照足以保全和保护货物的方式装箱或包装。

该《合同公约》第 36 条、37 条还就卖方承担品质担保责任的时间作了明确规定。该公约规定卖方承担品质担保的义务阶段为风险转移给买方之前;如果货物本身的品质瑕疵在风险转移前就已实际存在,只是在风险转移后才显露出来,卖方对此仍应负责;在风险转移之后如果发生不符合合同的情形,如违反在一段时间内货物仍将继续适用于其通常使用目的或某种特定目的,或将保持某种特定质量或性质的任何保证,卖方也应承担责任。

在品质担保方面,各国的法律规定略有不同:

1. 大陆法的规定

大陆法把卖方对货物的品质担保义务称作瑕疵担保的义务,要求卖方应保证他所出售的货物没有瑕疵,并对货物的质量、特性或适用性承担责任。《德国民法典》第 459 条规定,卖方应向买方保证他所出售的物品在风险责任移转于买方的时候不存在失去或减少其价值,或降低其通常的用途或合同规定的使用价值的瑕疵。此外,依德国法规定,如果买方在订立买卖合同时已经知道出售的货物有瑕疵者,卖方可不负瑕疵担保的责任;如果买卖标的是根据质权以公开拍卖的方式出售的,卖方对货物的瑕疵不负担保责任。通常情况下,卖方以风险转移为界限承担品质担保责任,卖方只承担货物在风险责任转移于买方之前的品质担保义务。但是下列两种情况例外:

(1)货物的隐蔽缺陷。如果货物的性能决定了缺陷在风险转移给买方一段时间后才能发现,这种情况下卖方仍应承担品质担保的义务。

(2)货物保质期的担保。如果货物存在保质期,此种情况下,虽然风险已转移给买方,但卖方仍应在此期间承担品质担保之责。

2. 英美法的规定

英美法对品质担保责任的规定,比大陆法的规定更为详细具体,以英国的《货物买卖法》以及美国的《统一商法典》的规定为代表。

英国法规定卖方所出售的货物必须符合默示条件(implied condition),如凭说明的买卖必须与说明相符,卖方在营业中出售的货物应具有商销品质等。美国法将卖方的担保分为明示担保(express warranties)和默示担保(implied warranties)。明示担保产生于事实方面作出的确认或许诺、对货物的说明等,它是卖方所明白地、直接地对货物作出的保证,它不但是买卖合同的组成部分,而且也是买卖双方达成交易的基础;默示担保不是由双方当事人在洽商合同时在合同中规定的,而是由法律认为应包括在合同之内的,只要买卖双方在合同中没有作出相反的规定,则法律上所规定的默示担保就可以依法适用于他们之间的合同,如适销性的默示担保、适用特定用途的默示担保。

(四)卖方对货物的权利担保的义务

权利担保是指卖方应保证对其所出售的货物享有合法的、没有侵犯任何第三者的权利,并且任何第三人都不会就该项货物向买方主张任何权利。

在货物买卖中,卖方应保证自己确实享有出售货物的权利,此为其最重要的义务。权利担保义务具体包括三项内容:首先,卖方保证对其出售的货物享有合法的权利;其次,卖方保证在其出售的货物上不存在任何未曾向买方透露的担保物权,如抵押权、留置权;最后,卖方应保证其所出售的货物没有侵犯他人的权利,如商品权、专利权等。

各国法律均规定以上权利担保义务是卖方的一项法定义务,即使在买卖合同中对此没有作出规定,卖方仍应依法承担此项义务。如《英国货物买卖法》第12条规定,卖方对货物应承担下列默示义务(implied undertaking):①保证其享有出售该货物的权利,并且担保其所出售的货物不存在任何订约时未曾告知买方的担保权益。②保证其所知道而买方并不知道的有关货物的一切负担或债务,如第三人对货物享有某种权利,已于订立合同前告知买方。按《英国货物买卖法》第52条第3款的规定,卖方在合同中有关免除卖方上述默示义务的规定一律无效。

依《合同公约》第41条、42条、43条的规定,卖方权利担保义务包括两项,具体内容如下:

1. 物权保证

卖方所交付的货物必须是第三方不能指出任何权利(right)或请求(claim)的货物。除非买方同意在这种权利或要求的条件下,收取货物。《合同公约》的这一规定包括下列含义:

(1)卖方就第三方对货物的权利主张向买方负责。如果第三方起诉买方,主张他是货物的真正所有人或对货物享有担保物权,结果获得胜诉,这表明该第三方对货物享有权利,同时也表明卖方违反了《合同公约》的规定,应对买方承担违约责任。

(2)卖方就第三方对货物的请求向买方负责。即使第三方对货物提出某种请求后,由于法律上的依据不足而败诉,但卖方仍被认为违反了《合同公约》第41条的规定,对买方负责。《合同公约》之所以如此规定,意图是保护善意的买方的利益。

(3)如果买方同意在第三方权利或要求的条件下收取货物,则卖方可免责。

此外,《合同公约》第43条第1款规定,买方应在合理时间内通知卖方第三者提出的权利和要求的性质,否则,卖方免除向买方的担保责任。

卖方对出售货物的物权担保方面,主要是两类物权担保:①所有权担保。卖方应向买方担保他对其所出售的货物享有完整的物权,即他所出售的是他的货物,而不是其他人的货物。如果因为所有权方面存在瑕疵,或被第三方提出权利或主张,卖方应向买方负责。②担保物权的保证。卖方应向买方保证他所出售的货物上未曾设置买方不知的担保物权,如抵押权、留置权等,因为依据物权优先于债权的原则,卖方如果出售了设置了担保物权的货物,极有可能损害买方的利益。为此《合同公约》规定了第三方如向买方提出对货物的担保物权的权利或要求,卖方应向买方负责。

2. 工业产权的保证

根据《合同公约》第42条规定,卖方所交付的货物,必须是第三方不能根据工业产权或其他知识产权主张任何权利或要求的货物。

在国际交易中,侵犯工业产权(如商标权、专利权等)或其他知识产权(如版权)多涉及卖方国家以外的其他国家,如进口国或转售国,卖方所售货物可能未在本国侵犯他人的知识产权,但可能在买方国家或第三国侵犯他人的工业产权。因为知识产权或工业产权具有地域性的特点，各国授予知识产权或工业产权是相互独立的。正是基于上述原因，如果绝对地要求卖方必须保证他所出售的货物不得侵犯任何第三方的工业产业或知识产权，显然不够合理。为此，《合同公约》规定卖方承担工业产权的担保是有限制的担保。这些限制性条件规定在《合同公约》第42条、43条之中，具体如下：

（1）第三方的权利是依据合同预期的货物将要销往或使用的国家或地区的法律取得的。在这种情况下，如果卖方知道或不可能不知道第三方的权利存在，则要向买方承担责任。

（2）第三方的权利是依据买方营业地所在国家的法律取得的。在此情况下，不管货物销往哪个国家、地区，也不论卖方是否知晓，卖方均要为侵犯第三方依买方营业地所在国家的法律取得的工业产权对买方承担责任。

依据《合同公约》的规定，卖方的工业产权担保责任在下列情况下可以免除：①买方在订立合同时已知道或不可能不知道此项权利或要求。②上述权利或要求的发生，是由于卖方要遵照买方所提供的技术图样、图案、程式或其他规格。③在卖方不知晓的情况下，货物被销往目的地以外的其他国家，而第三方依据此转售国的法律提出权利或主张。④当买方收到第三方的权利或要求时，应将此权利或要求的性质在合理时间内通知卖方，如怠于通知，则卖方免除工业产权担保的义务。

二、买方的义务

买方的义务主要有两项，一是支付货款的义务；二是收取货物的义务。

（一）大陆法的规定

《德国民法典》第433条规定，买方对卖方负有支付其约定的价金及受领买得物的义务。如果双方在订立合同时没有约定价金而依市价确定价金的，则应按清偿时的市价为标准支付；如果合同没有对付款地点作出具体的规定，则按一般金钱债务的清偿原则处理，即债务人（买方）应在债权人（即卖方）的所在地付款。

《法国民法典》第1650条规定，买方的主要义务是按合同规定的时间及地点支付价金。如果买方不支付价金，卖方可以要求解除合同。如果在交付时，对于支付价金的时间、地点没有作出具体规定，则买方应在卖方交货的时间和地点支付价金。《法国民法典》还规定，对于商品为动产的买卖，如果买方逾期不受领买得物，为了卖方的利益，卖方无需催告，买卖合同即当然解除。

（二）英美法的规定

按《英国货物买卖法》第27条的规定，买方有义务按合同的规定接受货物和支付价款。英国法认为，除双方另有约定外，卖方交货与买方付款是对流条件，两者应同时进行。

英国法还将买方接受货物的义务与对货物的检验权利结合起来。在《英国货物买卖法》第34条中规定，当卖方提交货物时，除另有协议外，买方有权要求利用合理的机会检验货物，以便确定该货物是否与合同规定相符。凡是事先未曾检验过的货物，都不能被认为是买方已经接受的货物。但是如果买方在有机会检验货物时，并未对货物进行检验，那就等于放弃了这种检验的权利。在此种情况下，买方也就丧失了拒收货物的权利。

此外，依英国法，买方收到货物（receipt of goods）与接受货物（acceptance of goods）是不

同的。买方若接受了货物,他就丧失了拒收货物的权利。如买方通知卖方,表示他已接受该项货物,或买方作出了转售此项货物等任何与卖方所有权相抵触的行为或买方收到货物后将货物留下来,经过一段合理时间后,并没有通知卖方拒收此项货物,在这些情况下,买方即丧失拒收货物的权利。如果买方仅仅是收到了货物,日后发现货物与合同不符,他仍然可以拒收此项货物。

《美国统一商法典》将买方支付货款与接受货物的义务,同检验货物的权利联系在一起。根据该法典第 2-513 条规定,除双方当事人另有约定外,"如果已提示交付或交付货物,或货物已特定于买卖合同项下,买方在付款或接受货物之前,有权在任何合理的时间和地点以任何合理的方式检验货物。如果卖方被要求或被授权将货物发送给买方,检验可在货到之后进行"。在国际货物买卖中,买方通常在卖方移交装运单据时付款,待货物运抵目的地后再进行检验。在此情况下,买方虽已按合同规定支付了货款,但这并不构成对货物的接受,也不影响买方在货物运抵目的地后进行检验的权利以及采取各种法律上的补救措施的权利。

(三)《合同公约》的规定

《合同公约》第 3 部分第 3 章,对买方的义务作了详细的规定,其中,第 1 节规定了买方支付货款的义务,第 2 节规定了买方收取货物的义务。

1. 支付货款的义务

《合同公约》关于支付货款的义务规定于第 53—59 条之中,具体包括:

(1)履行必要的付款手续。按一般国际贸易实践,该义务主要是按合同的规定,申请银行开出信用证或银行保函。在实行外汇管制的国家,还必须根据有关法律或规章的规定,向政府申请取得支付货款所必须的外汇等。如果买方尚未办理上述各种必要的手续使货款得以支付,依《合同公约》的规定,即构成违反合同。

(2)确定货物的价格。如果合同已经对货物的价格作出规定,则买方应按合同价格支付货款。如果合同没有对此作出规定,为了使合同不至于由于没有规定价格或作价方法而不能履行。《合同公约》规定,此种情况下应当认为双方当事人已默示引用订立合同时这种货物在有关贸易中在类似的情况下出售的通常价格。此外,《合同公约》规定,货物若按重量来计价时,如果有疑问,则按净重来确定。

(3)支付货款的地点。买方支付货款时,在合同规定的地点支付;如果合同无规定,则在卖方的营业地付款;此时如卖方有数个营业地,则在与本合同最密切联系的营业地付款;如果凭移交货物或单据支付货款,买方则应在移交货物或单据的地点支付货款。

(4)支付货款的时间。买方应在合同规定的时间付款;如果合同没对付款时间作出规定,则买方应在交货或支付装运单据时付款;买方在未有机会检验货物前,无义务支付货款,除非这种机会与双方当事人议定的交货或支付程序相抵触。

2. 收取货物的义务

《合同公约》第 60 条规定了买方收取货物的义务,该义务包括两项内容:

(1)采取一切理应采取的行动,以期卖方能交付货物。如及时指定交货地点、申请进口许可证等。

(2)接受货物。如果买方不及时提货,卖方可能要向承运人支付滞期费或其他费用。对此,买方应对卖方负责。

子项目五　违约救济的方法

"违约救济"(remedies for breach of contract)一词来源于英美法律,其含义相当于大陆法国家的债务不履行的规定。《布莱克法律辞典》解释,救济是指实现权利,防止或补偿权利的侵害的手段以及运用这些手段的权利。《合同公约》在第3部分第1、2、3章及第5章分别对违反买卖合同的救济方法作了具体规定。其中第1章主要涉及根本违反合同的定义;第2章规定了卖方违反合同时买方的救济方法;第3章规定了买方违反合同卖方的救济方法。

一、违约(break a contact)

(一)违约的含义

违约是指合同一方当事人由于某种不可免责的原因没有履行合同义务,或没有全部履行义务的行为。依其不同性质,可以将违约划分不同的类型,对此大陆法、英美法以及公约作出了不同规定。

(二)违约的类型

1.大陆法的划分

《德国民法典》将违约划分为给付不能(supervening impossibility of performance)和给付延迟(delay in performance)两种。

所谓给付不能,是指债务人由于种种原因不可能履行其合同义务,而不是有可能履行而不去履行。给付不能包括自始不能和嗣后不能两种。如果是自始不能的情况,那么合同在法律上是无效的;嗣后不能,如果不是债务人的过失,如不可抗力引起,债务人可以免除履行合同的义务。如果是由于债务人的过失引起的给付不能,债务人应承担损害赔偿责任。

所谓给付延迟,是指债务已届履行期,而且是可能履行的,但债务人没有履行其合同义务。根据《德国民法典》的规定,凡在履行期届满后,经债权人催告仍不给付者,债务人自催告时起应负延迟责任,不但要对一切过失承担责任,而且对因不可抗力而发生的给付不能也应负责任,除非债务人能证明即使没有延迟履约,仍不可避免地要发生损害时,才能免除责任。

违约的状况实际上还存在其他表现,而德国法未作规定。如积极的违约(positive breaches of contract)即债务人做了不应做的事而引起违约的后果;又如债务人履行合同粗心大意,卖方交付有瑕疵的货物等。

《法国民法典》也将不履行债务和延迟履行债务作为违约的主要表现形式。《法国民法典》第1147条规定,如果合同不能履行,则对方可以解除合同并请求损害赔偿;如果合同能履行,则对方可以要求债务人履行合同。

2.英美法的划分

英国将违约情形划分为违反条件(breach of condition)和违反担保(breach of warranty)两种情况,此外还有提前违约(anticipatory breach)、违反中间性条款、履行不可能等概念。

(1)违反条件。双方当事人在合同中载有各种各样的条款,它们的性质和重要性是不同的。其中有些是重要的,带根本性的(vitalor essential);有些则是次要的,从属于合同的主要目的。依英国法规定，凡属合同中的重要条款，都称为"条件"，若一方违反，对方则可以解除合同，并要求损害赔偿；凡属合同中不重要条款，则称为"担保"，如有关支付的时间，它一般并不作为合同的条件处理。至于哪些是"条件"，不是法律问题，而是事实问题，应由法官根据合同的内容和当事人的意思作出判定。

英国法规定了在生效的合同中其发生与否不确定的事件作为条件的情况。如对流条件，指一方的履行与对方的履行互为条件，双方当事人同时履行各自的义务，或者双方当事人都同时准备并愿意履行其各自的义务。如合同无约定时，买方不能以卖方未先交货而认为对方违约，反之，卖方也不能以买方未先付款而认为对方违反合同。又如先决条件（condition of precedent），此指一方首先履行其某种义务，或以某种事件的发生，或以经过一定的时间，作为对方履行义务的前提条件。如合同约定开来信用证才交货，当买方不按时开来信用证时，卖方即可解除合同。再如后决条件（condition of subsequent），此为在合同成立后，如发生某种事件，履行合同的义务即告消灭。如合同约定："如遇天灾，公敌……船方可免除责任。"

英国法还规定了在合同中约定的事项作为合同条件的情况。此既包括明示条件（express condition），这种在合同中明文规定的条款，也包括了默示条件（implied condition），此类理应包括在合同中的条款。

（2）违反担保。如前所述，违反担保是指违反了合同的次要条款或随附条款。针对违反担保，对方不可采取解除合同的权利，而只能要求损害赔偿。违反担保也有违反明示担保和违反默示担保之分。

此外，依英国法违反条件的情况，被违约人可以选择按违反条件来处理，如解除合同；也可以选择按违反担保来处理，货物不合格但买方仍需此货，可选择损害赔偿的办法弥补自己损失。

（3）违反中间性条款。违反中间性条款，是近来年通过判例发展而来的一种新的违约类型。它既有别于"条件"的条款，也不同于"担保"的条款。当一方违反中间性条款时，对方是否有解除合同权，须视此种违约的性质及其后果是否严重而定。如租船合同中船长须按承租人的指示行事的条款，船东向承租人提供适航的船舶等义务的条款。

美国现在已放弃使用"条件"和"担保"这两个概念，而将违约分为轻微违约（minor breach）和重大违约（material breach）。

轻微违约是指债务人在履行过程中尽管存在一些缺点，但债权人已经从中获得该项交易的重要利益，如履约时间略为迟延，货物质量、数量与合同略有出入等。对轻微违约，被违约方只能请求损害赔偿，而不能解除合同。

重大违约是指由于债务人没有履约或履约有缺陷，致使债权人不能得到该项交易的主要利益。针对这种违约，被违约方可以解除合同，同时请求损害赔偿。

（4）提前违约。提前违约是指一方当事人在合同规定的履行期限到来之前，即明确表示自己届时将不履行合同。依英国法，当一方当事人提前违约时，对方可以解除自己的合同义务，并可立即要求给予损害赔偿，而不必等到合同规定的履行期限来临时才采取措施。当然，依英国判例法，履行期限届满前，如果出现某种意外事故，如爆发战争，使合同因此而宣告解除，则提前违约的一方可以不承担任何责任。

（5）履行不可能。履行不可能包括两种情况：一为订立合同时履行不可能，类似于大陆法的自始给付不能；二为订立合同后履行不可能，类似于大陆法嗣后给付不能。

3.《合同公约》的划分

《合同公约》将违约划分为一般违约、根本违约、预期违约和分批交货合同的违约几种类型。

（1）根本违约。根据《合同公约》第25条的规定："一方当事人违反合同的结果，如果使另一方当事人蒙受损失，以至于实际上剥夺了其根据合同规定有权期待得到的东西，即为根本违反合同，除非违反合同一方并不预知而且一个同等资格、通情达理的人处于相同情况中也没有理由预知会发生这种结果。"

由此可见，《合同公约》对根本违约所采取的衡量标准是，看违反合同的结果是否会使对方蒙受重大的损害，即违约后果的严重程度。至于损害是否重大，应根据每个案件的具体情况来确定。

（2）预期违约。所谓预期违约，是指在合同规定的履行期到来之前，已经有根据预示合同的一方当事人将不会履行其合同义务。根据《合同公约》第71条的规定，预期违约的表现为：第一，一方履行义务的能力或他的信用有严重缺陷；第二，他在准备履行合同或履行合同中的行为显示他将不履行其主要的义务。

（3）分批交货合同的违约。分批交货合同是指一个合同项下的货物分成若干批交货的合同。在分批交货合同中，违约情形分为三种情况：

第一种情况是一方当事人不履行对其中任何一批货物的义务，通常只构成对该批货物的根本违约。

第二种情况是如果一方当事人不履行对其中任何一批货物的义务，对方有充分的理由断定今后各批合同亦将会发生根本违约情况。

第三种情况是如果合同项下的各批货物是相互依存、不可分割的，就不能将任何其中的一批货物单独用于双方当事人在订立合同时所设想的目的。

至于非根本违约、非预期违约、非分批交货合同的违约，我们将其都归入一般违约之中。

（三）违约分类的意义

从上面的叙述我们可以看出，各国法律把违约划分为不同的类型，而且通常情况下，针对不同的违约，被违约方可采取不同的救济措施，因此，违约的分类应是有其合理性和积极意义的。

（1）有助于为当事人在对方违约的情况下，寻求良好的救济方法，以弥补自己的损失，维护自己的利益。

（2）有利于司法审判人员根据不同的违约而确定违约当事人应承担的责任，认定合同是否可以解除。

（3）有利于合同规则的完善。确定不同的违约形态，从而针对不同违约形态规定不同的救济权利，使其与合同全部规则相联系，并使合同法得到完善。

二、救济权利（relief right）

如上所述，针对不同的违约，当事人可享有不同的救济权利。这些具体的救济权利，主要包括如下几种：

(一)要求对方实际履行权

1. 要求对方实际履行权的含义

要求对方实际履行系指被违约方要求违约方按合同的规定履行其义务的行为,如买方要求卖方提交符合合同规定的货物,对不符合合同规定的货物进行修理、更换、交付替代物等以及卖方要求买方付款等。但在实际履行方面各国的做法是不同的。

2. 各国的不同做法及《合同公约》的调和

(1)英美法的规定。依照英美普通法的规定,对违反合同的主要救济方法是损害赔偿,而不是实际履行,只有金钱赔偿不足以弥补受损害一方的损失时,才考虑判决实际履行。通常英美等国的法院对一般货物的买卖,原则上不作实际履行的判决,而仅判决违约一方支付金钱的损害赔偿,除非买卖的标的物是特定物或者特别珍贵罕有,在市场上不容易买到,法院才会考虑判决违约方实际履行。

(2)大陆法的规定。大陆法特别是德国法认为,实际履行是对不履行合同的一种主要的救济方法。依《德国民法典》第 24 条的规定,当债务人不履行合同时,债权人有权要求债务人实际履行其义务。

(3)《合同公约》的规定。《合同公约》第 28 条规定:"如果按照本公约的规定,一方当事人有权要求另一方当事人履行某一义务,法院没有义务作出判决,要求具体履行此义务,除非法院依照其本身的法律对不属于本公约范围的类似销售合同愿意这样做。"

《合同公约》之所以这样规定,是因为大陆法系和英美法系在实际履行方面存在不可调和的矛盾,所以《合同公约》只好让各个法律体系的国家、地区按其自身的法律规定来处理这个问题。如果法院按其自身的法律对不属于公约范围内的类似的买卖合同作出实际履行的判决,则对于适用《合同公约》的买卖合同也将会作出实际履行的判决。

3. 要求对方实际履行权的适用特点

《合同公约》第 46 条第 1 款规定:"买方可以要求卖方履行义务,除非买方已采取与此要求相抵触的某种补救办法。"该公约第 62 条规定:"卖方可以要求买方支付价款、收取货物或履行其他义务,除非卖方已采取了与此要求相抵触的某种补救方法。"

由此可见,依据《合同公约》的规定,适用实际履行权时,被违约方可以同时选择与此项权利不相矛盾的权利,但是如果他选择损害赔偿的权利,则就丧失了宣告合同无效的权利。《合同公约》的此项规定,是与合同的等价有偿的意旨一致的。

(二)解除合同权

1. 解除合同权的含义

所谓解除合同权是指一方当事人在对方违约的情况下,有不履行其自身合同义务的权利。根据《合同公约》第 49 条及第 64 条规定,被违约一方有解除合同,宣告合同无效的权利。

2. 解除合同权的适用特点

(1)适用于根本违约。依据《合同公约》的规定,宣告合同无效、解除合同的权利仅存在于对方根本违约的情况下。当对方根本违约时,可以行使解除合同的权利;当对方预期违约后,在宽限期内仍不履行其义务,也可以适用解除合同权。换言之,当对方根本违约,或对方的预期违约转化为根本违约的情况下,被违约方有选择宣告合同无效、解除自身合同义务的自救权。如果对方只是一般性违约,如所交货物略有瑕疵,支付货款数额略有出入等,此种情况下,被违约方不能解除自己的合同义务。《合同公约》的这一规定是合理的。

（2）可以与此种救济权利不相矛盾的救济措施同时并用。即使被违约方选择了解除合同的权利，但其损失仍可能存在，如买方为购买货物租了仓库、开了信用证等，对此损失显然仅靠解除合同仍无法弥补。基于等价有偿的合同法理念，《合同公约》规定了采用解除合同权时，仍可采取与此不相矛盾的其他救济措施，这些救济措施可以与损害赔偿权同时并用，而不能与实际履行权同时行使。

（三）请求对方损害赔偿权

1.请求对方损害赔偿权的含义

损害赔偿系指违约的一方用金钱补偿因违约而给对方造成的损失。它是一种以支付赔偿金为主的救济方法。

2.损害赔偿责任的构成

在损害赔偿责任的构成方面，各国的规定略有不同：

（1）大陆法的规定。依据大陆法的规定，损害赔偿责任的构成需有三个要件：一是必须有损害的事实；二是必须有归责于债务人的原因；三是损害发生的原因与损害事实之间必须有因果关系。

（2）英美法的规定。按照英美法的规定，只要一方当事人违反合同，对方就可以提起损害赔偿，而不是以违约一方有无过错为前提，也不以是否发生实际损害为前提。如果违约的结果并没有造成损害，债权人虽无权要求实质性的损害赔偿，但他可以请求名义上的损害赔偿，即在法律上承认他的合法权利受到侵犯。

（3）《合同公约》的规定。《合同公约》基本上采纳了英美法损害赔偿制度的基本原则。《合同公约》在确定损害责任方面的规定没有采取大陆法的过错责任原则，只要求存在违反合同的事实以及造成损害，亦即当受损害方请求损害赔偿时，对违约方的过错没有举证责任，只要一方违反合同给对方造成了损失，受损害方就可以要求损害赔偿。

3.损害赔偿的方法

损害赔偿的方法通常包括两种：一为恢复原状，指恢复到损害发生前的原状；一为金钱赔偿，指以支付金钱来弥补对方所受到的损害。前者虽然可以完全达到损害赔偿的目的，但有时用起来不太方便，甚至不可能做到；而后者便于实行，但有时不能完全满足损害赔偿的意旨。为此，各国多兼顾实行两种方法。如《德国民法典》第249条规定以恢复原状为原则，而以金钱赔偿为例外；而《法国民法典》则相反；在英美法上，则多采取金钱赔偿的方法，被称作"金钱上的恢复原状"。

4.损害赔偿的范围

对于应当赔偿的损失，各国法律规定可以由当事人自行约定。如果当事人没有约定，则由法律予以确定。在确定赔偿范围的标准上各国法律规定略有出入。

（1）大陆法的规定。依照大陆法，损害赔偿的范围包括：违约所造成的直接损失和间接损失。前者为合同所规定的合同利益，由于可归责于债务人的事由而受到损害，如应交货而未交货；后者指如果债务人不违反合同本应能够获得的而由于债务人违约而丧失了的利益。

（2）英美法的规定。依照英美法，损害赔偿的范围包括：使债权人由于债务人违约而遭受的损害在经济上能处于该合同得到履行时同等的地位。如卖方不交货，则赔偿合同规定的价格与应交货之日的市场价格之间的差价。

（3）《合同公约》的规定。根据《合同公约》第74—77条的规定，损害赔偿的范围包括：①直接损失，包括各项已经支出的费用以及应获得而未获得的利益。②间接损失，指一方当事人因对方违约而丧失了的根据合同期望得到的利益。

但《合同公约》同时对损害赔偿的范围作了限制性规定，包括：①扩大损害不赔。被违约方必须采取合理措施，减轻由于对方违约造成的损失，包括利润在内的损失，如果不采取这种措施，违约方可以从损害赔偿中扣除原可以减轻的损失数额。②超预见的损失不赔。损害赔偿不得超过违反合同一方在订立合同时，依照被违约人当时已知道或理应知道的事实和情况，对违反合同预料到或理应预料到的可能损失。

5.请求对方损害赔偿权的适用特点

在合同的违约自救权中，要求违约方损害赔偿的权利是适用范围最为广泛的。《合同公约》第45条、61条规定了被违约方可能享有的要求损害赔偿的权利，这种权利不因其行使其他补救权利而丧失。

（四）中止履行合同权

1.中止履行合同权的含义

中止履行合同权是指被违约方采取的暂时中止履行合同义务的自救权利。依据《合同公约》的规定，如果对方预期违约，采取中止履行合同义务的一方当事人必须立即通知对方。如果另一方当事人对履行义务提供了充分保证，则其必须继续履行合同义务。可见，中止履行合同权在行使时具有其独特性。

2.中止履行合同权的适用特点

①中止履行合同权仅适用于预期违约，对其他类型的违约不适用。②中止履行合同权具有暂时性特点。当违约方信用状况及行为表明他不再继续履行合同时，被违约方应采取解除合同、请求损害赔偿的措施，而不能一味地"中止"下去，给自己造成不必要的损失；当对方预期违约时，如信用证未如期开来、租的船舶未按时到位等，被违约方应给对方一个充分的通知，如果此时未经通知即解除合同，显然可能会给对方造成损失。

（五）违约金

1.违约金的含义

违约金是以保证合同履行为目的，由法律规定或双方当事人约定，当债务人违反合同时应向债权人支付的金钱。违约金的数额是预先确定的，是违约后生效的一种补救方法。它是独立于履行之外的给付，也是承担民事责任的一种方法。

2.违约金的法律性质

违约金具有双重性，即惩罚性和补偿性。当违约并没有给对方造成损失或造成的损失额少于约定的违约金时，违约金具有惩罚性；当违约金数额小于因违约给对方造成的损害时，违约金仅具有补偿性、赔偿性。

3.各国法律的规定

（1）大陆法的规定。大陆法承认违约金的双重性，如《德国民法典》第339条规定："债务人对债权人约定在不履行债务或不以适当方法履行债务时，应支付一定金额作为违约金。"《法国民法典》规定，债权人对于主债务及违约金，只能任择其一，不能并行请求，但也有一些例外情况，即如果违约金是纯粹为履行延迟而约定的，当债务人履行延迟时，债权人既可以要求债务人支付违约金,并可同时要求继续履行合同。

(2)英美法的规定。英美法不承认违约金的惩罚性,它认为违约金的性质在于补偿而不在于惩罚。双方当事人在订约时可以约定一方违约时,应向对方给付一定的金额。但是应区别清楚这部分金额是作为罚金还是预先确定的赔偿金。如果法院认为此金额是罚金,则对方不能得到这笔金额;反之,如果认为此金额是预先赔偿金,则当一方违约时,对方即可得到这一约定的金额。英美法仅承认违约金的赔偿性,它认为合同关系是一种平等的民事关系,平等者间无惩罚权。

正是由于大陆法与英美法对违约金的性质认定大不相同,因此,《合同公约》对违约金制度不作规定,而由各国法律自行确定。

子项目六　货物所有权与风险转移

一、货物所有权转移

所有权具有占有、使用、收益、处分四项权能,其中处分权是所有权的本质性权能。货物所有权转移是指货物何时由卖方移转于买方,由买方对货物行使处分权。在货物所有权转移方面,各国的法律规定差异颇大。

(一)英美法的规定

1. 英国法的规定

依照英国法,货物所有权的转移应区别买卖标的物是特定物还是非特定物。《英国货物买卖法》第 17 条规定,在特定物或者已经特定化的货物买卖中,货物的所有权应在双方当事人意图转移的时候转移于买方,亦即货物所有权的转移完全取决于双方当事人的意思,如双方当事人可在合同中约定所有权转移,若无具体约定,则法律在确定所有权移转时,对凡属无保留条件的特定物的买卖,如该特定物已处于可交付的状态(deliverable state),则在合同订立时即移转于买方。

非特定的货物通常指仅凭说明(by description only)进行交易的种类物。按《英国货物买卖法》的规定,凡属凭说明的买卖,未经指定或未经约定或未经特定化的货物,在将货物特定化之前,货物的所有权不移转于买方。所谓特定化是指把处于可交付状态的货物,无条件地划拨于合同项下的行为(unconditionally appropriated to the contract)。但是,将货物特定化只是移转货物所有权的前提,如果卖方在合同中对货物处分权作出规定,如规定买方支付货款以前,货物的所有权仍不移转于买方的话,那么货物特定化之后,买方支付货款以前,货物所有权仍不移转于买方。

2. 美国法的规定

《美国统一商法典》允许双方在合同中对所有权转移作出约定。如果没有约定,则以完成交付义务时转移。可见,美国法是以交付货物为所有权转移的时间。提单仅起担保权益(security interest)的作用,不影响所有权的转移,如货物涉及运输时,合同若没有规定具体的目的地,卖方可在装运地点将货物所有权移转于买方,合同若有目的地,货物所有权在目的地交货时转移于买方。如果货物交第三人保管,在保管人出具了可转让的物权凭证(negotiable document of title)时,货物所有权即已转移。

（二）大陆法的规定

《法国民法典》原则上是以买卖合同成立决定货物所有权转移。在审判实践中,如果买卖的是种类物,则在该种类物特定化之后,货物的所有权即转移于买方,而不需要交付。

德国法认为,所有权转移的问题是物权法的范畴,而买卖合同则属于债法的范畴,买卖合同本身不能起到转移所有权的效力。所有权的转移必须订立一项与买卖合同相分离的物权合同,买卖双方应在该物权合同中就所有权的转移问题达成协议。此外,该物权合同的生效必须符合法律的要求:如不动产的买卖须向主管机关登记,动产买卖须以交付标的物为必要条件,卖方如有义务交付物权凭证,卖方可通过交付物权凭证来代替实际交货,从而以此种方式将货物所有权转移于买方。

正是由于各国法律对于所有权转移问题规定迥异,所以《合同公约》不涉及所有权的转移问题。《合同公约》着重规定货物风险转移的时间与条件。在国际惯例中,交付装运单据是货物所有权转移的基本要求。

二、货物风险转移

（一）货物风险转移的含义

所谓货物风险转移,是指在买卖合同中货物如果出现意外灭失或损害,损失将由哪方承担。如果货物的风险已由卖方转移于买方,则货物即使遭受损害或灭失,买方仍有义务按合同规定支付价金;如果风险尚未转移,不仅买方没有支付价金的义务,而且卖方还要承担不交货的责任,除非卖方能够证明这种毁损是由于不可抗力的原因所致。因此,划分风险转移的界限是一个相当重要的问题。

（二）风险划分的原则

用什么标准划分风险的转移? 风险在什么时间转移? 对此,有两种做法:

1.风险转移与所有权转移相联系——"物主承担风险的原则"

英国法、法国法均持此态度。根据《英国货物买卖法》第 20 条的规定,除双方另有约定外,在货物的所有权移转于买方之前,货物的风险由卖方承担。但是所有权一旦移转于买方,则不论货物是否已经交付,风险由买方承担。但因过失致使货物迟延交货的,风险由过失方承担。

2.风险转移与所有权转移相分离,风险转移与货物的实际占有相联系的原则

美国、瑞士等国法律持此观点,认为货物风险随货物的交付而转移。《合同公约》抛弃了货物风险转移与所有权转移相联系的传统观点,重点规定了风险转移的制度,采纳了美国等国的观点,以交货为风险转移的时间。

（三）《合同公约》的风险转移制度

《联合同公约》第 66—70 条规定了风险转移的制度。具体内容如下:

1.允许当事人在合同中约定有关风险转移的规则

根据《合同公约》的规定,双方当事人可以在合同中使用某种国际贸易术语(如 FOB、CFR 等)或以其他办法来规定风险转移的时间和条件。如果当事人在合同中对此作了具体规定,其效力将高于公约的规定。

2. 风险转移所产生的后果

《合同公约》第 66 条规定:"货物在风险移转到买方承担后的遗失或损坏,买方支付价款的义务不因此解除,除非这种损失或损坏是由于卖方的行为或不行为所造成的。"如卖方用已经污染的船舶装运大米,致使大米受损失去食用价值,即使买方已经付款,该批大米的损失仍由卖方承担,如果买方尚未付款,则可以拒付货款。

3. 涉及运输时的风险转移

《合同公约》第 67 条规定:"如果销售合同涉及货物运输,但卖方没有义务在某一特定地点交付货物,自货物按照销售合同交付给第一承运人以转交给买方时起,风险移转到买方承担。如果卖方有义务在某一特定地点把货物交付给承运人,在货物于该地点交付给承运人以前,风险不移转到买方承担。卖方有权保留控制货物处置权的单据,并不影响风险的转移。"可见,涉及运输时,货物的风险在货物交给第一承运人时即由卖方移转于买方。

4. 在途货物的风险移转

当卖方先把货物装上开往某个目的地的船舶,然后再寻找适当的买主订立买卖合同时,这种交易即为在途货物的买卖,在外贸业务中称为"海上路货"(floating cargo)。《合同公约》第 68 条规定:"对于在运输途中销售的货物,从订立合同时起,风险就移转到买方承担。但是,如果情况表明有需要,从货物交付给签发载有运输合同单据的承运人时起,风险就由买方承担。尽管如此,如果卖方在订立合同时已经知道或理应知道货物已经遗失或损坏,而又不将这一事实告知买方,则这种遗失或损坏由卖方负责。"

可见,《合同公约》对在途货物的风险转移作了三种规定:①原则上对在途货物的出售,风险从订立买卖合同时起,就移转于买方。②如果情况表明需要,则从货物交付给签发载有运输合同单据的承运人时起,风险就由买方承担。此规定意在把风险转移的时间提前到订立合同之前,即将货物交付给承运人的时候转移。③卖方订合同时已知或理应知道货物已经损毁,而却将这一事实隐瞒不告知买方,则风险不转移,这一损失仍由卖方承担。

5. 其他情况下的风险转移

《合同公约》规定了在其他情况下的风险转移问题:

(1)对不属于在途货物和不涉及货物运输的销售中,风险从买方接受货物时起,风险即已转移。如果买方不在适当的时间内接受货物,风险则从货物交买方处置,而其不收取货物从而违反合同时转移到买方。

(2)如果买方履行义务在卖方营业地以外的某一地点接受货物时,风险即已转移。但是需要注意的是,《合同公约》第 69 条第 3 款规定:"如果合同指的是当时未加识别的货物,则这些货物在未清楚注明有关合同以前,不得视为已交给买方处置。"亦即在将合同项下的货物特定化以前,风险不转移。

子项目七 国际贸易术语

一、国际贸易术语的概念及其惯例

(一)国际贸易术语的概念

国际贸易术语(trade terms)是指按交货地点和方式不同,划分买卖双方在交货方面的风险、责任和费用负担的专门用语。国际贸易术语，一般用一个简短的概念或英文字母表示，为订立国际货物买卖合同当事人经常使用。

国际贸易术语的内容主要涉及以下几个方面：①反映买卖特点的基本合同义务。②适用的运输方式。③卖方的交货地点和方式。④货物的风险转移。⑤在安排货物运输、保险、进出口清关、过境运输的海关手续等方面的责任和相应的费用承担。

由于这些术语与交货地点有直接关系，而且主要是用以确定买卖双方在交货方面所应承担的责任和义务，所以贸易术语又被称作交货条件；由于使用不同的贸易术语，买卖双方所承担的责任、风险和费用也有所不同，这些不同最终要在货物价格上反映出来，所以在外贸业务中，人们习惯将贸易术语称作价格术语，如 FOB 被称作"离岸价格"，CIF 被称作"到岸价格"。但是由于这些称谓在法律上不够准确，因此不能表达贸易术语所含的全部法律内容。

在国际贸易中，采用贸易术语可以简化交易洽商的内容，缩短合同双方磋商时间，节省业务开支及费用，为此国际贸易术语成为迅速达成合同，加速贸易过程的重要手段。

(二)国际贸易术语的惯例

国际贸易术语自 19 世纪产生，经历了从少到多的逐步发展历程。一些国际性民间组织、学术团体或国内商业团体对常见贸易术语进行了编纂，供订立合同的当事人选择。

1.《1932 年华沙—牛津规则》

《1932 年华沙—牛津规则》(Warsaw-Oxford Rules 1932)，它是关于 CIF 贸易术语的统一规则。该惯例由国际法协会在 1928 年针对 CIF 合同制定的，1931 年分别在巴黎会议和牛津会议作出修改。该惯例共计 21 条，其中在第 6 条中规定了 CIF 中货物所有权转移的时间是卖方将有关单据交到买方掌握的时刻。

2.《美国对外贸易定义 1941 年修订本》

《美国对外贸易定义 1941 年修订本》(Revised American Foreign Trade Definitions 1941)是根据 1919 年美国九个商业团体联合制定的《美国出口报价及其缩写条例》修订而来。1941年美国商会、美国进口商协会和全国对外贸易协会组成的联合委员会经过对《美国出口报价及其缩写条例》的修改，将其更名为《美国对外贸易定义 1941 年修订本》并通过施行。该惯例对美国常用的六种贸易术语作了规定，其中许多术语与人们通常的理解不同，如仅 FOB 术语就有六种类型。

3.《2000 年国际贸易术语解释通则》

《2000 年国际贸易术语解释通则》(International Rules for the Interpretation of Trade Terms)，简称《2000 年通则》或"INCOTERMS"，最初由国际商会(International Chamber of Commerce，ICC)于 1936 年制定，后经 1953、1967、1976、1980、1990 和 1999 年的六次修改。1999 年 7 月国际商会在对 1990 年的通则进行修改的基础上发布了第六次修订本。从 2000 年 1 月 1 日起，国际上开始使用《2000 年国际贸易术语解释通则》。该通则在有关贸易术语的国际惯例中应用最广，影响最大。

二、《2000 年国际贸易术语解释通则》的主要内容

《2000 年通则》按卖方权利义务大小划分，编排成 E、F、C、D 四组，共计 13 个贸易术语，规定了买卖双方在货物的提供、许可证、海关手续、运输合同、保险合同、风险转移、费用划分等方面的 10 项权利义务。其顺序按卖方的义务渐大,买方的义务渐小排列。以下对四组术语作以简单介绍。

(一)E 组

E 组术语是启运地实际交货术语,仅有 EXW 术语。EXW,EX WORKS(... named place),工厂交货(指定地点)条件。按此术语,卖方在其所在地(即工厂、工场、仓库等)将货物提供给买方时,即履行了交货义务,卖方承担交货前的风险和费用。买方负责自备运输工具将货物运走、办理出口手续等。因此,此术语是卖方负担最少义务的术语。在买方不能直接或间接办理出口手续的情况下,不应使用此术语。本术语可适用于任何运输方式。

(二)F 组

F 组术语是主运费未付的象征性交货术语,共有三个术语。

1. FCA:FREE CARRIER(... named place)

FCA,交至承运人(指定地点)条件。按此术语,卖方在指定地点将已办完出口报关手续的货物交付买方指定的承运人照管后,即履行了其交货义务。买方则要自费办理货物运输和保险手续并支付相关费用,自费办理进口结关手续等。FCA 可适用于任何运输方式。

2. FAS:FREE ALONGSIDE SHIP(... named port of shipment)

FAS,船边交货(指定装运港)条件。FAS 术语系指卖方在指定的装运港码头或驳船上将货物交至船边后即履行了其交货义务。本术语仅适用于海运或内河运输。

需要注意的是,《2000 年通则》对 FAS 术语报关手续进行了修改。依《1990 年通则》的规定,买方负责出口清关的手续及其费用,而在 2000 年术语中则由卖方负责。

3. FOB:FREE ON BOARD(... named port of shipment)

FOB,船上交货(指定装运港)条件。该术语是卖方在指定的装运港将货物装船并使货物越过船舷后即完成其交货义务。本术语只适用于海运或内河运输。此外,在遇到滚装或集装箱运输而使船舷无意义时,使用 FCA 术语更为妥当。

(三)C 组术语

C 组术语是主运费已付的装运地象征性交货术语,共四个术语。

1. CFR:COST AND FREIGHT(... named port of destination)

CFR,成本加运费(指定目的港)条件。该术语指卖方必须支付成本和将货物运至指定的目的港所必需的运费。此术语只适用于海运或内河运输。而且,在滚装或集装箱运输等情况而使船舷无意义时,使用 CPT 更为妥当。

2. CIF:COST,INSURANCE AND FREIGHT(... named port of destination)

CIF,成本加保险加运费(指定目的港)条件。该术语卖方必须支付成本和将货物运到指定的目的港所需的运费以及海运保险所需的费用。它仅适用于海运或内河运输,在遇到滚装或集装箱运输而使船舷无意义时,使用 CIP 更为妥当。

3. CPT:CARRIAGE PAID TO(... named place of destination)

CPT,运费付至(指定目的地)条件。CPT 术语要求卖方支付将货物运至指定目的地的运费,货物的风险于货物交付至承运人监管之日转移。该术语适用于包括多式联运在内的各种运输方式。

4. CIP:CARRIAGE AND INSURANCE PAID TO(... named place of destination)

CIP,运费及保险费付至(指定目的地)条件。此术语要求卖方支付将货物运至指定目的地的运费以及办理货物在运输途中应由买方承担货物毁损的运输保险。这一术语可适用于包括多式联运在内的各种运输方式。

(四)D 组术语

D 组术语是到货合同到达术语,共有五个术语。

1. DAF:DELIVERED AT FRONTIER(... named place)

DAF,边境交货(指定目的地)条件。该术语指卖方在毗邻国家海关边界之前的指定的边境地点,履行其交货义务。在使用本术语时明确地确定指定的地点尤为重要。该术语多用于公路、铁路运输,也可以用于其他任何运输。

2. DES:DELIVERED EX SHIP(... named port of destination)

DES,目的港船上交货条件。卖方将备妥的货物交付至指定目的港的船上,履行其交货义务,但不办理货物进口结关手续。卖方必须承担将货物交至指定目的港上的一切费用及风险。本术语仅适用于海运或内河运输。

3. DEQ:DELIVERED EX QUAY(... named port of destination)

DEQ,码头交货(指定目的)港条件。该术语指卖方在指定的目的港码头将货物交付买方时,即履行了其交货义务。卖方必须承担因交货而产生的风险和费用。本术语仅适用于海运或内河运输。

需要注意的是,《2000 年通则》对《1990 年通则》在此术语上进行了修改。《1990 年通则》规定卖方办妥出口、进口的手续并支付相应费用,这显然与"通常由出口商办理出口清关手续,进口商办理进口报关手续"的原则不符。为此,《2000 年通则》对进口手续的规定改作:卖方负责出口清关及其相应费用,买方负责进口报关及其相应费用。

4. DDU:DELIVERED DUTY UNPAID(... named place of destination)

DDU,未完税交货(指定目的地)条件。该术语卖方将货物交付至进口国指定地点,履行其交货义务。本术语表明由卖方负责出口清关手续及其费用,由买方负责进口报关手续及其费用。本术语适用于各种运输方式。

5. DDP:DELIVERED DUTY PAID(... named place of destination)

DDP,完税后交货条件。该术语中卖方将货物交付在进口国指定地点,履行其交货义务。卖方必须承担风险及费用,包括关税、捐税、交付货物的其他费用,并办理进口结关。EXW 术语中卖方承担最小的义务,而 DDP 术语中卖方须承担最大的义务。本术语可适用于各种运输方式。

三、常用的国际贸易术语

(一)三种传统的常用贸易术语

1. FOB 术语

FOB 术语后面应加上装运港的名称。如 FOB 上海,指上海港为货物装运港,表明为卖方在上海港船上交货的术语。作为装运港船上交货术语,该术语主要特点有:

(1)进、出口清关手续及费用承担贯彻"由出口商办理出口清关手续,由进口商办理进口报关手续"的原则。

(2)货物运输合同的签订。FOB术语中卖方负责备妥货物并将货物装上买方准备的船上。在FOB术语中,由买方指定船舶,即由买方与承运人签订货物运输合同。

(3)风险转移。卖方承担在装运港货物越过船舷以前的风险和费用。为此,在FOB术语中,货物风险以装运港船舷为界,在货物越过船舷以前,风险由卖方承担,此后,由买方承担。

(4)货物运输保险合同的签订。在FOB术语中,由买方与保险人签订货物运输保险合同。

(5)FOB是象征性交货,是单据买卖。

象征性交货与实际交货是相对应的概念。实际交货是把货物交给买方即完成了交货义务,如果卖方在实际交货前发生货物毁损,卖方要承担未履行交货的义务。象征性交货是卖方以提交代表货物所有权的提单或以其他装运单据代替向买方实际交付的货物。FOB是把装运单据交给买主,即完成了交货任务,是象征性交货。

在适用FOB术语时应注意以下问题:

(1)两个通知问题。FOB术语涉及两个充分通知。一是买方的通知。买方租船后,应将船名、装货时间、地点给予卖方以充分通知。如果买方未给予通知,或指定的船舶未按时到达,或未能按时受载货物,或比规定的时间提前停止装货,由此产生的货物灭失或损失应由买方承担。二是卖方的通知。由于货物的风险是在装运港货物越过船舷时由卖方转移给买方,因此,卖方在货物装船时必须通知买方,以便买方投保。如果由于卖方未给予充分通知,导致买方受损,则损失由卖方承担。

(2)买方的欺诈问题。由于FOB术语是由买方租船,为此卖方应防止买方与船方合谋欺诈。

(3)注意各国对FOB术语的不同解释。《美国对外贸易定义1941年修订本》将FOB术语分为6种,其中只有FOB vessel(... named port of shipment)与《2000年国际贸易术语解释通则》规定的FOB术语含义相似。所以,在对美贸易中如果使用FOB术语时,应注明是用《2000年国际贸易术语解释通则》,还是用《美国对外贸易定义1941本修订本》。如果采用《美国对外贸易定义1941年修订本》的术语,则需在FOB后果加上"vessel(船舶)"的字样,如FOB vessel New York这表明在纽约港船上交货,以防止使人出现误解。

(4)赔偿的损失。如FOB术语中,如船舶如期到达,而货物尚未如约备好,则由卖方承担损失。此部分损失包括因违约给买方导致的损失,还包括船公司滞期费等损失。

2.CFR术语

CFR术语的特点主要包括:

(1)象征性交货。CFR术语中,卖方将提单等装运单据交付给买方即完成了交货义务。货物与单据是相分离的,卖方提交了单据后即可得到付款,即使货物在运输途中灭失或受损,买方也不能拒绝付款赎单。

(2)货物运输合同的签订。CFR术语中,货物的价格包括了海运费在内,故海上货物运输合同由卖方与承运人签订。

(3)货物运输保险合同的签订。CFR术语中,由买方自行负担费用与保险人签订海上货物运输保险合同。

(4)风险转移。CFR术语与FOB术语一样,货物以装运港船舷为界,此前货物意外灭失、损坏的风险由卖方承担,此后转移由买方承担。

(5)清关手续及相应费用。CFR术语中,出口手续及相应费用由卖方承担,进口手续及相关费用由买方承担。

在适用CFR术语中,需要注意以下问题:

(1)缩略语后面的港口名称。CFR后面的是目的港名称。CFR的价格构成是货物在装运港装船以前的费用和从装运港到目的港全程的运费的总和。港口名称是为计算费用之便附加的,与交货地点无关。CFR的交货地点仍与FOB一样,是在装运港。

(2)装船通知的义务。在CFR合同中,买方要自行投保,因此卖方要给买方货物装船的充分通知。否则,因为买方漏保货物运输保险引起的损失由卖方承担。

3.CIF术语

CIF术语后面应加上目的港的名称,表明卖方货物的价格由成本价、保险费以及货物运抵目的港的全部费用构成。CIF术语的主要特点如下:

(1)清关手续及费用。与前两个术语一样,由卖方办理出口清关手续及其费用,由买方负责进口报关手续及其费用。

(2)货物运输合同的签订。在CIF术语中,卖方的货物价格包含了海运费,这表明CIF合同中由卖方负责与承运人签订海上货物运输合同并缴纳运费。

(3)货物运输保险合同的签订。CIF术语中,卖方货物价格的构成中包含了货物运输的保险费用,这表明CIF合同中,由卖方负责与保险人签订保险合同并缴纳保险费。

(4)风险转移。与FOB、CFR一样,CIF合同中货物风险转移也是以装运港船舷为界。

(5)典型的象征性交货。在CIF术语中,卖方交付的单据除提单外,还包括FOB、CFR术语中所没有的保险单这一重要的装运单据。因此,此术语是比FOB、CFR更典型的象征性交货合同。卖方只要把代表货物的单据交给买方,就等于提交了货物,买方有义务支付价金。如果货物与合同相符,而单据与合同不符,买方在单据与合同不符的情况下,可以拒绝接收单据、受领货物。

卖方按合同规定交货与按合同规定交单是两项相互独立的义务,买方拒收货物和拒收单据是两项独立的权利。单据与合同相符,货物与合同相符,都不能证明单据与货物相符,买方对与合同不符的单据可以拒收,从而拒付货款,买方可以以与合同不符为由拒收货物,从而行使索赔权。在单据符合合同规定而货物不符合合同规定的情况下,买方不因其已接受了单据,支付了价金而丧失拒收货物的权利。从时间上看,货物贸易中一般都是交单付款在先,货到检验在后,因此,为了维护买方的利益,法律上允许买方在已经收到单据付款的情况下,如果发现货物与合同的要求不符,仍可以行使拒收货物的权利。

在适用CIF术语中,应注意以下问题:

(1)运输保险合同的订立。在CIF术语中,替买方投保并支付保险费是卖方的一项义务。但是,卖方只负责投保海上运输的最低险别。在投保范围中也不包括某些特别险种。买方如果要投保其他险别或特种险,应在买卖合同中说明并且自负该项保费。

(2)缩略语后面的港口名称。缩略语后面的港口名称是目的港名称,是指明货物价格构成是包括装运港至目的港的全程费用,包括运输费和保险费。但是目的港不是交货港口。

(3)货物风险转移的界限与费用划分的界限不同。货物风险转移以装运港船舷为界,费用划分则至目的港为止。

总之,FOB、CFR和CIF的交货地点都是装运港口,三个术语都仅适合海上运输或内河运输,风险的划分皆以装运港的船舷为界,都属于象征性交货合同。但是由于三者的货物价格构成不同,因此产生了与之相关的责任以及其他附属费用的不同:FOB 合同货物价格是成本价,卖方不负责运输合同、保险合同的签订及相关费用的承担;CFR 合同货物价格构成包括海运费,卖方负责订立海上货物运输合同并缴纳相关费用,而海上货物运输保险卖方则不负责;CIF 合同中货物价格包括保险费、海运费,因此,卖方要负责签订货物运输合同、货物运输保险合同并缴纳相关费用。

(二)三种通用术语与三种常用术语的共同点及区别

与 FOB、CFR、CIF 三种常用贸易术语相对应的分别是 FCA、CPT 和 CIP 三种通用术语。鉴于 FOB、CFR 与 CIF 三种贸易术语仅适用于海运或内河运输,所以适用于任何运输方式的这三种通用贸易术语的适用会越来越广泛。

实际上,FCA、CPT 和 CIP 分别与 FOB、CFR 与 CIF 的基本原则、交货方式以及办理进出口手续的责任与费用负担相同。此两类贸易术语的区别主要是:

(1)适用的运输方式不同。三种常用贸易术语适用于海运和内河运输,而三种通用贸易术语则适用于包括多式联运在内的任何运输方式。

(2)风险转移的时间不同。三种常用贸易术语风险转移皆以装运港船舷为界,而三种通用贸易术语的风险转移时间以卖方将货物交给承运人接管为标志。

(3)单证的种类不同。三种常用贸易术语产生的运输单证只包括提单、海运单以及内河运输方面的单证,而三种通用贸易术语中所产生运输单证包括空运单、铁路运单、多式联运单等各种运输单证。此外,三种常用贸易术语中产生的保险单是海运或内河运输方面的保险单,而三种通用贸易术语中产生的则是各种运输的保险单,除海运或内河运输方面的保险单外,包括铁路运输保险单、公路运输保险单等。

(4)承运人签发运输单证的时间不同。三种常用贸易术语要求承运人签发已装船的海运或内河运输单证,而三种通用的贸易术语则要求承运人签发接管货物的单证。

项目习题

1.什么是根本违约和预期违约?

2.什么是权利担保和品质担保?

3.《联合国国际货物销售合同公约》的适用条件是什么?

4.在实际履行方面,《联合国国际货物销售合同公约》是如何协调大陆法系和英美法系的矛盾的?

5.什么是风险转移?《联合国国际货物销售合同公约》是如何规定的?

6.什么是国际贸易术语?

7.FOB、CIF、CFR 的适用有什么特点?

项目小结

本项目是课程的重点内容,通过项目练习,学生要了解国际货物买卖合同的特点及形式,熟悉订立国际货物买卖合同应遵循的法律原则,掌握合同的内容,并正确理解国际贸易术语。

拓展活动

　　我方 A 公司向美国旧金山 B 公司要约出售某商品 100 公吨,价格为每公吨 2500 美元 CIF 旧金山,装运期为收到信用证后两个月内交货,凭不可撤销的信用证支付,限 3 天内答复。A 公司于第二天收到 B 公司回电称"Accept your offer,shipment immediately",A 公司未作答复,又过了两天,B 公司由花旗银行开来即期信用证,证内注明:"Shipment immediately",当时该商品的国际市场价格涨 20%,A 公司拒绝交货,并立即退回信用证。

　　根据本项目所学知识,试分析 A 公司这样做有无道理? 说明理由。

项目二
国际货物运输法

学习目标

知识目标　掌握提单的概念、作用及分类，了解承运人的责任和义务

能力目标　能够分析国际货物运输的相关问题，并在实践中运用

项目分析

项目概述　国际货物运输是国际服务贸易的一种，运输多通过合同的方式实现，此合同的标的为运输服务。国际货物运输法是调整这种货物跨越国境运输的法律规范的总和。国际货物运输法包括国际海上货物运输法、国际航空货物运输法、国际铁路货物运输法以及国际多式联运法等。

导入阅读

托运人泰国曼德斯粮食公司出口一批大米，由承运人墨西哥政府商业海运公司班轮运输。货物装船后，承运人向托运人签发了海运提单，提单背面签订有适用《海牙规则》的条款。但船在开航前发生火灾，致使货物受到损失，经调查，火灾的起因是由于经船长授权的雇佣人员在对排水管道加温时疏忽所致。托运人对未能交货造成的损失要求承运人赔偿。

问：承运人是否应承担赔偿责任？为什么？

任务分析

任务一　采用课件，熟悉国际货物运输中经常采用的提单式样、类型

任务二　通过案例，分析托运人、承运人、收货人之间的权利与义务

任务三　通过案例，分析不清洁提单、备运提单、倒签提单、预借提单的风险及救济措施

必备知识（理论知识）

子项目一　国际海上货物运输法律制度

国际海上货物运输是通过合同进行的，该货物运输合同是由承运人收取运费，经由海上将

货物从一国港口运往另一国港口的合同。国际海上货物运输的运输量大,价格便宜,故在国际货物运输中占有显著的地位。

一、国际海上货物运输的方式

国际海上货物运输分为班轮运输和租船运输两大类。

(一)班轮运输

利用班轮进行的货物运输是班轮运输。班轮又称定期船,是指在固定的航线上,按照既定的港口顺序和预先公布的船期表,并收取相对固定的运费进行经常的往返运输的船舶。由于海运单作为班轮运输合同的表现形式应用日益广泛,因此1990年联合国海事委员会主持制定了《海运单统一规则》。

相对于租船运输而言,班轮运输主要有如下特点:①具有"四固定"的特点,即固定航线、固定港口、固定船期和相对固定的费率,有利于一般杂货和小额贸易货物的直达或转船运输。②货物由承运人负责配载装卸,运价内已包含装卸费用,不计算滞期费和速遣费。③班轮运输合同通常用承运人签发的提单证明,适用于有关海上货物运输的国内法和国际公约。

(二)租船运输

租船合同系船舶出租人按一定条件将船舶全部或部分出租给承租人进行货物运输的合同。租船合同可以分为航次租船合同、定期租船合同和光船租赁合同三种。

1.航次租船合同

航次租船合同是指船舶出租人向承租人提供船舶的全部或部分舱位,装运约定的货物,从一港运至另一港,由承租人支付约定运费的合同。

航次租船合同的特点为:①合同的标的是预定航次的运输服务,出租人保留船舶的所有权、占有权,为承租人提供航程服务,由承租人支付运费。②出租人雇佣船长、船员,由出租人经营管理船舶。③航次运营成本由出租人承担,船舶成本如船价、税金,运营成本如船长、船员的工资以及航程成本如燃料费、港口费等由出租人承担。与此相对应,承租人以支付运费作为对价。④有关装卸时间、滞期费、速遣费是航次租船合同的主要内容。承租人在合同规定的装卸时间内未能完成货物装卸作业,应支付一定数额的滞期费。反之,如果承租人在合同规定的装卸时间内提前完成了装卸作业,出租人应支付一定的速遣费。⑤船次租船合同是格式合同。在国际上常见的航次租船标准合同有波罗的海国际航运公会(The Baltic and International Maritime Conference,BIMCO)制定的《统一杂货租船合同》(Uniform General Charter),简称"金康"合同(Gencon),以及《澳大利亚谷物租船合同》(Chamber of Shipping Australian Grain Charter),简称"奥斯特拉卡"(Austral)等。

2.定期租船合同

定期租船合同是指出租人向承租人提供约定的船舶,在规定的期限内承租人按照约定的用途使用,由承租人支付租金的合同。

定期租船合同的特点为:①出租的标的是在一定期限内一定用途的船舶的使用权和一定的支配管理权。②船舶由出租人和承租人共同管理,体现为船长是双重身份,在船舶的养护、驾驶、维修、船员的配备事项方面船长服从出租人的命令,而在装卸货物等涉及商业管理的事项则听候承租人的指令。③运营成本由当事人双方共同承担,出租人负责船舶的运营费,如船长、船员的工资、给养;承租人负责航程费用,如船舶经营产生的燃料等费用。④承租人向出租人支付租金。租金按租用船舶时间长短计算,而不是以货物每吨若干金额,或是依船舶的载重吨计算租金。⑤船期损失由承租人承担。在英国,船东使船舶适航是默示条款,由船舶不适航导致的货损由出租人承担。

定期租船合同的法律关系比较复杂,目前尚无调整定期租船合同的强制性法规或国际公约。定期租船合同有标准合同格式。常用的有波罗的海航运公会制定的《统一定期租船合同》(Uniform Time Charter,简称 BALTIME,1939),纽约土产交易所制定的《纽约土产定期租船合同》(New York Produce Exchange Time Charter Party,简称 NYPE)和中国租船公司制定的《中国定期租船合同标准格式》(China National Chartering Coporation Time Charter Party,简称 SINOTIME,1980)。三种标准格式中,BALTIME 比较偏向出租人,NYPE 比较偏向承租人,而 SINOTIME 也较为保护承租人的利益。

3. 光船租赁合同

光船租赁合同是指船舶所有人向承租人出租不配备船员的船舶,在约定的期限内由承租人占有、使用和营运,并向出租人支付租金的合同。从法律性质上看,光船租赁合同是财产租赁关系,而不是货物运输合同。

光船租赁合同具有如下特点:①船舶的所有权与船舶的经营、使用权相分离。在光船租赁期间,承租人享有对船舶的占有权、使用权,船舶在营运中发生的风险责任完全由承租人承担,船舶的出租人只保留对船舶的处分权和收取租金的权利。②在租期内,船舶营运的一切开支由承租人承担。光船租约签订后,出租人仅提供适航的船舶和船舶有关文件证书,不再承担其他义务。船长和船员由承租人雇用。光船租赁合同,目前通行的是波罗的海国际航运公会制定的《光船合同 A》(BARECON A)或《光船合同 B》(BARECON B),即贝尔康 A 和贝尔康 B 两种格式。后又合并为光船合同标准格式(BARECON),即贝尔康格式。

二、提单(bill of lading,B/L)

(一)提单的概念

提单是指用以证明海上货物运输合同已经订立,货物已经由承运人接收或装船以及承运人保证据以交付货物的书面凭证。

(二)提单的内容

提单是一种标准合同,通常由船公司自行制定。我国远洋货物运输中使用的主要是中国远洋运输总公司依据《海牙规则》制定的提单。该提单分为正反两面,正面有 9 项内容,前 6 项由托运人填写,后 3 项由承运人填写,背面则是 27 项条款。

提单正面的内容:

(1)船名、船舶的航次、国籍。

(2)承运人名称,包括船长和代理人的名称。

(3)收货人的名称。

(4)托运人的名称。

(5)装运港、目的港、转运港的名称。

(6)货物名称、标志、包装、件数、重量或体积。

(7)运费和支付方式。

(8)提单签发的时间、地点及份数。

(9)承运人签字。

提单背面的内容主要是关于承运人权利和义务的规定。

(三)提单的作用

1.提单是托运人和承运人之间订有海上货物运输合同的证明

提单不是运输合同,只是运输合同的证明,因为合同成立之时应为承诺成立之时,而提单签发之时实为合同已经开始履行。因此,在班轮运输中,当托运人与承运人之间事先就货物运输订有货运协议时(包括订舱单、托运单等),提单即是双方运输合同的证明。因此,当提单内容与货物运输合同不一致时,调整托运人与承运人之间的法律关系,应以货物运输合同为准。

如果在签发提单前无货运协议或其他类似性质的任何协议,则提单就成为托运人和承运人之间的运输合同。当托运人将提单转让给第三人(多为收货人)时,提单就成为承运人和第三人间的运输合同。提单的受让人接收提单,接收的是提单中所含的债权和债务,而对非提单上的债权债务不予承担。

2.提单是承运人从托运人处收到货物的凭证

承运人签发提单后,证明承运人按提单所列的内容收取了货物,日后即按提单所载内容向收货人交付货物。

3.提单是代表货物所有权的物权凭证

承运人在收到货物并签发提单之后,负有在目的地只向提单持有人交付货物的义务。只有持有提单者才有权提取货物,处分提单的行为即为处分货物的行为。提单作为物权凭证,可以自由转让和进行买卖。

(四)提单的种类

依不同的标准,提单主要可以分为以下几种:

1.按货物是否已装船可以将提单分为两类

(1)已装船提单(shipped B/L 或 on board B/L),指在货物装船以后,承运人签发的载明装货船舶名称及装船日期的提单。

(2)收货待运提单(received for shipment B/L),也叫备运提单,指承运人在收取货物以后,实际装船之前签发的提单。当承运人将货物装上船只,在备运提单上加注了"已装船"字样和装货船名与日期,并签上姓名后,备运提单就变成了已装船提单。

根据《跟单信用证统一惯例(第600号)》的规定,除非信用证另有规定,银行将接受注明货物已发送、接受监管或已装载的运输单据,不论其称谓如何。但如果信用证特别要求已装船提单,则卖方必须予以提供。

2.按提单上收货人的抬头可以将提单分为三类

(1)记名提单(straight B/L),指托运人指定特定人作为收货人的提单。这种提单不能转让,因此也称作"不可转让提单"。不可转让提单的收货人只能是提单上列明的人。因为此类提单不可转让,即使遭遇被盗等意外风险仍可以避免,然而在国际货物贸易中却很少采用。记名提单多用于贵重货物、展览品以及援外物资的运输。

(2)不记名提单(open B/L),指托运人不具体指定收货人,在收货人一栏只填写"交与持有人"(to bearer)字样,所以又称作"空白提单"。这种提单不经背书即可转让,凡持单人均可提取货物,因此在国际货物买卖中风险很大,很少使用。

(3)指示提单(order B/L),指在提单的收货人一栏内填有:"凭某人指示"(to order of ...)字样,或仅填有"凭指示"(to order)字样。指示提单通过背书可转让,所以又被称作"可转让提单",在国际贸易中得到普遍使用。

3. 按提单对货物外表有无不良批注可以将提单分为两类

(1)清洁提单(clean B/L),指承运人在提单上未加货物及(或)包装有缺陷的附加条文或批注的提单。

(2)不清洁提单(unclean B/L 或 foul B/L)指提单上加有货物及(或)包装有缺陷的附加条文或批注的提单。

需要注意的是,有下列批注不能算作不清洁提单:①批注仅是对货物质量或包装情况的客观描述,未表示有不满意的情况,如东北大豆 500 吨,旧麻袋装。②批注表明承运人对货物的内容、数量和质量及特性等了解不详。③批注表明承运人对包装或货物特性引起的损失概不负责。

不清洁提单难以作为物权凭证自由转让。在国际贸易实践中,银行、买方或提单的受让人只接受已装船的清洁提单。

4. 按运输方式可以将提单分为三类

(1)直达提单(direct B/L),是承运人签发的,货物从装运港直接运往目的港的提单。

(2)转船提单或海上联运提单(transhipment B/L 或 through B/L),指货物从装运港装运后,不直接驶往目的港,而需要在中途换装船舶,由其他承运人将货物运到目的港的提单。

海上联运提单会涉及签发提单的人,包括联运承运人与运输货物的承运人,即接运承运人或实际承运人。联运承运人与实际承运人可能以两种方式承担责任:①联运提单或法律规定,联运承运人承担全程运输责任。这体现了签发提单的承运人对货主的责任。当然,运输过程中实际承运人应负的责任,他们会与联运承运人进行划分和追偿。②联运提单或法律规定,承运人与实际承运人实行分段负责制。联运提单规定,该提单的部分运输由承运人以外的实际承运人承担运输任务,承运货物的实际承运人对自己的运输航程中发生的货物损失或延迟交货等负有法律责任,而签发提单的承运人不负赔偿责任。

(3)多式联运单据(或提单)或联合运输单据(multimodal transport documentor B/L 或 combined transport documentor B/L),指至少使用两种以上不同的运输方式,将货物从一地运至另一地而签发的提单。这种运输方式可以由陆海、陆空、海空组成,此种提单多用于集装箱货物运输。

5. 按提单内容的简繁程度可以将提单分为两类

(1)全式提单(long form B/L),又称繁式提单,指详细列明承运人和托运人权利、义务条款的提单。

(2)简式提单(short form B/L),又称略式提单,指只在提单正面列入必要项目,而略去提单背面一般条款的提单。租船提单(charter party B/L)是简式提单的一种,受租船合同的制约,其本身并不是一个独立的文件,一般不在提单中列明当事人权利、义务的详细条款,而只是注明该提单依租船合同开立。故此,买方或银行接收此类提单时,常要求卖方提供租船合同的副本。

（五）几种特殊提单

1. 倒签提单（inverted B/L）

倒签提单指货物装船后，承运人签发的一种早于货物实际装船日期的提单。

如果实际装船日期超过了合同或信用证预订期限，托运人为了逃避责任，往往要求承运人给予通融，将提单签发日期倒回到合同或信用证规定的期限内。承运人签发倒签提单要承担很大的风险，特别是市场价格发生变化，收货人可能以伪造或欺诈行为提出诉讼。一些国家将倒签提单的行为作为刑事欺诈案件处理。

2. 预借提单（advanced B/L）

预借提单指货物尚未全部装完，或货物已由承运人接管，但尚未装船的情况下就签发已装船的提单。签发预借提单多因信用证的装船日期和交单结汇日期将届满，承运人应托运人的要求而签发。这种提单风险很大，通常会威胁到善意的第三方，一旦发生纠纷，承运人和托运人将会因合谋欺诈而受到制裁。

3. 电子提单（electronic B/L）

电子提单指通过电子数据交换系统（electronic data interchange，EDI）传递的有关海上货物运输合同的数据。电子提单与传统的提单不同，它是无纸单证，表现为按照一定规则组合而成的电子数据，各有关当事人通过凭密码对 EDI 进行电子提单相关数据的流转。电子单证能迅速有效地传递货物运输的信息以及进行单证流转，防止了航运单证的欺诈，具有比较广阔的应用前景。1990 年 6 月在巴黎召开的国际海事委员会第 34 届大会通过了《国际海事委员会电子提单规则》，1996 年联合国国际贸易法委员会通过了《联合国国际贸易法委员会电子商务示范法》，1997 年我国交通部颁布了《国际海上集装箱运输电子数据交换管理办法》。《2000 年国际贸易术语解释通则》以及《跟单信用证统一惯例（第 600 号）》，允许使用电子提单。此外，联合国贸易法委员会和国际海事委员会等国际组织正试图以国际公约的形式对电子提单的有关问题作出明确的规定。

（六）提单的流通性问题

1. 提单流通性的含义

提单作为物权凭证，只要具备一定条件，是可以转让的。提单的流通性指提单的合法持有人通过转让提单来转让货物的所有权以及提单所体现的运输合同中的权利和义务。正是由于提单具有物权凭证和可流通性，它才能够成为迅速转让货物的工具。

2. 提单转让的方式

指示提单和不记名提单都可以转让，但二者转让的方式不同。指示提单必须由提单持有人在提单上背书，并把提单交付给受让人，才能产生法律效力；而不记名提单仅凭交付提单就可以实现转让的目的。

3. 提单可以流通的原因及特殊性

提单作为货物所有权的物权凭证，提单的持有人当然可以通过处分提单来处分货物。提单的持有人通过背书交付或仅凭交付的方式将提单转让给受让人，不需经第三人的同意，作为提单的受让人即会享有提单上的物权。

提单是海上货物运输合同的证明，特定情况下又是运输合同本身。正是由于提单的债权性质，决定了提单的转让不能完全等同于纯粹物权的转让。

此外,提单所表明的债权关系的性质不同于流通工具的汇票的债权关系,提单的流通性要小于汇票的流通性。法律上把汇票叫票据,而将提单称作单据,一字之差表明二者在流通性上的区别。二者在流通性上的主要区别是提单的受让人不像汇票的正当持票人那样享有优于其前手背书人的权利,具体表现为,如果一个人用欺诈手段取得一份可转让的提单,并把它转让给一个善意的、支付了价金的受让人,则该受让人不能因此而取得货物的所有权,不能对抗货物的真正所有人。相反,如果在汇票流通过程中发生这种情况,则汇票的善意受让人的权利将受到保护,他仍有权享有汇票上的一切权利。正是因为提单在流通上的这一特性,一些学者认为提单具有"准可转让"的性质。

提单的流通性会涉及承运人的利益。各国法律保护凭提单交出货物的承运人的利益。如果承运人对流通过程中所发生的问题毫不知情,而将提单交付给提单持有人,则应认为承运人已履行其义务,货物的真正所有人不能要求承运人对此承担责任。如果承运人在交货前发现提单持有人与其他第三人同时主张对货物享有所有权,则承运人可以将货物卸下提存,让有争议的双方通过诉讼来确定其权利。

三、国际海上货物运输的国际公约

在国际海上货物运输中,提单是最重要的单证。关于国际海上货物运输的国际公约体现为三个提单公约,即1924年的《海牙规则》,1968年的《维斯比规则》和1978年的《汉堡规则》。这三个公约反映出了承运人责任制度的已经发生过和正在发生着的重大变化。

(一)《海牙规则》(Hague Rules)

《海牙规则》全称是《关于统一提单的若干法律规定的国际公约》(International Convention for the Unification of Certain Rules of Law Relating to Bill of Lading),该规则在国际法协会协助下于1921年在海牙草拟,以后又经过伦敦、布鲁塞尔几次外交会议的修改,于1924年在布鲁塞尔正式通过,从1931年6月2日起生效,目前有87个成员国。

1.《海牙规则》的主要内容

《海牙规则》共有16个条文,规定了承运人最低限度责任与义务,承运人的权利与责任免除,承运人的责任起讫、赔偿限额,托运人的义务以及索赔的诉讼时效等问题。其中主要内容包括:

(1)承运人的基本义务。按《海牙规则》的规定,承运人的基本义务主要有两项:

①承运人必须在开航前和开航时恪尽职责使船舶适航。其一,使船舶适航。包括船体强度、结构、设备以及性能都能满足在预定航线上安全航行的需要;船舶的装备和供应适航,船员在个人素质、资格、人数上满足特定航行的要求。船上要求设备齐全,安全可靠,备齐雷达、仪器、仪表、海图等设备;带足海上航行中必不可少的燃料动力、食品、药物、淡水等供应品;船舶要适货,即货舱、冷藏舱以及其他载货处所能适宜、安全地收受、运送和保管货物,货舱的消毒、冷藏或排水、通风等也要适应所载货物的安全运送和保管。其二,承运人恪尽职责、谨慎处理。按《海牙规则》的规定,承运人使船舶适航的义务,仅限于要求他能恪尽职责、谨慎处理,而不是要求承运人保证船舶绝对适航。如果船舶不适航是承运人经过谨慎处理后仍不能发现的潜在缺陷造成时,承运人不负责任。其三,承运人在开航前或开航时保证船舶适航,而不是整个航运过程中始终保持适航。根据判例,所谓开航前和开航时是指在装运港从装货开始到起锚时

的整个期间。

②适当和谨慎地装载、搬运、配载、运送、保管、照料和卸载所运货物。其一,适当和谨慎。适当是从技术方面要求承运人对《海牙规则》所列的装载、搬运、配载、运送、保管、照料和卸载七个工作环节要具备一定的技术知识、技术水平和能力;谨慎是从个人素质方面,要求承运人尽心尽力作好职责范围内的工作。其二,以上七个工作环节是否做到适当和谨慎,是个事实问题而不是法律问题。是否做到适当和谨慎是指除取决于承运人的技术水平和个人责任心以外,还要根据装卸码头的习惯做法以及货物的特性加以判断。

此外,《海牙规则》还规定,承运人或船长或承运人的代理人在收受货物后,经托运人的要求,应向托运人签发提单。

(2)承运人责任的免除。《海牙规则》实行的是承运人的不完全过失责任。该规则第4条第2款和第4款共列举了17种承运人的免责事项。这17种可以划分为两类:一是过失免责,二是无过失免责。

过失免责即在国际海上货物运输中备受指责的《海牙规则》第4条第2款第1项的规定,由于船长、船员、引航员或承运人的雇佣人在航行或管理船舶中的行为、疏忽或过失所引起的货物灭失或损坏,承运人可以免除赔偿责任。简言之,承运人航行过失免责,包括驾驶船舶的过失免责和管理船舶的过失免责。如船长在驾驶操作上的疏忽,发生触礁、搁浅、碰撞等责任事故,致使船上货物受损,承运人可以免责;船长、船员在管理船舶方面缺乏应有注意,如污水管闭塞、使用抽水泵不当致使货物受损,承运人也可以免责。

承运人无过失免责可以再划分为以下几个方面:①不可抗力或承运人无法控制的事项方面,包括海上危险、天灾、战争、公敌行为、暴动和骚乱、政府扣押船舶、检疫限制、罢工或停工等八项。②托运人或货方的行为或过失方面,包括托运人或货主的行为、货物包装不良、货物标志不清或不当以及货物的性质、固有缺陷等四项。③特殊免责事项方面,包括火灾,即使是承运人的雇佣人的过失,承运人也不负责,只有在承运人本人的实际过失或知情参与时才不能免责;救助或企图救助海上人命或财产,这是海上运输中特有的;谨慎处理仍不能发现的船舶的潜在缺陷导致的货损等三项。④总的无过失免责事项,即属不列明的承运人无过失免责条款。此项被称作"杂项免责条款",是与上述15项类似的或同一性质的非上述原因,如盗窃、锈损、管道破裂等。如果承运人援用本条以免责,必须举证证明他本人没有实际过失或疏忽,也须证明其代理人以及雇佣人没有过失或疏忽。

(3)承运人货物运输责任期间。按照《海牙规则》第1条"货物运输"的定义,货物运输的期间为货物装上船起至卸完船为止的期间,这表明《海牙规则》有关承运人的责任和义务适用于这一期间。

所谓"装上船起至卸下船止",一般可理解为:当使用船上吊钩装卸货物时,指从装货时吊钩受力时起到货物卸下船脱离吊钩为止的整个期间,即实行"钩到钩原则"(tackle to tackle rule);当使用岸上吊杆或起重机装卸时,则货物从装运港越过船舷起到卸货港越过船舷为止的整个期间,即实行"舷到舷原则"(rail to rail rule)。

(4)承运人的责任限制(额)。按《海牙规则》第4条的规定,不论是承运人或船舶,对货物或与货物有关的灭失或损害,对于每包或每单位超过100英镑或与其等值的其他货币的部分,在任何情况下,都不负责。故此承运人对每件货物或每一计费单位的货物的损害或灭失,其最高赔偿限额为100英镑,但托运人在装船前就对货物性质和价值提出申明并列入提单的不受此限,但应从价计收运费。

(5)索赔与诉讼时效。依《海牙规则》第 3 条第 6 款的规定,托运人或收货人在提货时发现货物灭失或损害,应立即向承运人提出索赔通知。如果灭失或损失不显著,则在三天之内提出索赔通知。对于货物灭失或损害的诉讼时效为一年,从货物交付之日或应交付之日起算。如果逾期不提起诉讼,则免除承运人对灭失或损害的一切责任。

(6)托运人的义务和责任。《海牙规则》明确规定了托运人的义务和责任。主要包括:①托运人应向承运人保证,他书面向承运人提供的货物的标志、件数、重量或数量正确无误,否则应赔偿由此对承运人造成的损失。②托运人对装运易燃、爆炸或危险的货物应如实申报,否则承运人可以在卸货前的任何时候将其卸在任何地点,或将其销毁,或使之无害而不予赔偿。该项货物的托运人应对于装载该项货物而直接或间接引起的一切损失负责。如果承运人已知其性质并已同意装运的任何上述货物将要危及船舶或货物的安全时,可以由承运人将其卸在任何地点,或将其毁坏,或消除其危险性,而不负赔偿责任,但发生共同海损时除外。③对于不是由于托运人、托运人的代理人或其雇佣人员的行为、过失或疏忽所引起的承运人或船舶的损害或灭失,托运人概不负责。

2. 我国法律与《海牙规则》的关系

我国没有加入《海牙规则》,《海牙规则》不能直接对我国国际海上货物运输产生法律效力。但是《海牙规则》的一些规定已为我国法律所吸收、采纳。例如我国的《海商法》吸取了《海牙规则》中关于承运人基本义务的规定以及承运人责任免除的规定。

(二)《维斯比规则》(The Visby Rules)

《维斯比规则》的全称是《关于修改统一提单的若干法律规定的国际公约议定书》(Protocol to Amend the International Convention for the Unification of Certain Rules of Law Relating to Bill of Lading)。

由于《海牙规则》过多地照顾承运人的利益,半个多世纪以来,一直受到航运业发展较慢的第三世界国家的反对,不少国家呼吁对《海牙规则》作出修改。1968 年一些海运国家在国际海事委员会的协助下,在布鲁塞尔召开了外交会议,对《海牙规则》作出修改,出台了《1968 年布鲁塞尔议定书》。由于该议定书是在维斯比完成的,所以又被称作《维斯比规则》。该规则在 1977 年生效,共 17 个条文,对《海牙规则》的内容作了部分修改。

1. 《维斯比规则》的主要内容

(1)提单的证据力。《维斯比规则》对《海牙规则》第 3 条第 4 款中"提单作为收到该提单所载货物的初步证据"之后增加了以下文字:"但是,当该提单被转与善意行为的第三方时,便不能接受与此相反的证据。"这表明,对于托运人与承运人而言,提单为承运人收到该提单中所载货物的初步证据,承运人有权提出反证,否定提单所载内容的真实性。这对托运人而言,不无公平之处。因为货物是托运人提交的,提单所载内容是托运人填写的。但这对于提单的善意受让人而言则可能是不公平的。为此,《维斯比规则》规定,对于提单的善意受让人而言,承运人不得提出与提单所载内容不同的反证,亦即在承运人和提单的善意受让人之间,提单所载是最终证据。

(2)诉讼时效。《维斯比规则》对《海牙规则》第 6 条作了修改。《维斯比规则》除维持《海牙规则》的一年时效外,规定"在诉讼事由发生后,得经当事方同意,才能将这一期限延长。"可见,《维斯比规则》明确规定了诉讼时效可经双方协商延长。此外,即使一年期满后,承运人仍有不少于三个月的时间向第三者追偿。

（3）责任限制。《维斯比规则》提高了赔偿限额，并制定了双重限额。将每件或每单位的赔偿责任限额提高为10000金法郎或每公斤30金法郎，以二者中较高者为准。当时1金法郎折合0.04英镑。

此外，《维斯比规则》还规定了承运人丧失赔偿责任限制权利的条件："如经证明，损害是由于承运人故意造成，或是为承运人知道很可能会造成这一损害而毫不在意地作为或不作为所引起，则承运人就无权享受责任限制的权利。"

（4）承运人享受责任限制范围的扩大。根据《维斯比规则》第3条的规定，凡是承运人可以享受的免责权利和责任限制，承运人的雇员和代理人也可以享有。

（5）"集装箱条款"的增加。《维斯比规则》第2条第3款规定："如果货物是以集装箱、托盘或类似的运输工具集装，则提单中所载明的装在这种运输工具中的包数和单位数，便应作为本款所有包数或单位数。除上述情况外，此种运输工具应视为包件和单位。"

（6）适用范围的扩大。《海牙规则》第10条规定："本公约的各条规定，适用于在任何缔约国所签发的一切提单。"《维斯比规则》则修改为："本公约各项规定，应适用于在两个不同国家港口之间运输货物的每一提单，如果提单是在一个缔约国签发，或者货物是从一个缔约国港口起运，或者提单中所载或为提单所证明的契约规定，那么本契约需受本公约各项规定或者给予这些规定以法律效力的任一国家立法的约束，而不论船舶、承运人、托运人、收货人或任何其他关系人的国籍如何。"

2. 《维斯比规则》与《海牙规则》的关系

《维斯比规则》对《海牙规则》的修改，并没有解决《海牙规则》中船货双方权益失衡的这一本质问题。关于承运人的责任及其免除、责任起讫、托运人义务等争议问题均未作实质性改变，只在赔偿数额等方面作了修改。为此，可以说《维斯比规则》为表现船运大国高姿态的产物。

根据《维斯比规则》第6条的规定，在该议定书的缔约国之间，《海牙规则》与议定书应作为一个文件来理解。《维斯比规则》第12条第2款中更明确指出，加入《维斯比规则》，具有加入《海牙规则》的效力。此表明，加入《维斯比规则》即接受了《海牙规则》，但加入《海牙规则》并不意味着对《维斯比规则》的当然接受。

3. 我国对《维斯比规则》的态度

我国没有加入《维斯比规则》，《维斯比规则》的规定不能对我国直接产生法律效力，但是我国的法律吸收了《维斯比规则》的一些规定。比如：提单被转让与善意的第三人时，提单对于善意的受让人来说，成为最终证据的规定；承运人的责任限制适用于其代理人和雇员的规定；关于集装箱条款的规定等。

（三）《汉堡规则》（The Hamburg Rules）

《汉堡规则》全称是《1978年联合国海上货物运输公约》（United Nations Convention on the Carriage of Goods by Sea, 1978）。为了彻底纠正运输关系中船方货方权益失衡的问题，1968年3月联合国贸易和发展会议决定设立国际航运立法工作组。该工作组于1972年准备起草该公约，并于1976年完成草拟工作，该公约在1978年汉堡召开的联合国海上运输代表大会上通过。《汉堡规则》自1992年11月1日起生效，目前已有30多个缔约国，但以内陆国家居多，海运大国均未加入。

1.《汉堡规则》的主要内容

《汉堡规则》共 34 个条文,其主要内容包括:

(1)《汉堡规则》的适用范围。《汉堡规则》对公约的适用范围的规定更为明确,该公约第 2 条第 1 款规定:本公约的各项规定,适用于在两个不同国家之间的所有海上运输契约,如果出现以下任何一种情况,本公约各项规定或者使之生效的任何国家立法,则应对该契约加以管辖。①海上运输契约规定的装货港位于一个缔约国之内;②海上运输契约规定的卸货港位于一个缔约国之内;③海上运输契约规定的备选卸货港之一是实际卸货港,并位于一个缔约国之内;④提单或作为海上运输契约证明的其他单证,是在一个缔约国之内签发;⑤提单或作为海上运输契约证明的其他单证规定。

(2)承运人的责任期限。《汉堡规则》第 4 条对承运人责任期限采用"接到交"原则,即承运人的责任期限从托运人把货物交给承运人掌管之时起,至承运人将货物交给收货人为止。

(3)增加实际承运人的概念。实际承运人(actual carrier)是指接受承运人委托执行货物运输或部分运输的人。

(4)对"保函"的规定。《汉堡规则》第 17 条规定,托运人为了换取清洁提单可以向承运人出具承担赔偿责任的保函。该保函在托运人与承运人之间有效,而对包括受让提单的收货人在内的第三方一概无效。

(5)对特殊货物的规定。《海牙规则》中货物的概念不包括舱面货或集装箱装运的货物及活动物。《汉堡规则》规定,承运人应根据与托运人订立的协议,或者符合国际贸易的惯例装载舱面货和活动物。反之,如果承运人违反了协议或法律的规定,对由此造成的货物的毁损以及延迟交货,应负赔偿责任。

(6)承运人的赔偿责任基础。《汉堡规则》规定承运人的赔偿责任基础为推定完全过失责任制,即除非承运人证明他本人以及他的代理人或所雇佣人员为避免事故的发生及其后果已采取了一切合理的措施,否则承运人对在其掌管货物期间因货物灭失、损坏及延迟交货所造成的损失负赔偿责任。

(7)承运人的赔偿限额。《汉堡规则》将承运人的最低赔偿限额规定为每件或每货运单位 835 特别提款权,或每公斤 2.5 特别提款权,以二者较高者为限。

(8)对延迟交货的规定。《汉堡规则》规定了承运人延迟交货的赔偿以相当于该延迟交货应付运费的 2.5 倍金额为限,但不超过海上运输合同中规定的应付运费总额。《汉堡规则》还规定,如果货物未在协议明确的时间内,或虽无此项协议,但未能在对一个勤勉的承运人所能合理要求的时间内交货,即为延迟交货。如果延迟交货达 60 天,即可视为货物已经灭失,可以向承运人提出索赔。

(9)对索赔和诉讼时效的规定。《汉堡规则》第 20 条规定诉讼时效为两年,如果接到索赔要求人的声明,可以多次延长。收货人应当在收到货物次一日,将损失书面通知承运人,如货物损失非显而易见的,则应在收货后连续 15 日内,延迟交货应在收货后 60 天内将书面通知送交承运人,否则将丧失向承运人索赔的权利。

(10)对管辖权的规定。《汉堡规则》第 21 条规定,原告就货物运输案件的诉讼,可选择以下法院:①被告主营业所在地或惯常居所;②合同订立地,且合同是通过被告在该地的营业所、分支机构或代理机构订立的;③装货港或卸货港;④海上运输合同中指定的其他地点。

2.《汉堡规则》与《维斯比规则》、《海牙规则》的关系

《汉堡规则》规定，凡是《海牙规则》和（或）《维斯比规则》的加入国，在加入《汉堡规则》时，必须声明退出《海牙规则》和（或）《维斯比规则》。

3.我国对《汉堡规则》的态度

我国不是《汉堡规则》的缔约国，《汉堡规则》对我国不能直接产生法律效力。但我国法律吸收了《汉堡规则》的一些规定，如我国法律对《汉堡规则》中关于货物、实际承运人、清洁提单、延迟交货、责任期间等规定都予以采纳。

子项目二　国际航空货物运输法律制度

国际航空货物运输是一种现代化的运输方式。与其他运输方式相比，它具有快捷、破损率低、不受地面条件限制以及运送安全性能高的特点。这种运输方式广泛运用于运输贵而轻，量少而急需，而易破损的商品，以及鲜活易腐、季节性强的商品。

一、国际航空货物运输的方式

国际航空货物运输通常采用以下两种方式：

（一）班机运输

班机是指拥有指定时间、航线、始发站、途经站和目的站航运的客货混合型飞机或全货机。采用班机运输通常适用于小批量的市场急需商品、鲜活易腐货物的运输。

（二）包机运输

包机是指租机人按事先约定的条件和费率，从航空公司或包机代理公司那里租用飞机。与班机相比，包机运输通常适用运输数量较大的货物。

二、国际航空货物运输的国际公约

各国调整航空货物运输的法律都较为简单，国际航空货物运输主要受有关国际航空运输的国际条约调整。目前，此类国际公约主要有：1929 年的《华沙公约》，1955 年的《海牙议定书》和 1961 年的《瓜达拉哈拉公约》。

（一）《华沙公约》（Warsaw Convention）

《华沙公约》的全称是《统一国际航空运输某些规则的公约》（Convention for the Unification of Certain Rules Relating to International Air Carriage），该公约于 1929 年在华沙签订，故简称为《华沙公约》。该公约共分为 5 章 41 条，为调整国际间的航空货物运输合同关系创立了基本制度，其后虽经多次修改，但它仍然是调整国际航空货物运输的重要公约。《华沙公约》于 1933 年 2 月 13 日生效，目前有 130 多个成员国，我国在 1958 年正式加入该公约。

（二）《海牙议定书》（Hague Protocol）

该议定书全称是《修改 1929 年 10 月 12 日在华沙签订的统一国际航空运输某些规则的公

约的议定书》，又称《华沙公约修订书》(The Amended Warsaw Convention)。该议定书共分 3 章 27 条，主要在航行过失免责、责任限制以及提出索赔期限等问题上，对华沙公约作了比较重要的修改。该议定书于 1955 年 9 月 28 日在海牙签订，1963 年 8 月 1 日开始生效，目前有 90 多个成员国。我国于 1975 年 8 月 20 日递交了加入申请书，《海牙议定书》从 1975 年 10 月 15 日起对我国生效。

(三)《瓜达拉哈拉公约》(Guadalagara Convention)

该公约的全称是《统一非缔约承运人所办国际航空运输某些规则以补充华沙公约的公约》，1961 年 9 月 18 日签订于墨西哥的瓜达拉哈拉，故简称为《瓜达拉哈拉公约》。此公约于 1964 年 5 月 1 日起生效，目前已经有 50 多个成员国，我国至今尚未加入该公约。《瓜达拉哈拉公约》共 18 个条文，其目的在于把《华沙公约》中有关承运人的各项规定的适用范围扩大到非合同承运人，即根据与托运人订立航空运输合同的承运人的授权，而办理该合同中全部或部分国际航空运输的实际承运人。

以上三个公约在法律上都是独立的，各国只适用其参加的公约，但三个公约在内容上又是相互关联的，所以在适用上往往形成交错的情况，其中《华沙公约》是最基本的航空运输公约。

三、空运单证 (air consignment note, ACN)

空运单证是国际航空货物运输中托运人和承运人之间订立运输合同的依据，也是托运人将货物交给承运人后取得的货物收据。但空运单证不是物权凭证。

根据《华沙公约》第 5 条、6 条规定，货物承运人有权要求托运人填写称作"航空货运单"的凭证，托运人有权要求承运人接受这项凭证。托运人应填写航空货运单一式三份，连同货物交给承运人。其中，第一份注明"交承运人"，由托运人签字；第二份注明"交收货人"，由托运人和承运人签字，并附在货物上；第三份由承运人在接受货物后签字，交给托运人。

需要注意的是，《海牙议定书》第 9 条规定："本公约不限制填发可以流通的航空货运单。"这表明，依《海牙议定书》规定，航空货运单可以为物权凭证。

四、航空运输承运人的责任与免除

(一)承运人的责任期限

依据《华沙公约》第 18 条的规定，承运人对航空运输期间货物的毁灭、遗失或损坏而产生的损失承担责任。

航空运输的期间是货物在承运人保管下的期间，不论是航空站内、在航空器上或航空器在航空站外降落的任何地点，这些时段都属于航空运输期间的范围。

此外，《华沙公约》还规定，航空运输的期间不包括在航空站以外的任何陆运、海运或河运。但是如果这种运输是为了履行空运合同，是为了装货、交货或转运，任何损失应该被认为是在航空运输期间发生事故的结果，除非有相反证据。

(二)承运人的责任限制

依据《华沙公约》第 22 条规定，承运人对货物的责任以每公斤 250 法郎为限，除非托运人在交运时，曾特别声明货物运到后的价值，并缴付必要的附加费。此种情况下，承运人所负责任不超过声明的金额,除非承运人证明托运人证明的金额高于货物运到后的实际价值。

(三)承运人的免责事项

依据《华沙公约》第 20 条、21 条的规定,承运人在下列情况下对货物的损失不承担赔偿责任:

(1)承运人如果证明自己及其代理人为了避免损失的发生,已经采取一切必要的措施,或不可能采取这种措施时,则免负责任。

(2)如果承运人证明损失的发生是由于驾驶上、航空器的操作上或领航上的过失所引起,而在其他一切方面承运人及其代理人已经采取一切必要的措施以避免损失时,则免负责任。需要说明的是,《海牙议定书》第 10 条删去了《华沙公约》的本项规定。

(3)如果承运人证明损失的发生是由于受害人的过失所引起或助成的,法院可以按照法律规定,免除或减轻承运人的承任。

五、索赔和诉讼

依据《华沙公约》第 26 条、28 条、29 条的规定,如果发现货物损坏,收货人最迟应该在收到货物后 7 天以书面形式提出索赔。如果迟延交货,收货人最迟应在货物交由其支配之日起 14 天内提出异议。该公约特别规定,除非承运人方面有欺诈行为,如果收货人没有在规定的期限内提出异议,即表示放弃诉讼权利。

对于有关赔偿的诉讼管辖,《华沙公约》规定,按照原告的意愿,可以在一个缔约国的领土内,向承运人住所地或其总管理处所在地或签订合同的机构所在地法院提出,或者向货物运送目的地法院提出。

关于诉讼时效,《华沙公约》规定,收货人应该在航空器到达目的地之日起,或应该到达之日起,或从运输停止之日起两年内提出,否则就将丧失追诉权。

需要注意的是,《海牙议定书》在索赔的时间方面对《华沙公约》作出了修改,延长了货物损坏的索赔期限。该议定书第 15 条规定,货物损坏的索赔应在收货人收到货物后 14 天内提出。如果延迟交货,收货人则最迟应于货物交付其自由处置之日起 21 天内提出索赔。

子项目三　国际铁路货物运输法律制度

铁路运输很少受气候影响,连续性强,载货量比空运大,速度比海运快,风险较海运、空运小。国际铁路运输主要适用于内陆接壤国家、地区间的货物运输。

一、国际铁路货物运输的国际公约

目前关于国际铁路货物运输的公约有《国际货约》和《国际货协》。

(一)《国际货约》(Convention Concerning International Carriage of Goods by Rail,简称 CLM)

《国际货约》全称为《铁路货物运输的国际公约》。该公约于 1961 年在瑞士首都伯尔尼签订,经过 1970 年 2 月 7 日的修订议案,于 1975 年 1 月 1 日生效,其成员国共计 28 个,包括了主要的欧洲国家如法国、德国、比利时、意大利、瑞士、瑞典、西班牙及东欧各国。此外还有西亚的伊朗、伊拉克、叙利亚,西北非的阿尔及利亚、摩洛哥、突尼斯等。

(二)《国际货协》(Agreement Concerning International Carriage of Goods by Rail,简称 CMIC)

《国际货协》全称为《国际铁路货物联合运输协定》,1951 年由苏联、罗马尼亚、匈牙利、波兰等八国联合签订,1954 年 1 月我国也参加了这个协定。目前参加这个协定的国家还有阿尔巴尼亚、朝鲜、越南、保加利亚、蒙古等 12 个国家。它规定了货物运送组织、运送条件、运送费用计算核收办法以及铁路与发、收货人之间的权利与义务等问题,共计 8 章 40 条的内容。

由于《国际货协》的东欧国家也是《国际货约》的成员国。因此,《国际货协》国家的进出口货物可以通过铁路转运到《国际货约》的成员国去,为沟通国际间铁路货物运输提供了更为有利的条件。如我国是《国际货协》的缔约国,但不是《国际货约》的成员国,在我国向《国际货约》的成员国如法国运送货物时,可以用《国际货协》的铁路运单办理至《国际货协》国最后一个过境铁路的出口国境站,再由该国境站站长或收、发货人委托的代理人办理向《国际货约》国铁路转运手续,将货物运送到最终站。

二、铁路运单

运单中承运人为铁路,托运人为发货人,包括收货人。运单不但是承运人和托运人之间运输合同的凭证,而且是承运人从托运人那里收取货物、承运货物和在终点站向收货人核收运杂费和提交货物的凭证。运单不是货物的物权凭证,不能转让。铁路运单作为一种有价证券,发货人可以凭货物买卖合同和运单的副本向银行议付货款。

依《国际货协》第 6 条规定,托运人在托运货物时应按规定的格式填写承运人事先固定好格式的印刷好的运单及副本,并交付规定的运费。运单随同货物从发站至到站按运送全程附送。在运送合同缔结后,运单副本退还发货人。运单副本不具有运单的效力。

三、铁路运输承运人的责任与免除

(一)承运人的责任期限

依《国际货协》第 21 条第 1 项规定,按国际货协运单承运货物的铁路,应负责完成货物的全程运送,直到在交货站交付货物时为止。如向未参加《国际货协》铁路的国家办理货物转发送,直到按另一种国际协定的运单办完运送手续时为止。

(二)承运人的连带责任

依《国际货协》第 21 条第 2 项的规定:"每一继续运送的铁路,自收到附有运单的货物时起,即作为参加这项运送合同,并承担因此而发生的义务。"可见,按运单承运货物的铁路间,相互负连带责任。因此,当货物发生损失时,托运人可以要求任何有关的铁路赔偿全部损失,有关铁路不得互相推诿。

（三）承运人的免责事项

依《国际货协》第 22 条的规定，由于下列原因，发生货物的全部或部分灭失、减量或毁损时，铁路不负责任：

（1）由于铁路不能预防和不能消除的情况。

（2）由于货物的特殊自然性质，以致引起自燃、损坏、生锈、内部腐坏和类似的后果。

（3）由于发货人或收货人的过失或由于其不合理要求，而不能归咎于铁路。

（4）由于发货人或收货人装车或卸车所致。

（5）由于发送站的规章许可，使用敞车类货车运送货物。

（6）由于发货人或收货人的货物收押人未采取保证货物完整的必要措施。

（7）由于容器或包装的缺点，在承运货物时无法从其外表发现。

（8）由于发货人用不正确、不确切或不完全的名称托运违禁品。

（9）由于发货人在托运应按特定条件承运的货物时使用不正确、不确切或不完全的名称，或未遵守本协议的规定。

（10）由于标准范围内的货物的自然减量，以及由于运送中水分减少，或货物的其他自然性质，以致使货物的减量超过减量标准。

当货物损失发生的原因如上述第（1）、（3）项时，必须由铁路方面提出证明；当货物发生损坏的原因如上述第（2）、（4）、（5）、（6）、（7）、（8）、（9）、（10）项，并且收货人或发货人未证明是由于其他原因时，即认为损失是由于这些原因而造成的。如果整件货物发生灭失时，则可判定根据上述第（5）项所指情况作出的推定无效，即铁路方不能免责。

（四）承运人的赔偿限额

根据《国际货协》第 22 条规定，承运人对货物损失的赔偿金额在任何情况下，不得超过货物全部灭失时的金额。

《国际货协》第 24 条规定，货物全部或部分灭失的赔偿额，按外国售货者账单上所列的价格计算；如果发货人对货物价格另有声明，则按声明的价格给予赔偿。

《国际货协》第 25 条规定了承运人对货物损失的赔偿限额规定，当货物损失时，承运人应支付相当于货物价格减低额的款额，而不赔偿其他损失。

《国际货协》第 26 条规定了承运人对货物的赔偿额，即承运人应以所收运费为基础，按逾期长短，向收货人支付逾期罚金。当逾期不超过总运到期的 1/10、2/10、3/10、4/10 时，承运人应分别支付相当于运费的 6％、12％、18％、24％、30％的罚款。

四、索赔和诉讼

《国际货协》第 30 条规定，有关当事人依运输合同向承运人提出的赔偿和诉讼，以及承运人对发货人和收货人提出的关于支付运费、罚款和赔偿损失的要求和诉讼，可在 9 个月内提出；但对货物运到逾期的赔偿请求和诉讼，应在 2 个月内提出。

此外，《国际货协》第 29 条规定，凡是有权向铁路提出赔偿请求的人，即有权根据运送合同提起诉讼，但是只有在提出赔偿请求之后，才可提起诉讼。

子项目四　国际货物多式联运规则

国际货物多式联运是以至少两种不同的运输方式将货物从一国接管货物的地点运到另一国境内指定交付货物的地点,它伴随着集装箱运送货物方式的出现而出现。集装箱多式联运,特别是在成组运输的情况下,大大简化和加速了货物的装卸、搬运程序,减少了成本费用。此种运输方式与传统的单一运输方式相比,更为理想、畅通、安全、经济、便利。但是,这一运输方式也提出了许多新的问题,如货物风险的划分、法律的适用、运输单据性质的确认、承运人与货主之间关系的解决等问题。为解决这些问题,国际社会作出了各种努力。

一、《联合运输单证统一规则》

为了适应国际多式联运发展的需要,国际商会于1975年在《货运联运公约草案》的基础上制定了《联合运输单证统一规则》(Uniform Rules for Combined Transport Document),作为国际商会第298号出版物出版。

(一)《联合运输单证统一规则》的主要内容

国际商会的《联合运输单证统一规则》是根据当事人双方的协议而适用的,它包括导言、总则、定义、可转让的单证、不可转让的单证、联运经营人的责任和义务、当事人的权利和义务、对灭失或损害的赔偿责任、延迟责任、其他条款、时限等共计19项规则。

(二)多式联运经营人的责任制度

依《联合运输单证统一规则》第2项规则的规定,所谓联运经营人(combined transport operator,CTO)是指签发联运单证的人(包括任何法人、公司或法律实体)。如果国内法规定,任何人在有权签发联运单证之前,须经授权或发照,则联运经营人只指这种经过授权或领照的人。

联运经营人的责任制度主要是网状责任制。网状责任制,即联运经营人在发生货损并且确知货损发生阶段时,一般按该阶段所适用的国际公约或国内法的规定办理。

依据《联合运输单证统一规则》规则第13项的规定,联运经营人的责任应当根据国际公约或国内法的规定确定时,该项责任应按任何这种国际公约或国内法所指的承运人那样,予以确定。该规则导言部分规定:联运经营人,不论是作为运输的实际提供人,还是作为运输人承办人,他对托运人的关系都是本人(principal)的关系。作为一个本人,他应对运输进行妥善负责,并对整个联合运输过程中,发生在任何地方的灭失或损害承担责任。

从以上规定分析,货物损失不论发生在哪一运输区段中,货物损失方都可以向货物损失区段的承运人提出索赔,也可以向联运经营人提起索赔。这种制度规定,无论向谁索赔,适用赔偿责任的法律应是规范该区段的法律。如果不能确定货物损失区段,货物损失方只能向联运经营人提出索赔。

二、《联合国国际货物多式联运公约》

1980 年 5 月 24 日在瑞士日内瓦召开了由 84 个联合国贸易和发展会议成员国参加的国际多式联运会议,通过了《联合国国际货物多式联运公约》(以下简称《联运公约》)(United Nations Convention on International Multimodal Transport of Goods)。我国加入了这项公约。依据该公约第 36 条的规定,本公约在经 30 个国家的政府签字但无需批准、接受或认可,或者向保管人交存批准书、接受书、认可书或加入书后 12 个月生效。《联运公约》目前尚未生效。

该公约共分为总则、单据、多式联运经营人的赔偿责任、发货人的赔偿责任、索赔和诉讼、补充规定、海关事项、最后条款八个部分共 40 条。其主要内容如下:

(一)多式联运单据

多式联运单据(issue of multimodal transport document)是多式联运合同的证明及多式联运经营人接管货物并按合同条款提交货物的凭证。

《联运公约》在第 5—13 条共九条规定了多式联运单据事项。根据《联运公约》第 5 条、6 条的规定,此单据可以为可转让的单据,也可为不可转让的单据。当为可转让的单据时,多式联运单据具有物权凭证的性质和作用。多式联运单据应列明按指示或向持有人交付的要求。如果列明按指示交付,必须经背书后方可转让;如果列明向持有人交付,则无须背书即可转让。如果签发一套一份以上的可转让多式联运正本,而多式联运经营人或其代理人已在当地按其中一份正本交货,该多式联运经营人即已履行其交货责任。多式联运人单据以不可转让方式签发时,应指明记名的收货人,多式联运经营人只有将货物交给此指明的人才算履行完其交货义务。

《联运公约》第 8 条规定了多式联运单据的内容为 15 项:①货物品类、标志、危险特征的声明、包数或件数、毛重。这些由发货人提供。②货物外表状况。③多式联运经营人的名称和主要营业所。④发货人名称。⑤如经发货人指定收货人,收货人的名称。⑥多式联运经营人接管货物的地点和日期。⑦交货地点。⑧如经双方明确协议,在交货地点交货的日期和地点。⑨多式联运单据可转让或不可转让的声明。⑩多式联运单据的签发地点和日期。⑪多式联运经营人或经其授权的人的签字。⑫各种运输方式的运费或应由收货人支付的运费,或关于运费应由收货人支付的其他说明。⑬预期经过的路线、运输方式和转运地点。⑭遵守本公约的声明。⑮双方同意列入的其他事项。

根据《联运公约》的规定,以上 15 项缺少一项或数项,并不影响该单据作为多式联运单据的法律性质,但该单据不可缺少发货人名称的第四项。

《联运公约》第 10 条规定了多式联运单据的效力。多式联运单据是该单据所载明的货物由多式联运经营人接管的初步证据。如果该单据以可转让的方式签发,而且已转让给包括收货人在内的善意的第三人,则对多式联运经营人提出的反证不予接受,联运经营人必须依多式联运单据所载内容对第三人负责。

《联运公约》还规定了联运经营人对多式联运单据的保留,发货人的保证等事项,以上事项与《海牙规则》等规定相同,此处不再赘述。

(二)联运经营人的赔偿责任

1.责任制与赔偿限额

《联运公约》对联运经营人赔偿责任采用"统一责任制",即在发生货损时,不管货损发生在哪个运输阶段,均按统一的限额赔付。(但货损发生的运输阶段所适用的国际公约或强制性国家法律所规定的赔偿限额如果高于统一限额时,仍按国际公约或国家的法律办理。)

《联运公约》第18条规定了多式联运经营人的赔偿责任限制,从中可以看出,不论发生在海运阶段,还是发生在陆运阶段,以及其他任何阶段,多式联运经营人的赔偿限额都是一样的,为每包或每货运单位920记账单位,或毛重每公斤2.75记账单位,以较高者为准。如果联运不包括海运和内河运输,联运经营人赔偿限额为毛重每公斤8.33记账单位。如果是延迟交货,赔偿不应超过相当于迟延交付货物应付的运费的2.5倍,该项费用同时不得超过联运合同的应付运费的总额。

《联运公约》第19条规定了确知货损发生阶段,如果对此阶段适用的国际公约或强制性国家规定的赔偿限额高于第18条规定的限额,则多式联运经营人对这种灭失或损坏的赔偿限额,应按该公约或强制性国家法律予以确定。这一规定是统一责任制的补充和例外。

除规定联运经营人赔偿限额以外,该公约还在第21条规定了赔偿限额的例外。如果货物的损失是由于联运经营人的故意行为所致,则其不享有责任限制的权利。

2.责任期间

《联运公约》第14条规定,多式联运经营人对货物的责任期间,自其接管货物时起到交付货物时为止,实行全程统一责任制。

3.赔偿责任基础

《联运公约》对多式联运经营人的赔偿责任采取"完全过错责任制"。该公约第17条规定,如果货物的灭失、损坏或延迟交付是由于多式联运经营人或其受雇人、代理人或为履行联运合同的其他人的过失或疏忽与另一原因结合而产生,多式联运经营人仅对灭失、损坏或延迟交货可以归之于此种过失或疏忽的限度内负赔偿责任,但多式联运经营人必须证明不属于此种过失或疏忽的灭失、损坏或延迟交货的部分。

(三)发货人的责任

(1)保证责任。在多式联运经营人接管货物时,发货人应视为已向多式联运经营人保证他在联运单据中提供的货物品类、标志、件数、数量、危险特性、重量的陈述准确无误,并对违反此项保证负赔偿责任。

(2)因发货人或其受雇人或其他代理人在受雇范围内行事时的过失或疏忽给联运经营人造成损失的,发货人应负赔偿责任。

(3)遵守运送危险物品的特殊规则,发货人将危险货物交给多式联运经营人或其他任何代表时,应告知货物的危险特性,必要时并告知应采取的预防措施。否则,对多式联运经营人承担因此而遭受损失的赔偿责任。

(四)索赔和诉讼

1.通知的义务

(1)收货人的通知义务。《联运公约》第24条规定,收货人应在收货的次一工作日将货损、灭失情况的书面通知送交多式联运经营人;如果货物灭失或损失不明显,则在收货后连续 60 日内提出书面通知;如果在收货时,当事人各方已进行了联合调查或检验,则无需再提交书面通知。对于迟延交货,收货人应在交货后连续 60 天内向联运经营人提交书面通知,否则联运经营人对迟延交货造成的损失不承担责任。

(2)多式联运经营人的通知义务。依《联运公约》第 24 条规定,多式联运经营人应在损失发生后连续 90 天内,或在提交货物后连续 90 天内,以较迟者为准,将损失通知交发货人。

2.时效

根据《联运公约》第 25 条规定,任何诉讼,如果在两年期间内没有提起诉讼或交付仲裁,即失去时效。但是如果索赔人在货物交付之日后 6 个月内,或于货物未交付时,在应当交付之日后 6 个月内,没有提出书面索赔通知,说明索赔的性质和主要事项,则在此期限界满后即失去诉讼时效。此外,公约还规定,接到索赔要求的人可于时效期间内随时向索赔人提出书面声明,以求延长时效期间。此种期间,可通过另一次声明或多次声明再度延长。

项目习题

1.什么是提单? 其作用是什么?

2.提单的类型有哪些?

3.简述《海牙规则》中承运人的最低限度的责任。

4.简述从《海牙规则》、《维斯比规则》到《汉堡规则》承运人承担责任的变化。

项目小结

国际货物运输是国际货物买卖合同能够顺利完成的重要环节,其中海上货物运输是各种运输方式中最重要的运输方式。通过本项目的学习,学生要了解国际货物运输方面的基本知识,掌握国际海上货物运输的法律知识,理解国际货物运输合同的注意事项。

拓展活动

1.美国某公司租用西班牙国籍“亚历山大”号油轮于 2005 年 4 月 1 日早在美国纽约港装运散装豆油 20973 吨,驶往目的港巴西利亚,价格条款为 CFR。船舶中途遇到 8 至 9 级大风,以致颠簸严重,船舷壳板多处裂缝,大量豆油外漏,最后求助于救助部门,前往救助。该船东认为是共同海损。货主则认为损失是由于船舶是否适航的问题造成,请求赔偿。

经联合小组检验查明:该船多处焊缝脱开,均有老痕。结论是:该油轮处于不适航状态。

根据本项目所学知识,回答下列问题:

(1)承运人在开航前和开航时的职责是什么?

(2)货主能否得到赔偿? 为什么?

2.柏西·多尔多公司的一批橘汁由布朗公司所代理的船东运往汉堡。在装运港,承运人发现装橘汁的桶是旧桶,且强度不够,承运人将该情况通知了托运人,托运人为了取得与信用证规定相符的提单,要求承运人签发清洁提单,并向承运人出具了保函。保函上注明:托运人无条件地承担船长和船东因签发清洁提单而引起的一切损失。结果,橘汁在到达汉堡时发生泄漏。承运人因签发了清洁提单,只能赔偿收货人未能交付完好货物的损失。在赔偿后,承运人即依据保函向托运人要求赔偿,托运人拒绝赔偿。承运人向法院诉,要求托运人依保函的允诺赔偿其自因签发清洁提单引起的损失。

根据本项目所学知识,回答下列问题:

(1)该保函是否有效? 承运人是否有权要求托运人依保函对其进行赔偿?

(2)在托运人拒绝依保函向承运人赔偿的情况下,法院是否应判决托运人赔偿承运人因依保函而签发清洁提单引起的损失?

(该案例引自《国际经济法教学案例》,王传丽主编,中国政法大学出版社,38 页)

项目三
国际货物运输保险法律制度

学习目标

知识目标　掌握共同海损、委付、海上货物运输保险的级别

能力目标　能够分析国际货物运输的相关问题,确定保险人保险责任的大小

项目分析

项目概述　国际货物运输保险是一种服务贸易,国际上目前没有统一的货物运输保险法。在现实中,保险人与被保险人的权利和义务是由各国国内法和当事人双方订立的保险合同确立的。国际货物运输保险合同是货方(包括进口商和出口商)对进出口货物按一定的险别向保险人投保,缴纳保险费,当货物在国际运输中遇到风险时,由保险人在自己的责任范围内予以赔偿的契约。国际货物运输保险包括海上货物运输保险、陆上货物运输保险、航空货物运输保险和多式联运保险。无论任何类型的保险,都遵循一般保险合同的基本原则,如绝对诚信原则、可保利益原则、损失补偿原则以及近因原则。

导入阅读

天津甲公司与荷兰乙公司签订了出口肠衣的合同,价格条件是 CIF 鹿特丹,甲公司依合同的规定将肠衣用木桶装妥后交承运人所属的"美虹"号货轮运输。该批货物投保了水渍险并附加渗漏险。"美虹"号在途中由于突遇台风使船剧烈颠簸,当船抵达目的港时发现大部分木桶破碎,货物损失约 20 万美元。

问:保险公司是否应该赔偿上述损失?

(本案例引自《国际贸易纠纷的处理与案例分析》,钱益明主编,对外贸易教育出版社 1989 年版)

任务分析

任务一　采用课件,演示海上风险、外来风险的风险表现

任务二　通过案例,分析共同海损、单独海损的构成要件,分析当事人的权利与义务

任务三　通过案例,分析平安险、水渍险、一切险承保的范围及保险人责任的承担,分析淡水雨淋险、串味险、短量险等附加险的投保及赔偿

必备知识（理论知识）

子项目一　国际海上货物运输保险法律制度

一、承保风险

国际货物运输中会遇到各种意外事故、自然灾害，这些意外事故、自然灾害可以具体分为以下几种承保风险：

（一）海上风险

海上风险包括自然灾害和意外事故。所谓自然灾害是指与航行有关的海啸、地震、飓风、雷电等具有破坏性的自然现象。所谓意外事故是指与航行有关的如船舶触礁、颠覆、碰撞、失踪等意外事故。构成海上风险，必须具备两个最基本的特征：其一，属于"海上特有的"（peculiar to the sea），不包括陆地上同样发生的危险，如偷盗、罢工等；其二，具有偶然性（fortuitous）或不可预见性，如果是必然的，能够预见到的危险，则不是保险中的"风险"（risks）。如货物的自然磨损等都不属于保险的风险。

（二）外来风险

此处的"外"是相对于"海"而言的，是指除海上特有的风险以外的自然灾害和意外事故。通常情况下，海上风险是保险单列举的承保风险，而外来风险则是以附加条款的形式加保的风险。

（三）除外风险

此处"除外"，应理解为被保险单"排除在外"，意指保险单规定的某些原因所致的损失不属于承保范围内，保险人不承担赔偿责任的风险。除外风险一般有：①被保险人的故意行为或过失；②被保险货物本身特性或本质缺陷所引起的损失；③货物的自然消耗或磨损；④虫蛀鼠咬；⑤航行迟延或交付迟延所造成的损失。

二、保险标的损失及其法律后果

保险标的因保险事故造成的损失，可以分为全部损失和部分损失两类，对此两类损失保险人的赔偿是不同的。

（一）全部损失及其法律后果

全部损失可以分为实际全损（actual total loss）和推定全损（constructive total loss）

1.实际全损及其法律后果

一般认为，实际全损是指保险标的发生保险事故后灭失，或者受到严重损坏失去原有形体、效用，或者再不能归被保险人所拥有，或者船舶失踪且在合理时间内仍无音讯。

实际全损产生的法律后果是:保险人在自己承保的责任范围内按保险金额全部赔付。换言之,实际全损将使保险人赔付保险费的义务、被保险人受领保险金的权利的后果出现。

2.推定全损及其法律后果

当保险标的发生保险事故,认为实际全损已不可避免,或者为避免发生实际全损所需支付的全部费用之和超过保险价值时,可视为推定全损。推定全损仅限于船舶与货物。

与推定全损相伴随的是委付制度。

委付(abandonment)是海上保险特有的一项法律制度。它是指保险标的发生推定全损时,被保险人将保险标的的全部权利和义务转移给保险人,而请求保险人支付全部保险金额的行为。

委付的成立要件包括:

(1)以保险标的发生承保范围内的推定全损为前提。如果保险标的的实际全损,被保险人无权利可转移,则委付无以产生;如果保险标的的仅受部分损失,如共同海损等,被保险人仍享有货物的部分价值,保险人不会全额赔付,委付也不可能出现。

(2)委付不能附带条件。被保险人应无条件地把保险标的的全部权利和义务转移给保险人,任何附带条件的委付通知是无效的。

(3)保险人接受委付,委付才能对保险人发生法律效力。委付是被保险人单方法律行为,保险人可以接受,也可以拒绝。保险人如果接受委付,不仅取得保险标的的所有权,而且也应承担因保险标的的而产生的民事义务,如打捞沉船、清除油污等,同时要按照全损给被保险人赔偿。因此,保险人是否接受,可由其自行决定。但出于公平的考虑,保险人应在合理时间内将此决定通知被保险人,因为委付一经保险人接受,不得撤回。

如果保险人接受委付,则保险人会取得保险标的的物的相关权利如代位求偿权、残存货物的所有权,并承担相应义务;如果保险人不接受委付,并不影响被保险人就全损索赔的权利,保险人仍有义务按全损赔偿被保险人。但被保险人仍为其所要委付的保险标的的物的所有人,基于该标的物的权利和义务,仍归属于被保险人。实践中,保险人是否接受委付,取决于保险标的物的残存价值与该标的物所附义务所需支付的费用之比。有时,保险人为了尽快解除保险合同,可以宣布放弃委付而赔偿全部保险金额。

(二)部分损失及其法律后果

部分损失是指除全部损失以外的一切损失。在海上运输货物保险中,部分损失分为共同海损、单独海损和单独费用。

1.共同海损及其法律后果

共同海损(general average),是指在海上运输中,船舶、货物遭遇共同危险,船方为了共同安全,有意而合理地作出的特别牺牲和支出的特别费用。共同海损的成立应具备以下条件:

(1)必须有危及船、货共同安全的真实的危险存在。如果是臆造的危险,或仅危及船方或货方单方的危险,则由此造成的货损不属共同海损。

(2)作出的牺牲和支出的费用必须是特殊的、直接的。如正常航行中消耗的燃油就不是特殊的。

(3)作出的牺牲和支出的费用是有意的,即是人为的,是有意识的行为,而不是意外事故。

(4)共同海损的行为必须是合理的,即共同海损的行为必须是必要的、节约的。

(5)共同海损的措施必须是有效的。共同海损措施的实施使船、货得到部分挽救和保留。

共同海损产生的法律后果依赖于它作为法律事实的性质。因为共同海损的行为是船方的有意行为，因此在船方、货方之间，共同海损是一种法律行为。此行为产生受益各方对损失的分摊，即船方和货方对共同海损的分摊；共同海损在投保人和保险人之间是事件，由此事件产生了保险权利义务的法律关系。保险公司在自己的责任范围内对共同海损牺牲和费用以及共同海损的分摊给予赔偿。

2.单独海损及其法律后果

单独海损(particular average)是指货物承保风险引起的不属于共同海损部分的损失，是海上运输中非船、货任意一方人的有意行为造成的，只涉及船舶或货物单独一方利益的损失。

单独海损作为法律事实之一——事件，其损失只能由受损失方自行承担而与船方或其他货方无关。至于保险人对单独海损造成的部分损失是否给予赔偿，取决于当事人投保的险别以及保险单的条款的具体规定。

3.单独费用及其法律后果

单独费用(particular charges)是指为了防止货物遭受承保风险造成的损失或灭失而支出的费用。由于保险单上通常均载有"诉讼与营救条款"(suing and labouning clause)，又称"损害防止条款"，因此，单独费用都能得到保险公司的补偿。

三、海上货物运输保险险别

海上货物运输的险别是保险人对海上运输中货物所遇风险和损失承保的责任范围，它是确定保险人承保范围和赔偿责任范围的依据。不同的保险险别有不同的保险费率，保险人承保的风险和责任范围也因险别而不同。

(一)我国海洋货物运输保险的险别

我国海洋运输货物保险条款将承保的风险划分为基本险和附加险两类。

1.基本险

基本险也叫主险，是可以单独投保的险别，主要承保海上风险所造成的货物损失，包括平安险、水渍险和一切险三种。

(1)平安险(free from particular average，FPA)。平安险的英文意思系指"单独海损不赔"。其责任范围包括：①货物在运输途中由于气候恶劣、雷电、海啸、地震、洪水等自然灾害造成的整批货物的实际全损或推定全损。②由于运输工具已经发生搁浅、触礁、沉没、互撞、与流冰或与其他物体碰撞以及失火、爆炸、意外事故造成货物的全部或部分损失。③在运输工具已经发生搁浅、触礁、沉没、焚毁等意外事故的情况下，货物在此前后又在海上遭受恶劣气候、雷电、海啸等自然灾害所造成的部分损失。④装卸或转运时，由于一件或数件货物落海造成的全部或部分损失。⑤被保险人对遭受承保范围内危险的货物采取挽救、防止或减少货损的措施而支付的合理费用。但以不超过被救货物的保险金额为限。⑥运输工具遭遇海难后，在避难港由于卸货所引起的损失以及在中途港、避难港由于卸货、存仓以及运送货物所产生的特别费用。⑦共同海损的牺牲、分难和救助费用。⑧运输合同中订有"船舶互撞责任"条款，根据该条款规定应由货方偿还船方的损失。

平安险是海上货物运输保险最小的险别。所谓单独海损不赔实际上是不够确切的。平安险的责任范围除海上自然灾难以及海上意外事故导致的实际全损和推定全损以及共同海损以外,对单独海损如上面第⑥项规定的那样,保险人应予赔付。而且,由于海上意外事故发生的单独海损以及运输途中运输工具发生搁浅、触礁、沉没等意外事故前后发生的、由海上自然灾害导致的单独海损仍属平安险的责任范围,实际上所谓单据海损不赔仅指海上自然灾害造成的单独海损不赔,而且还包括特定情况下,即此单独海损与海上意外事故的发生相伴随时,海上自然灾害导致的单独海损。简言之,平安险的责任范围是海上风险造成的全部损失和部分损失,除了仅仅是海上自然灾害造成的单独海损,对于非海上即外来风险造成的货物损失也不属于平安险承保的范围。

(2)水渍险(with particular average,WPA 或 WA)。水渍险英文的原意为"负责单独海损责任"。单独海损责任范围除包括上述平安险的各项责任,还包括被保险货物由于恶劣气候、雷电、海啸、地震、洪水等自然灾害所造成的单独海损,即水渍险包括平安险以及平安险中不包括的那部分单独海损。总之,水渍险承保的责任范围是海上风险导致的货物损失。

(3)一切险(all risks)。一切险,又叫"综合险",其承保的范围除上述平安险以及水渍险的各项责任外,还负责被保险货物在海上运输途中由于一些外来原因招致的全部或部分损失,这些外来原因招致的全部损失或部分损失即为一般附加险承担的责任。承保一切险,并不意味着保险人承担了一切损失的责任。保险人在此情况下的责任范围是海上风险以及一部分外来原因所致的货物全部或部分损失,即一切险的责任范围包括平安险、水渍险和一般附加险的责任范围。如果投保人选择了一切险,那么就无须另缴保险费投保一般附加险。当然如果投保人选择平安险或水渍险,他可以选择一般附加险中的一项或几项,并另缴保险费。

2. 附加险

附加险是指不可以单独投保,只能在投保基本险之后另缴保险费投保的险别。附加险是由于外来原因即非海上风险所致的货物损失或费用。它包括一般附加险、特别附加险和特殊附加险三种。

(1)一般附加险。一般附加险共包括 11 种:

①偷窃、提货不着险(theft, pilferage and non-delivery, TPND)。该险别承保货物在运输途中遭偷窃或货物到目的地后整件货物未交造成的损失。但保险人仅就船方或其他责任方按运输合同规定,免除赔偿的部分负责赔偿。

②淡水雨淋险(fresh water and rain damage)。该险别承保直接由淡水和雨水,如舱汗、船上淡水舱或水管漏水等原因造成的货物损失。但包装外需有淡水或雨水痕迹予以证明。

③短量险(risk of shortage)。该险别承保货物在运输过程中因外包装破裂或散装货发生短少和实际重量严重短缺而造成的损失,但不包括正常的耗损。

④混杂、玷污险(risk of intermixture and contamination)。该险别承保货物在运输过程中因混进杂质及与其他货物接触混装而被污染引起的损失。

⑤渗漏险(risk of leakage)。该险别承保流质、半流质、油类货物在运输过程中由于容器损坏而引起的渗漏损失以及用液体储存的货物因液体渗透而使货物发生变质、腐烂等损失。

⑥碰损、破碎险(risk of clashing and breakage)。该险别承保被保险货物在运输过程中因震动、碰击、被压造成的破碎和碰撞损失。所谓碰损主要指金属货物或木制家具等在运输过程中因受震、碰击、受压所造成的本身凹陷、脱瓷等损失;所谓破碎主要指易碎的如玻璃、瓷器等在运输过程中因受震、碰击、受压所造成的破碎损失。

⑦串味险(risk of odour)。该险别承保货物在运输过程中,受其他货物影响引起串味而造

成损失。

⑧受潮、受热险（sweat and heating risk）。该险别承保货物在运输过程中由于气候变化或船上通风设备失灵导致舱内水气凝结、发潮、发热造成的货物损失。

⑨钩损险（hook damage risk）。该险别承保货物在运输过程中因使用钩子装卸导致包装破裂、货物外漏或钩子直接勾破货物而造成的损失以及对包装进行修补或调换的运营所付的费用。

⑩包装破裂险（breakage of packing risk）。该险别承保货物在运输过程中因搬运或装卸不慎使包装破裂造成的货物短少、玷污、受潮等损失以及为继续运输对包装进行修补或调换所支付的费用。

⑪锈损险（risk of rusting）。该险别承保货物在运输过程中受海水、淡水或潮湿生锈发生的损失。可锈、必锈物资如裸装的金属板等，不属承保的范围。

以上 11 种一般附加险不能单独投保，它们全部包括在一切险中，投保人也可以在投保了平安险或水渍险之后，再依需要选择加保其中一种或几种险别。

（2）特别附加险。特别附加险不同于一般附加险，这些险别不包括在一切险中。如果投保特别附加险，须经投保人提出申请，经保险人特别同意，并在投保了基本险之后，由保险人予以承保。特别附加险共计七种：

①交货不到险（risk of failure to deliver）。该险别指货物装上船以后，满 6 个月未运到目的地，由保险人按全损赔付。但对于战争险下可以赔付的损失以及因未申领进口许可证导致的交货不到，保险人不予赔付。

②进口关税险（import duty risk）。该险别指保险货物发生损失，被保险人仍要按完好货物的价值交纳进口关税而造成的损失。此时，保险人对这部分关税损失予以赔偿。

③舱面险（on deck risk）。该险别承保货物因置于舱面被抛弃或风浪冲击落水而造成的损失。

④拒收险（risk of rejection）。该险别承保货物在进口时，在进口港遭到有关当局禁止进口或没收而发生的损失。此时，被保险人须保证提供承保货物进口所需的许可证及其他证明文件。

⑤黄曲霉素险（risk of aflatoxin）。该险别承保货物经过进口国卫生当局化验发现含有黄曲霉素超过规定的限定标准，被拒绝进口、没收或强制改作其他用途而造成的损失。

⑥出口货物到中国香港（九龙）或澳门存仓火险责任扩展险（fire risk extension for storage of cargo at destination Hong Kong including Kowloon or Macao）。该险别承保出口到中国香港（包括九龙）或中国澳门的货物，卸离工具后，直接存放于保单所载明的过户银行所指定的仓库期间 30 天内发生火灾造成的货物损失。

⑦卖方利益险（contingency insurance covers Seller's interest only）。该险别承保在 FOB 和 CFR 合同中的以托收方式支付货款的情况下，买方拒绝付款赎单时卖方蒙受的货物损失。

（3）特殊附加险。特殊附加险共有战争险、战争险的附加费用以及罢工险三种。按照国际保险习惯，罢工险通常与战争险同时承保，投保人只需在保单上注明战争险包括罢工险，并附上罢工险条款即可，无需另加付保险费。

①战争险（war risk）。战争险的保险责任包括：货物直接由于战争、类似战争行为和公敌行为、武装冲突或海盗行为所致的损失；由于上述原因所引起的捕获、拘留、禁制、扣押所致的

损失;遭受各种常规武器,包括水雷、鱼雷、炸弹袭击所致损失;由于上述原因所引起的共同海损的牺牲、分摊和救助费用。但是,对由于敌对行为使用原子武器和核武器造成的损失、费用以及基于执政者、当权者或任何其他武装集团扣留、限制或扣押造成的承保航程损失或落空,保险人不予赔偿。

②战争险的附加费用(additional expenses-war risk)。该险别承保范围是因战争所引起的附加费用,如卸货、存仓、转运等。

③罢工险(strikes risk)。该险别承保因罢工被迫停工、工潮、暴动或民变造成被保险货物的直接损失。

(二)伦敦保险业协会货物保险条款

《伦敦保险业协会货物保险条款》(Institute Cargo Clauses,简称 ICC)是英国伦敦保险协会制定的货物保险条款。1982 年以前旧协会的货物保险条款,最基本的有 3 种,即平安险条款、水渍险条款及一切险条款。此外,还针对特定的商品和特定的航程等规定有不同的附加险条款,如战争险条款,罢工、暴动和民变险条款,偷窃、提货不着险条款等。

1982 年 1 月 1 日该协会公布协会货物保险的新条款,并付诸实施。协会新条款主要有:货物条款(A)、货物条款(B)、货物条款(C)、战争险条款(货物)、罢工险条款(货物)、恶意损害险条款等。在旧条款里,战争险、罢工险作为特殊附加险,必须在投保了基本险的基础上,才能加保特殊附加险,但在新条款里,可以把它们作为独立险别加以投保。

新条款中货物条款的(C)、(B)、(A)和旧条款里的平安险、水渍险和一切险的承保范围基本相同,但更为明确肯定,在划分责任上也更明白、清楚。

《伦敦保险协会保险条款》在世界货运保险业务中有很大的影响,很多国家的进出口货物保险都采用该条款。

子项目二　其他货物运输保险规则

一、国际陆上货物运输保险

陆上货物运输保险是以火车、汽车等陆地运输工具运输货物所设立的保险。国际上有关陆上货物运输保险没有统一规定,各国保险公司根据自己的保险单设立保险条款,其保险内容大致相同。通常保险公司只对火车和汽车运输进行保险。中国人民保险公司陆上货物运输保险的险别主要如下:

(一)陆运险

陆运险承保的范围包括:

(1)被保险货物在运输途中遭受暴风、雷电、洪水、地震等自然灾害所造成的全部或部分损失。

(2)运输工具遭受碰撞、倾覆、出轨或在驳运过程中因驳运工具遭受搁浅、沉没,或由于遭受隧道坍塌、崖崩或失火、爆炸等意外事故所遭受的全部或部分损失。

(3)被保险人对遭受承保范围内危险的货物采取抢救、防止或减少货损的措施而支付的合理费用,但以不超过该批被救货物的保险金额为限。

(二)陆运一切险

陆运一切险的承保范围除包括上述陆运险的责任外,还承保被保险人在货物运输途中由于外来原因造成的短少、短量、偷窃、渗漏、雨淋、串味等全部或部分损失。

(三)陆地运输货物战争险

该险别是陆上运输货物保险的一种附加险,只有在投保了以上两种基本险后才能投保此附加险。我国保险公司只接受用火车运输的货物承保此附加险。陆上运输货物战争险的责任范围为:陆运途中的货物由于战争、类似战争行为和敌对行为、武装冲突所致的损失,以及遭受各种常规武器袭击所致的损失。但对敌对行为使用原子武器或核武器所致的损失、费用,以及根据执政者、当权者或其他集团的扣押、拘留引起的承保过程的丧失和挫折造成的损失不赔付。

(四)陆上运输冷藏货物保险

此为陆上运输货物保险的专门保险险别,承保由于冷藏机器或隔温设备在运输途中损坏,使被保险货物解冻溶化腐败所造成的损失。

陆上运输货物保险的责任期间采取"仓至仓"原则。保险责任自被保险货物运离保单所载明的起运地仓库或储存处所开始,到该项货物运抵保险单所载目的地收货人的最后仓库或被保险人用作分配、分派的其他储存处所为止,包括正常运输过程中的陆上和与其有关的水上驳运在内。如果货物未抵目的地仓库或其他储存处所,保险责任则以被保险的货物运抵最后卸货的车站满 60 天为止。

二、国际航空货物运输保险

中国人民保险公司制定的航空运输货物保险条款分责任范围、除外责任、责任起讫、被保险人义务以及索赔期限五个部分。

航空运输货物保险承保的责任范围,主要包括航空运输险和航空运输一切险。

(一)航空运输险

此险别承保货物在运输途中遭受雷电、火灾、爆炸或由于飞机遭受恶劣气候或其他危难事故而被抛弃,或由于飞机遭受碰撞、倾覆、坠落或失踪等意外事故所造成部分或全部损失。此险别对被保险人对遭受承保范围的危险的货物采取抢救、防止或减少货损的措施而支出的合理费用予以赔偿,但以不超过该批被救货物的保险金额为限。

(二)航空运输一切险

该险别除承保上述航空运输险的责任外,还负责被保险货物由于外来原因所致的全部或部分损失。

航空运输货物保险采取"仓至仓"的责任,即自被保险货物运离保单载明的启运地仓库或储存处所开始,到该货物运抵保单所载明的目的地收货人的最后仓库或储存处所为止。如果未运抵上述仓库或储存处所,则责任期限到被保险货物在最后卸载地卸离飞机后满 30 天为止。

三、国际联运货物保险

对国际联运货物保险,我国目前尚无单独的保险条款。实践中,采取按各个承保区分别办理的办法。

项目习题

1. 共同海损与单独海损有什么区别?
2. 简述平安险、水渍险和一切险承保的范围。
3. 简述委付制度。

项目小结

通过本项目的学习,学生要了解国际货物运输保险的基本原则,理解国际海运保险的范围,掌握国际货物运输保险条款中基本险别的责任范围、除外责任和责任的起讫。此外,国际货物运输保险合同(条款)签订的注意事项也是本项目的重点。

拓展活动

我国 A 公司与某国 B 公司于 1995 年 10 月 20 日签订购买 52500 吨化肥的 CFR 合同。A 公司开出信用证规定,装船期限为 1996 年 1 月 1 日至 1 月 10 日,由于 B 公司租来的运货的"雄狮号"在开往某外国港口途中遇到飓风,结果装货至 1996 年 1 月 20 日才完成。承运人在取得 B 公司出具的保函的情况下签发了与信用证条款一致的提单。"雄狮号"于 1 月 21 日驶离装运港。A 公司为这批货物投保了水渍险。1996 年 1 月 30 日"雄狮号"途经达达尼尔海峡时起火,造成部分化肥烧毁。船长在命令救火过程中又造成部分化肥湿毁。由于船在装货港口的延迟,使该船到达目的地时赶上了化肥价格下跌,A 公司在出售余下的化肥时价格不得不大幅度下降,给 A 公司造成很大的损失。

根据本项目所学知识,回答下列问题:

(1)途中烧毁的化肥损失属什么损失,应由谁承担?为什么?

(2)途中湿毁的化肥损失属什么损失,应由谁承担?为什么?

(3)A 公司可否向承运人追偿由于化肥价格下跌造成的损失?为什么?

(本案例选自《国际经济法案例教程》,王传丽主编,知识产权出版社,2001 年 6 月版)

项目四
国际贸易支付法律制度

学习目标

知识目标　掌握托收、信用证的支付方式

能力目标　运用国际贸易支付方法的知识,分析在实践中采用何种支付方式进行支付

项目分析

项目概述　国际贸易支付是国际贸易中很重要的环节,其所涉及的当事人很多,各国的法律差异也很大,国际惯例在国际贸易支付法律制度中占有举足轻重的地位。掌握国际贸易支付的法律及有关惯例是本项目所要达到的目的。

导入阅读

中美两家贸易公司签订茶叶买卖合同,由中国公司按 CIF 纽约向美国公司交货,信用证方式付款。运输途中因意外事故部分货物被海水浸泡,美国公司以货物不合格为由拒绝接收货物,并指示信用证开证银行拒绝付款。

问:信用证开证行可否以茶叶浸泡为由拒绝付款? 为什么?

任务分析

任务一　通常教学软件,由学生具体操作,熟悉托收流程及流程中的各项制度

任务二　通过案例,分析银行托收中的各种法律关系,分析委托人、托收行、代收行及付款人的权利、责任及风险的承担

任务三　采用课件,演示信用证交易流程

任务四　讲解《跟单信用证统一惯例》的主要条款

任务五　通过案例,分析信用证交易中的各种法律关系

任务六　通过案例,分析信用证交易的独立性、抽象性原则

任务七　通过案例,分析信用证交易的陷阱及其防范

必备知识（理论知识）

子项目一　国际贸易支付法律制度概述

一、有关票据的国际立法

在国际贸易中,票据是主要的支付工具。但是,在票据的立法中存在诸多差异,统一票据的立法成为支付规则中的必然要求。

（一）票据的法律体系

世界上大多数国家都制定了票据法,但是,各国立法差异较大。有些国家票据法是包括在商法典中的,如美国、法国;有些国家票据法则以单行法律形式出现,如英国、德国。票据的法律体系归纳起来可分为日尔曼法系、法国法系和英美法系。

1. 日尔曼法系

该法系是欧洲大陆法系票据法的典型代表,它以 1871 年《德国票据法》为代表,因此又被称为德国法系。其主要特点是:采取了汇票、本票与支票分离的体系;注重票据作为流通工作的作用以及作为信用工具的功能;强调票据关系与其基础关系相分离;对票据的形式要求较为严格,提高了票据流通中的安全性。

2. 法国法系

该法系以 1807 年《法国商法典》为代表。其主要特点是:采用票据法与支票法相分离的体系;票据主要是作为一种替代现金便于运送的工具,强调票据的流通性而不强调其作为信用工具的作用;票据关系与其基础关系不加分离,如根据法国法,票据必须载明对价文句,表明已收到对价,否则不能产生票据法上的效力,又如汇票的出票人与汇款人之间要有资金关系。付款人之所以为出票人付款,是因为出票人在付款人处存有资金,两者之间的这种关系随票据的转让而转让。

3. 英美法系

该法系以 1882 年《英国汇票法》和《美国统一商法典》第三篇为代表。其主要特点是:汇票法、本票法和支票法三位一体;票据形式上要求比较灵活;注重票据的流通作用和信用工具的作用;强调对正当持票人的保护,如将票据的流通和其基础法律关系严格加以分离,在流通时,不要求票据的对价关系或资金关系。

（二）票据的国际统一法

1. 日内瓦票据法体系

鉴于各国及不同法系之间票据法的巨大差异,为了便于票据在国际间的流通,从 19 世纪末开始,一些国际组织就在致力于票据法的国际统一工作。1930 年在国际联盟主持下在日内瓦签署的关于《统一汇票本票法公约》、《解决汇票本票法律冲突公约》、《汇票本票印花税法公约》以及 1931 年《统一支票法公约》、《解决支票法律冲突公约》、《支票印花税法公约》,统称日内瓦票据法体系。

日内瓦票据法体系消除了德、法体系之间的分歧,反映了德国票据法体系的特点,因此参加国主要是欧洲大陆法系国家,如德国、意大利、瑞士、瑞典、比利时、奥地利、希腊、荷兰、挪威、丹麦,以及日本和一些拉美国家,而英、美自始至终拒绝参加该体系。

2. 联合国《国际汇票和国际本票公约》

联合国国际贸易法委员会于 1988 年 12 月 9 日在联合国第 43 次大会上通过了《国际汇票和国际本票公约》,该公约 1990 年 6 月 30 日前开放签字,目前尚未生效。

应当注意的是,《国际汇票和国际本票公约》只是国际票据的统一法,而不是票据的国际统一法,体现出国内票据和国际票据立法的分离。而日内瓦票据法体系虽未得到英美法体系的认可,但由于这些公约既适用国际汇票、国际本票和国际支票,又适用于国内汇票、国内本票和国内支票,因此在此种意义上可以说它们是真正的关于票据的国际统一法。

二、国际支付统一立法

(一)《托收统一规则》(Uniform Rules for Collection)

国际商会于 1958 年拟订,1967 年修订《商业单据托收规则》,1978 年根据国际贸易的发展变化再次对其进行修订,并改名为《托收统一规则》,于 1979 年 1 月 1 日起实施,是国际商会第 322 号出版物(简称 URC322)。1995 年公布《统一托收规则》新的修订本,是国际商会第 522 号出版物(简称 URC522),于 1996 年 1 月 1 日起实施。该规则是对国际惯例的总结,具有国际惯例的效力,只有当事人采用才有拘束力。该规则在各国银行业和贸易当事人间得到广泛应用。

该文本包括总则和定义、托收的方式与结构、提示方式、义务与责任、付款、利息、手续费与费用、其他条款,共七部分 26 条。

(二)《跟单信用证统一惯例》(Uniform Customs and Practice for Documentary Credits)

《跟单信用证统一惯例》是在美国商会的建议下,由国际商会拟订的。该惯例于 1933 年公布,于 1951 年、1962 年、1974 年、1983 年、1993 年和 2006 年经过六次修订。我国银行业于 1987 年也开始注明信用证依照统一惯例开立,在业务中以该惯例为准。该惯例只有被当事人采用才对其产生拘束力。最新修订的惯例文本是国际商会的第 600 号出版物(简称 UCP600),于 2007 年 7 月 1 日起实施。UCP600 于 2006 年 10 月 25 日在巴黎 BNP Paribas 银行会议大厅举行的 ICC 银行技术与惯例委员会 2006 年秋季例会上,以点名(roll call)形式,经 71 个国家和地区的 ICC 委员会以 105 票赞成通过。UCP600 比以往任何版本更加清晰、简洁,它既保留了自身条款的严谨与准确,也注意了在实践中的使用便利。它在整体结构及条文语言上都比以往更进步,使用更方便。该文本共 39 条,包括:适用范围,定义,解释,信用证与合同,单据与货物、服务或履约行为,兑换方式、截至日和交换地点,开证行责任,保兑行责任,单据审核标准,相符交单,商业发票,提单,空运单据,可转让信用证等内容。

(三)《国际保理惯例通则》(International Factoring Customs)

《国际保理惯例通则》是由国际保理联合会(Factors Chain International, FCI)制定的保理业务惯例,经当事人采用而对其产生拘束力。该通则经多次修订,现行通则为 1990 年修订本,共 11 章 26 条,涉及当事人、保理范围、保理人之间的仲裁、进口保理人承担信用风险的条件及权利义务、出口保理人的义务等内容。

(四)《国际保理公约》(International Factoring Convention)

国际统一私法协会自 1974 年开始起草《国际保理公约》,1988 年 5 月该公约在加拿大渥太华正式通过。公约共分为四章,主要内容包括:①适用范围。公约规定,其适用于所规定的保理合同及应收账款的转让。②有关当事人的权利义务。③再转让问题。公约规定关于当事人的权利义务的条款适用于应收账款的再转让。再转让的受让人应视作保理人,但如果保理合同禁止应收账款的再转让,则公约不予适用。

我国未批准加入该公约,《国际保理公约》第 6(1)条规定,即使国际货物买卖合同的当事人订有协议禁止转让应收款项,卖方向保理人转让应收款项的行为仍然有效。而根据我国《民法通则》第 91 条规定,合同一方将合同的权利、义务全部或部分转让给第三人的,应当取得对方当事人的同意,并不得牟利。依照法律规定应由国家批准的合同,需经原批准机关批准。可见,我国国内法的规定与该公约规定发生冲突,为此我国未批准加入该公约。当然,根据该公约第 18 条的规定,各国可以对公约第 6(1)条保留。

子项目二　国际支付方式

国际货物买卖中,支付方式主要包括汇付、托收、信用证和保付代理四种方式。各种方式基本上都要通过银行,而银行在各种支付方式中的作用不一。

一、汇付(remittance)

汇付指汇款人将一笔款项交给银行,由银行根据指示汇交给收款人的一种付款方式。

在国际贸易中,汇付方式涉及的当事人通常有:

(1)汇款人。汇款人是国际贸易的买方,承担汇款义务。

(2)收款人。收款人是国际贸易的卖方。

(3)汇出行。汇出行是受汇款人的申请,代其汇出货款的银行,一般是进口地的银行。

(4)汇入行。汇入行是受汇出行委托,对收款人付款的银行,一般是出口地银行。

汇付包括信汇、电汇、票汇以及凭单付款四种。如果汇出行以邮寄(航寄)方式向汇入行寄出付款委托书,此为信汇;如果付款委托书以电报发出,此为电汇;如果买方购买银行汇票自行寄给卖方,此为票汇。银行汇票一般是以买方所在地银行为出票人,以卖方所在地银行为受票人,以卖方为受款人的即期汇票。凭单付款是汇出行应汇款人的请求,开立汇票寄送汇入行,并指示汇入行凭收款人提供的某些指定单据即可付款给收款人,汇入行根据汇出行的指示向收款人发出汇款通知书,作为汇付依据。

汇付方式费用低,但只有在卖方充分信任买方,特别是相信买方的偿付能力时,才会采用这种办法。

因为汇付是债务人主动履行债务的付款支付方式,故被称为“顺汇”。因为作为债权人卖方能否实现自己的债权和获得货款,依赖于买方的信用,所以此种支付方式的信用为商业信用。由于汇付的信用为商业信用,特别是对卖方不利,因此在国际贸易中应用不多。

二、托收(collection)

(一)托收的含义

在国际贸易中,托收一般指银行托收,是指卖方开出以买方为付款人的汇票,委托当地银行,通过买方当地银行向买方收取货款的支付方式。

(二)托收的种类

托收分为光票托收(clean collection)和跟单托收(documentary collection)两种。

光票托收是卖方仅开具汇票,委托银行向买方收款,而不附具任何装运单据的支付方式。

跟单托收是指卖方将汇票连同提单、保险单、发票等装运单据一起交给银行,委托银行向买方收取货款的支付方式。在国际贸易中,多采用跟单托收的方式,而光票托收多用于收取货款的尾数、佣金、样品费等费用。

采用跟单托收支付货款时,根据交单条件的不同,跟单托收可以划分为两种:

1. 付款交单(document against payment,D/P)

付款交单是指卖方的交单以买方付款为条件。使用这种支付方式,买方必须按汇票上载明的金额付款,才能取得装运单据,并凭以提取货物。否则,买方不能取得装运单据,从而也无法获得装运单据项下的货物。

付款交单可具体表现为:①即期付款交单,指卖方开具即期汇票,通过银行向买方提示承兑,买方见票后立即付款,并于付款的同时取得装运单据。②远期付款交单,指卖方开具远期汇票,通过银行向买方提示承兑,买方承兑后于汇票到期日再付款,并于付款之时取得装运单据。

在远期付款交单的情况下,买方在承兑汇票后付清货款前,是不能取得装运单据的。如果汇票到期日晚于货物运抵日,买方如何提取货物? 此时,在国外某些国家,买方可以凭信托收据向银行借出装运单据提货,待远期汇票到期日才还货款。

所谓信托收据,是由买方向银行出具的表示愿意以银行的受托人的身份代银行保管和处理货物,并承认货物的所有权属于银行,出售货物的所得的货款,亦应交给银行或代银行暂为保管的一种书面文件。需注意,银行将单据借给买方后,即须承担该远期汇票到期时必须付款的义务。

2. 承兑交单(document against acceptance,D/A)

承兑交单是指卖方以买方承兑汇票为其交单的条件。买方承兑汇票后,即可向银行取得装运单据,凭以提取货物,待汇票到期时才支付货款。

(三)托收的当事人及其法律关系

根据国际商会《托收统一规则》的规定,托收共有四个当事人:委托人(principal,亦称本人),即在国际贸易中由委托银行替其向买方收取货款的卖方;托收银行(remitting bank),即接受委托人的委托代其收取货款的银行,该银行通常在出口地;代收银行(collecting bank),在国际贸易中,接受托收行委托向买方收取货款的银行,该银行通常在进口地;付款人(drawer),是指由代收行向其提示汇票,要求其付款的人,是国际贸易中的买方。

托收当事人通过一项托收业务,建立了相互法律关系:

1. 委托人与托收行之间的关系

二者是委托代理关系。委托人在托收行填写托收委托书,明确双方的责任范围,构成双方的委托代理合同。处理二者之间的法律关系,应适用代理法的一般原则。托收行应按委托书办理托收业务,有权收取托收费。如果托收行违反委托书的指示,致使委托人遭受损失,托收行应对委托人承担责任。

2. 托收行与代收行之间的关系

二者之间是委托代理关系。代收行应按托收行的指示及时向汇票上的付款人作付款提示或承兑提示,在遭到付款人拒付时,应及时将详情通知托收行。如果代收行未按托收行的指示行事,致使托收行遭受损失,代收行应负赔偿责任。

3. 委托人与付款人之间的关系

二者是基础法律关系,是托收得以产生的原因和基础。在买卖合同中,双方约定采用托收方式支付货款,托收才得以启动。在国际贸易中,二者是买卖合同关系,二者之间受买卖合同的约束。

4. 委托人与代收行之间的关系

委托人与代收行之间不存在直接的合同关系。按照代理法上的一般规则,托收行是委托人的代理人,代收行是托收行的代理人。故此,就委托人而言,代收行是其代理人的代理人。如果代收行违反托收行的委托书的指示行事,致使委托人的利益受损,委托人无法直接起诉代收行,而只能通过托收行对代收行起诉。

5. 代收行、托收行与付款人的关系

代收行与付款人之间,托收行与付款人之间不存在直接的合同关系。代收行以托收行的代理人身份,或当托收行没有委托代收行,则托收行自行以委托人的身份向付款人提示汇票、收取货款。如果付款人拒绝付款或拒绝承兑,代收行、托收行不能以自己的名义对付款人起诉,而只能将拒付情况直接或间接(经由托收行)通知委托人,由委托人自行向付款人追偿。托收方式中,银行对汇票的付款人(受票人)拒绝付款或拒绝承兑不承担任何义务和责任,银行的责任只限于及时向付款人提示汇票,并在遭到拒付时及时通知委托人(卖方)。至于卖方能否收回货款,则完全依赖于买方的商业信誉,银行并不给予卖方任何保证。因此,从信用性质来说,托收是商业信用而不是银行信用。

在采用托收方式时,卖方承担风险大于买方。在跟单托收中,承兑交单比付款交单让卖方承担更多的收取货款的风险。托收对买方比较有利,如不必像开立信用证那样向银行交纳开证押金,银行费用比较低廉,而且在承兑交单中买方还有融资的便利等。

三、信用证(letter of credit, L/C)

信用证的出现是为了解决国际贸易中买卖双方分处不同的国家,货物往往需要较长时间的运输所引起的两个问题:一是买卖双方的相互信任问题,谁都不愿意先交货或先付款,担心对方一旦违约或破产,使自己蒙受损失;二是买卖双方都想从对方获取某种信贷的好处,不愿在货物运输期间积压自己的资金。

在托收中,尤其是承兑交单中,此问题可以得到部分解决:卖方以买方承兑的汇票向银行贴现,买方在汇票到期支付货款前提出货物。但这种方式对卖方风险太大:贴现行有权在汇票

被拒付后向作为出票人的卖方进行追索，而且如果买方不是信誉卓著的进口商，则由买方承兑的汇票很难向银行贴现。为解决以上问题，需要一个在资信和财力方面更强有力的第三者——银行出面，信用证的付款方式应运而生。

（一）信用证的概念

信用证是银行应开证申请人的请求，开给受益人的一种保证付款的书面凭证。在信用证内，开证银行授权卖方在符合信用证所规定的条件下，以该行或其指定银行为付款人，开具不超过规定金额的汇票，并附规定的货运单据，到期在指定地点收取货款。

（二）信用证的种类

根据信用证的性质、付款期限以及能否转让等不同标准，可以将该信用证分为不同的种类。

1. 可撤销的信用证（revocable L/C）和不可撤销的信用证（irrevocable L/C）

可撤销的信用证是指银行可以不经过受益人同意，也不必事先通知受益人，在议付行议付之前，随时可以予以修改或撤销的信用证。这种信用证对受益人没有多少保障，在国际贸易中极少采用。

不可撤销的信用证，是指信用证一经开出，在有效期内，未经受益人及有关各方当事人的同意，开证银行不得单方面予以撤销或修改的信用证。只要受益人所提交的装运单据符合信用证的要求，开证银行就必须按信用证规定履行付款义务。这种信用证对受益人比较有保障，在国际贸易中使用最为广泛。

2. 保兑信用证（confirmed L/C）和不保兑信用证（unconfirmed L/C）

保兑信用证是指开证行开出的信用证又经另一家银行保证兑付，没有经过保兑的信用证叫做不保兑的信用证。通常，保兑信用证必然同时为不可撤销信用证，但不可撤销的信用证未必是保兑的信用证。可撤销的信用证必然同时为不保兑信用证。

信用证经过另一家银行保兑后，就有两家银行对受益人负责，一家是开证行，另一家是保兑行，而且首先是由保兑行对受益人负责。

3. 即期信用证（sight payment L/C）和远期信用证（time payment L/C）

即期信用证是指规定受益人有权开立即期汇票收款，银行保证见票即付的信用证。远期信用证是指规定受益人必须开立远期汇票收款的信用证。我国出口贸易中，多采用即期信用证，但是为了进一步发展贸易关系，促进出口成交，也可适当采取远期信用证付款。

4. 可转让信用证（transferable L/C）和可分割信用证（separable L/C）

可转让信用证是指开证行根据开证申请人的要求在信用证上特别注明"可转让"字样的信用证。可转让信用证的受益人有权要求付款行、承兑行或议付行把信用证金额的全部或一部分转让给一个或数个受益人（即第二受益人）使用。可转让的信用证只能转让一次，第二受益人无权把信用证作第二次转让。在信用证允许分批装运的条件下，可转让信用证可以分别办理转让。

可分割信用证是指受益人有权将信用证转让给两个或两个以上的人使用的信用证。在国际贸易中，中间商经营进出口业务时，往往要求进口商为其开立可转让的信用证，以便转让给实际供货人，中间商从差价中赚取利润。

5. 其他类型的信用证

(1)循环信用证（revolving L/C）。循环信用证是指信用证经受益人全部或部分利用后，能够重新恢复到原金额继续使用,一直到规定次数或累积总金额限度为止。此信用证适合于定期分批均衡供应、分批结汇的长年供货合同。

(2)对开信用证(reciprocal L/C)。对开信用证是指交易双方分别以对方为受益人所开立的信用证。因此,当交易双方进行互有进出或互有关联的交易时,如补偿贸易、来料加工、来件装配等业务,通常以对开信用证结算。

(3)背对背信用证(back to back L/C)。背对背信用证是指中间商收到外国进口商开立的以其为受益人的第一信用证后,以该信用证为保证,请求通知行或其他银行为第三国供货人另开第二信用证,这种第二信用证即是背对背信用证,此信用证以中间商作为第一受益人。

(4)备用信用证(standby L/C)。备用信用证也叫担保信用证、保证信用证和履约信用证,是一种特殊形式的光票信用证。此信用证是开证行保证在主债务人不履行其义务时,由开证行保证付款的书面凭证。如果开证申请人切实履行了合同义务,受益人就无需要求支付信用证项下的任何货款或赔款,故称作备用信用证。备用信用证实际上具有银行保函的性质。

(三)信用证的当事人

信用证的当事人人数并不是固定不变的,它常因具体交易情况的不同而有所增减,一般而言,一笔信用证会涉及以下当事人:

(1)开证申请人(applicant),即向银行申请开立信用证的人。他是买卖关系中的买方,是支付关系中的债务人。

(2)开证行(issuing bank),即接受开证申请人的申请,开立信用证的银行,一般是开证申请人所在地的银行。

(3)通知行(advising bank),即接受开证行的委托,将信用证转交给受益人的银行,一般是开证行在受益人所在地的分行或代理银行。

(4)受益人(beneficiary),即信用证抬头所指定的有权享受该信用证利益的人。在国际货物贸易中,受益人是卖方;在支付关系中,受益人是债权人。

(5)议付行(negotiating bank),即愿意买进或贴现受益人交来的跟单汇票的银行。根据信用证条款的规定,议付行可以是指定的,也可以是非指定的,但通常通知行自己承担议付责任。

(6)付款行(paying bank),即信用证上指定的付款银行。此外,还可能有保兑行,即在不可撤销的信用证上加上保兑责任的银行。保兑行承担首要的付款义务。

由于信用证交易可能涉及为数较多的当事人,而且其中同一银行可能充当不同的角色,因此,信用证各方当事人之间的关系是比较复杂的。

(四)信用证当事人的法律关系

1.开证申请人与开证行之间的关系

二者之间是以开证申请人开证申请及其他文件所确定的合同关系。开证行一旦接受委托开出信用证,就将承担按信用证规定付款的义务,同时也享有要求开证申请人偿还其所付款项的权利,并有权收取本金的利息及开证费。开证申请人与开证行之间的关系完全由他们之间的合同关系来决定,而不受基础合同的影响。除受益人所交单据与信用证要求不符或有明显的欺诈行为外,开证申请人无权要求开证行拒付信用证项下的跟单汇票,也不能拒绝偿还开证行对信用证已付出的款项。

2.开证申请人与受益人之间的关系

二者之间是合同关系,是一种基础法律关系。在此合同关系中,双方规定以信用证方式来结算,由此启动信用证的法律关系。在二者的关系中,开证申请人承担了及时开立信用证的义务,受益人则承担了按合同规定发货并提供相应装运单据等义务,这些单据表面上须完全符合信用证的要求。

3. 开证行与通知行之间的关系

二者之间是委托代理关系,是本人与代理人的关系,应受他们之间订立的委托代理合同的约束。通知行接受开证行的委托,代开证行用信用证通知受益人并从开证行获取佣金。

4. 通知行与受益人之间的关系

通知行的义务是将开证行开出的信用证通知受益人。通知行不因这一行为而在二者之间产生任何权利义务关系。

5. 开证申请人与通知行之间的关系

通知行仅是开证行的代理人,因此在通知行与开证申请人之间不存在直接的合同关系。

6. 开证行与受益人之间的关系

二者之间的关系,因信用证的种类不同而不同。当开证行开出的是可撤销的信用证时,因该信用证在议付前可随时由开证行撤销且无需事先通知受益人,此时开证行与受益人之间不存在有约束力的合同。但是,如果开证行开立的是不可撤销的信用证,则当该信用证送达受益人时,二者之间就存在了合同关系,开证行应按不可撤销信用证的条款对受益人承担几乎绝对付款义务。在开证行付款后,如果开证申请人拒绝付款赎单或破产,开证行也不可对受益人行使追索权。

(五)信用证交易的基本原则

1. 独立原则

信用证独立原则是指信用证与基础合同和其他合同如开证合同、有关银行间的结算协议等,是相互分离的和独立的。即使信用证中含有关于基础合同的任何援引,银行亦与该合同无关,也不受其约束。银行作出信用证下付款、议付等义务的承诺,不受开证申请人与开证行或与受益人之间在已有关系下产生的请求或抗辩的制约。在任何条件下,受益人不得利用银行间或开证申请人与开证行之间的契约关系。

2. 抽象原则

信用证业务中,各有关当事人处理的是单据,而不是单据所涉及的货物、服务和(或)其他行为。信用证抽象原则即指银行在审单时,仅要求单证表面相符,包括单据与单据之间表面相符和单据与信用证条款表面相符。根据此原则,银行应谨慎审核信用证规定的一切单据,必须做到"单证一致,单单相符",但仅仅是表面相符。银行对不符合信用证条款的单据可以拒绝接受。

四、保付代理(factoring agency)

(一)保付代理的概念及类型

1. 保付代理的概念

保付代理,简称保理。依据《简明牛津词典》的规定,保理是以贴现方式买入属于他人的债权以便通过收取货款获利。美国《商业律师》认为,在保理商(factor)以赊销方式销售或提供服务的供货商之间存在持续有效的安排,根据这一安排,保理商对通过销售货物或提供服务所产生的应收账款应提供如下服务:以现金收购所有的应收账款;保留销售分账户并提供有关应收账的其他账务服务;收取应收账款;承担因债务人清偿能力不足而产生的坏账损失。这一定义还规定,保理商只有在提供至少两项以上服务时,才被视为保理业务。

保理是发展较快的贸易支付方式,它是指在国际贸易结算支付中用托收的承兑交单(D/P)或付款交单(O/A)、赊账(open account,D/A)等方式结算货款时,保理商从出口商那里买下所有应收账款,并向客户提供资信调查、风险担保、催收追债、财务管理以及融通资金等综合财务服务。

2. 保付代理的类型

保付代理可按不同标准进行多种分类。

(1)依据提供保理的主体不同划分为进口保理、出口保理、双重或国际保理。进口保理是出口商与进口商所在国的保理公司签订合同,由进口保理公司向出口商提供融资等服务以及向进口商追收货款;出口保理是由出口商与本国保理公司签订合同,由出口保理公司向出口商提供融资等服务并向进口商追收货款;双重保理是由进口保理公司和出口保理公司共同为出口商提供的保理。

(2)依据保理公司提供的服务不同划分为完全保理和不完全保理。完全保理是指保理公司向客户提供资信调查、账目管理、融资和信用风险的保理;不完全保理是指保理公司向客户提供上述四项服务中的某几项服务的保理。

(二)保付代理的性质

如保付代理的概念所表明的那样,保付代理具有综合性。其综合性具体表现为:

1. 保付代理具有代理的性质

保理人的某些义务与民事代理相同,如有时保理人以卖方的名义向买方追讨货款。但保理人与民事代理不完全相同,保理人以自己的名义实施法律行为,并由自己承担法律行为的后果,此与大陆法中的"缔约代理"和英美法的"隐名代理"相似。

2. 保付代理具有买卖的性质

保付代理的核心内容是应收款项的转让,实际上是卖方将其对买方的应收货款即债权转让给保理人。卖方从保理人处获取货款,保理人从卖方取得对买方的债权,保理的其他业务是附随该债权的产物。因此,保付代理具有买卖的性质。但是,保付代理又非完全意义上的买卖,因为保理人一般只给予卖方80%的货款,而且在某些情况下对卖方有追索权。

3. 保付代理具有信贷的性质

保理合同签订后,卖方将有关单据提交保理人,则可以从保理人处取得80%以上的货款。但是保理又非完全的信贷,在有追索权的保理中,保理人若不能从买方得到货款,则可以向卖方追索其已支付的货款,因此保理具有信贷性质。但在无追索权的保理中,保理人无权向卖方追索,此时保理就不具有信贷的性质。

五、对四种国际支付方式的评价

保付代理、汇付、托收、信用证四种支付方式虽然都是通过第三人来实现,但四者却为不同的结算方式。

（1）从债权信用风险保障来看，国际保理、信用证因为有第三人的信用，即有银行或保理公司保证付款，故具有风险保障的特征。而汇付无第三人的信用保障，所以债权的实现风险较大；托收中在承兑交单中，卖方获取货款的风险也很大，只有付款交单的情况下，卖方获得货款较有保障。

（2）从融资便利来看，汇付不具备融资便利性；托收有出口押汇和凭信托收据提货的融资便利，这对银行风险较大，因此银行控制严格，且具有追索权；信用证是融资工具，能借此得到抵押贷款，汇票承兑贴现，也能结合使用押汇和信托担保，融资范围广而风险较小，虽其他银行可以保留追索权，但开证行和保兑行无追索权；保理有融资便利，且保理公司可对卖方有追索权，但保理融资手段较少，且卖方发货后才可得到融资。

（3）从潜在风险来看，汇付和托收对卖方收取货款风险较大；信用证主要是因为信用证欺诈，对买方收取货物风险较大；保理有助于消除买卖双方的信用风险，但由于保理支付与基础合同联系密切，由此增加了卖方请求保理公司付款的难度，如保理公司可以卖方履行买卖合同瑕疵为由拒付。

（4）从本质来看，汇付和托收是商业信用，而无第三人信用；信用证和保理有第三人信用，即银行或保理公司的信用。

（5）从付款约束机制来看，在国际货物贸易中，汇付、托收只能依据买卖合同约束付款人；而信用证除此之外，收款人还可以根据信用证约束银行付款，而且买卖合同与信用证是相互独立的；保理支付时，除买卖合同以外，收款人还可以根据保理协议由保理公司付款，但保理人付款的前提是卖方须按时保质、保量发货，卖方对保理人的索偿权与基础合同的履行联系密切。

此外，四种支付方式还存在卖方、买方承担的支付费用如开证费等方面的不同。显然，相对于保付代理而言，信用证对买方不利，更适应卖方市场的经济状况。但现在世界经济主流是买方市场，保付代理由于适合买方市场的要求，因此具有广泛应用的前景。实际上，各种支付方式各有利弊，各有其适用的特点，应根据交易对方的信誉、货物销售的好坏、资金周转的便利程度、贸易条件的性质如象征性交货还是实际交货、单据的性质等，决定使用一种或一种以上的支付方式，或结合使用其他担保方式收取货款。

项目习题

1. 简述汇付、托收、信用证和国际保理的特点。
2. 简述信用证交易的原则。
3. 简述信用证当事人及其法律关系。
4. 请画出信用证交易的流程图。

项目小结

通过本项目的学习，学生要掌握国际贸易结算的主要方式——汇付、托收、信用证的相关内容，学会根据实际情况选择恰当的结算方式，在国际货款结算过程中灵活运用各种支付方式，培养订立进出口合同支付条款的能力，保证在出口贸易中及时、安全收汇，在进口贸易中保证安全收货。

拓展活动

2009 年 10 月,法国某公司(卖方)与中国某公司(买方)在上海订立了买卖 200 台电子计算机的合同,每台 CIF 上海 1000 美元,以不可撤销的信用证支付,2009 年 12 月在马赛港交货。2009 年 11 月 15 日,中国银行上海分行(开证行)根据买方指示向卖方开出了金额为 20 万美元的不可撤销的信用证,委托马赛的一家法国银行通知并议付此信用证。2009 年 12 月 20 日,卖方将 200 台计算机装船并获得信用证要求的提单、保险单、发票等票据后,即到该法国议付行议付。经审查,单证相符,银行即将 20 万美元支付给卖方。与此同时,载货船离开马赛港 10 天后,由于在航行途中遇上特大暴雨和暗礁,货船及货物全部沉入大海。此时开证行已收到了议付行寄来的全套单据,买方也已得知所购货物全部灭失的消息。中国银行上海分行拟拒绝偿付议付行已议付的 20 万美元的货款,理由是其客户不能得到所期待的货物。

根据本项目所学知识,回答下列问题:

(1)这批货物的风险自何时起由卖方转移给买方?

(2)开证行能否由于这批货物全部灭失而免除其所承担的付款的义务?依据是什么?

(3)买方的损失如何得到补偿?

项目五
国际技术贸易法律制度

学习目标

  知识目标 熟悉《保护工业产权巴黎公约》和《保护文学和艺术作品伯尔尼公约》的基本原则;掌握国际技术贸易合同的主要条款

  能力目标 学会运用国际技术贸易的知识分析当前国际技术贸易的保护及许可证协议在实践当中的运用

项目分析

  项目概述 在国际贸易中,国际技术贸易具有其独特性,作为贸易的标的——技术与知识产权密不可分。因此,本项目在介绍国际技术贸易问题上,还将广泛介绍在知识产权方面的国际法律制度等内容。

导入阅读

  2008 年 10 月 18 日德国 A 公司完成了一项新式的汽车外观设计,10 月 30 日,该公司向德国专利局提出了外观设计专利申请。2009 年 2 月 4 日,德国专利局对该项申请予以公布。

  2009 年 5 月 3 日德国 A 公司向中国专利局递交了外观设计专利申请。

  与此同时,中国 B 公司于 2008 年 12 月 4 日完成了同样设计,并与 2009 年 2 月 5 日向中国专利局递交了外观设计专利申请。

  问:中国专利局应该将该项专利权授予哪个公司?

任务分析

  任务一 采用课件,演示国际技术贸易法律规定
  任务二 采用课件,演示国际技术贸易流程、合同样板
  任务三 通过案例分析,指导学生掌握国际技术贸易纠纷的解决

必备知识（理论知识）

子项目一　知识产权国际保护的法律制度

一、知识产权国际保护的历史发展

把握知识产权公约，就如同掌握了知识产权制度的标准和发展趋势。早在 19 世纪末，国际社会就通过缔结国际条约的方式，来实现对知识产权的保护，其中，影响最大的是《保护工业产权巴黎公约》和《保护文学和艺术作品伯尔尼公约》。在这两个公约生效后，巴黎联盟国际局和伯尔尼联盟国际局分别成立，各自负责两个公约的实施。当时这两个机构都在瑞士联邦政府的监督之下。1883 年，这两个机构合并，成立"保护知识产权联合国际局"，成为当时的知识产权国际保护的常设机构。

第二次世界大战结束后，原有的保护知识产权的国际条约得到相应的修改和补充，一系列新的保护知识产权的国际公约也陆续签订，如 1952 年的《专利合作条约》，1957 年的《为商标注册目的而使用的商品与服务的国际分类尼斯协定》，1961 年的《保护表演者、唱片制作者和广播组织的国际公约》，1970 年的《专利合作条约》，1973 年的《商标注册条约》和《商标图形分类维也纳协定》等。

在 20 世纪 60 年代中期成立了世界知识产权组织，该组织是根据 1967 年 7 月在斯德哥尔摩签订的，并于 1970 年生效的《成立世界知识产权组织公约》而建立。世界知识产权组织（World Intellectual Property Organization，简称 WIPO）成立后取代了原保护知识产权联合国际局，现已成为联合国组织系统中知识产权领域的专门机构。中国于 1980 年 6 月 3 日加入了该组织。从 1987 年开始，知识产权的国际保护又成为关税与贸易总协定乌拉圭回合多边贸易谈判的议题，与会代表于 1992 年 12 月达成了《与贸易（包括假冒商品贸易在内）有关的知识产权协议》（简称 TRIPS 协议），该项协议的实施，对促进知识产权的国际保护产生着重要的影响。

二、知识产权国际保护的途径

知识产权的国际保护是指各国在国内知识产权立法的基础上，通过签订双边保护协定，缔结或者参加国际条约以及互惠原则等途径对知识产权所实行的保护。因此，对知识产权的保护，主要是通过下列途径来实现的。

1. 知识产权保护方面的国内立法

在通常情况下，国际条约是通过国内立法在国内发生法律约束力的，因此，知识产权保护范围的确定应当以本国知识产权法为标准和依据。随着 20 世纪 80 年代我国几部知识产权法的颁布实施，我国的知识产权法律保护制度进入高速发展时期，到如今已经形成了比较完整的知识产权法律保护体系。我国法律规定的知识产权保护范围和水平基本与国际条约规定的范围和水平相同。此外,我国人民法院的知识产权审判庭还将有关技术转让、技术合作等各类技术合同纠纷案,作为自己的受案范围对此进行司法保护。

2. 签订知识产权双边保护协定

由于知识产权具有地域性,按照一国法律授予和保护的知识产权,只能在该国领域内有效,而在其他国家不发生效力。随着国际贸易与国际技术交流的日益扩大,知识产权的国际市场逐步形成,知识产权不仅在本国受到保护,而且在其他国家同样也应获得法律上的承认和保护。为此,各国政府经谈判,缔结了一系列的双边协定,而知识产权的双边保护协定,也就成为知识产权国际保护制度的一部分。

3. 缔结和参加知识产权保护方面的国际公约

当今世界各国对知识产权国际公约的重视程度几乎已经超过了其对知识产权国内法的重视,如国内法不适合国际公约对知识产权的最低保护标准,则要不断进行修改。真正界定知识产权保护范围并称得上是完整意义上的知识产权的国际条约,当属《成立世界知识产权组织公约》和 TRIPS 协议,它们覆盖了工业产权和版权等广泛的知识产权范围。除此之外,一个世纪以来,主要工业领域共有 15 个国际公约,版权领域共有 10 个国际公约。在知识产权的国际保护领域外,还有一些区域性公约起着独特的作用,如《专利申请形式要求欧洲公约》、《欧洲专利权授予条约》等。

4. 实行互惠原则

实行互惠原则作为知识产权国际保护的补充途径也是知识产权国际制度的一部分,它对知识产权的国际保护起到了完善的作用,在日益联系密切又呈现出复杂多变的国际关系中为知识产权的保护提供了一种新的思路和途径。

三、知识产权国际保护的范围

知识产权的范围,源于《成立世界知识产权组织公约》第 2 条第 8 款,此后又被世界贸易组织 TRIPS 协议的第 1 部分第 1 条所重复。上述两个国际公约对知识产权划定的范围,是当今世界各国知识产权法律制度的通例。

《成立世界知识产权组织公约》第 2 条第 8 款规定,知识产权保护的范围包括:①文学艺术和科学作品;②表演艺术家的演出、录音制品和广播节目;③在人类一切活动领域的发明;④科学发现;⑤工业品外观设计;⑥商标、服务标记、商号名称和标记;⑦禁止不正当竞争;⑧其他在工业、科学、文学或艺术领域内一切来自知识活动的权利。

TRIPS 协议中知识产权保护的范围包括:①著作及其相关权利(指邻接权);②商标权;③地理标记权;④工业品外观设计权;⑤专利权;⑥集成电路布图设计权;⑦对未公开信息的保护权;⑧对许可合同中限制合同行为的控制。

四、专利的国际法律保护

知识产权制度发源于欧洲,专利法最先问世,英国 1623 年的《垄断法规》是近代专利保护制度的起点。在通常情况下,专利一词有三层含义:一是指专利文件;二是指专利权;三是指取得专利权的智力创造成果本身。

关于专利权国际保护的国际条约主要有《保护工业产权巴黎公约》、《专利合作条约》、TRIPS 协议等。

(一)《巴黎公约》对专利的保护

《保护工业产权巴黎公约》(以下简称《巴黎公约》),是 1883 年 3 月 20 日在法国巴黎由 11 个国家签订,并于 1884 年 7 月 7 日正式生效的。截至 2004 年,《巴黎公约》共有 168 个成员国。中国于 1985 年 3 月 19 日正式加入该公约,但对该公约的第 28 条第 1 款提出了保留。

1.国民待遇原则

国民待遇原则是指任何成员国国民,在专利权保护方面,在其他成员国内应享有各国法律现在或今后给予各该国国民的各种利益,在其权利遭受任何侵害时,可得到同样的法律救济,被请求保护的国家,不得要求成员国国民必须在该被请求国有永久住所或营业所,才能享有国民待遇。非公约成员国国民,凡在公约成员国领土内有永久住所或有真实有效的营业所的,也享有与公约成员国国民同样的待遇。

2.优先权原则

优先权原则是指一个特定的申请人在某一成员国提出专利权正规申请的基础上,可以在特定期限内向其他成员国也提出申请,而后面的申请被视为是在第一个申请的同一日提出的。优先权的申请人是指已在一个成员国内正式提出过一项专利的申请人或其权利继承人。优先权的“正规申请”是指确定在有关国家中提出申请日期的,而不问该项申请以后结果如何的任何申请。要求优先权其先后两个申请的内容及申请人应是一致的。优先权提出的期限为:发明、实用新型为 12 个月,外观设计为 6 个月。

3.独立性原则

独立性原则是指各成员国独立地按照本国法律决定是否授予专利权,并不受该专利权在其他成员国决定的影响。也就是说一个公约成员国对某一专利在他国的授予、宣告无效或者终止,并不意味着在本国的同样适用。

4.对发明人的姓名及记载权的规定

《巴黎公约》规定,发明人有权要求在专利证书上记载自己是发明人。这是发明人所应享有的人身权利,而不是专利权人的权利。发明人行使这种权利的程序由各成员国在其本国法律中规定。

5.对强制许可的规定

《巴黎公约》规定,公约成员国可以在专利权人自提出专利申请之日起 4 年届满后,或者自授予专利之日起 3 年届满后,若无正当理由不实施或不充分实施权利,经任何有条件实施专利的人提出申请,可以采取强制许可措施,但取得强制许可方应给专利人合理的报酬。规定强制许可的主要理由是为了促进国家工业进步,不应允许专利仅用于阻止专利实施或垄断进口,而是应用于引进新技术。强制许可制度因不实施或不充分实施的情况,适用于专利和实用新型。此外,为公众利益、军事安全和公共卫生方面的原因,成员国可以通过国内法规定强制许可。

6.对交纳维持费的宽限期的规定

《巴黎公约》规定,对于缴纳发明、实用新型、外观设计的年费,应给予不少于 6 个月的宽限期,在这种情况下,公约成员国的国内法可以规定交纳附加费。成员国有权对未缴费而终止的专利权规定恢复的方法。

7. 对国际交通工具上的权利的规定

《巴黎公约》规定，在成员国内下列情况不应认为是侵犯专利人权利：①当其他成员国的船只暂时或偶然进入领水，在该船的船身、机器、滑车装置及其他附件上使用构成专利的装置设备，只要这些装置设备是专为该船的需要而使用；②当其他成员国的飞机或车辆暂时或偶然进入领域，在该飞机或车辆的构造、操纵或其附件中使用构成专利主题的装置设备。

8. 对在国际展览会上的临时保护制度的规定

《巴黎公约》规定，各成员国应按其本国法律，对在其他成员国领土内举办的，官方的或经官方承认的国际展览会展出的商品中可以取得专利的发明、实用新型、外观设计，给予临时保护。发明、实用新型的临时保护期通常为 12 个月，外观设计的临时保护期通常为 6 个月。但是，国际展览会展品的临时保护不是自动的，必须由要求得到临时保护的展品所有人，取得举办国际展览会的成员国有关当局的书面证明，以证明公开展出的日期以及展品种类、名称。

9. 其他规定

《巴黎公约》规定，专利人将在任何成员国内依某种方法制造的产品输入到该项方法授予专利的国家的，不应导致该项专利的撤销；成员国不得以本国法律禁止或限制出售某项专利制品或以某项专利方法制成的产品为理由，拒绝核准专利权或专利权失效。

《巴黎公约》规定了各成员国在制定本国工业产权法时应遵守的最低规则，很多工业产权公约要求参加的国家，必须首先是《巴黎公约》的成员国。

（二）TRIPS 协议对专利的保护

TRIPS 协议属于世界贸易组织框架的多边协定。除服务贸易外，其余文件于 1994 年 4 月 15 日在摩洛哥的马拉喀什签订，1995 年 1 月 1 日起生效。凡世界贸易组织的成员必须加入该协议，截至到 2003 年，该协议的成员国共有 146 个。

1. 最惠国待遇原则

《巴黎公约》所确立的国民待遇原则、优先权原则、独立性原则都适用于 TRIPS 协议，而在《巴黎公约》的基础上，该协议又增加了最惠国待遇原则，即在知识产权保护上任何成员国对其他任何国家（不限于本协议成员国）的国民所给予的任何利益、优惠或豁免，应立即无条件地给予其他所有成员国的国民，但一成员国提供给其他国国民的某些特殊利益除外。

2. 对专利授予的条件和范围的规定

一切技术领域中的任何发明，无论产品发明或是方法发明，只要其新颖、含创造性并可付诸工业实用，均应有可能获得专利，工业品外观设计只要求有新颖性。

在专利授予的范围上，各成员国可排除某些发明不授予专利权，可在该成员国地域内就这类发明进行商业性使用，只要这种排除并非仅由于该成员国的国内法禁止该发明的使用即可。另外，诊治人类或动物的诊断方法、治疗方法及外科手术方法，除微生物之外的动植物，以及生产动植物的主要是生物的方法，可不授予权利。但是，植物的新品种应以专利制度或其他制度予以保护。

3. 对专利所有人权利的规定

（1）独占权。无论专利保护的是产品还是方法，则专利所有人有权限制第三方未经许可而制造、销售、使用、提供销售产品或为上述目的而进口该产品，或者至少是依照专利方法而直接获得的产品。

（2）转让权。专利所有人应有权转让或通过继承转让其专利，有权缔结许可证合同。成员国可对所授的专利权规定有限的例外,只要该例外照顾了第三方和专利所有人的合法权益,并且没有同该专利的正常利用不合理的冲突。

4.对专利权限制的规定

在下列情况下,成员国的法律可以规定不经专利人许可而使用其专利:一是政府使用或经政府授权使用;二是以合理条件请求专利权人给予许可,而在合理期限内未获成功;三是在国家进入紧急状态或在其他特别紧急情况下或者是为了在公共的非商业场合使用。

5.对专利权保护期限的规定

专利权可享有的保护期,应不少于自提交申请之日起20年年终,工业品外观设计的保护期至少为10年。

五、商标的国际法律保护

虽然1618年的英国首先确认了商标侵权纠纷,但最早的商标成文法应是法国1809年的《备案商标保护法令》,而英国和德国分别于1862年和1874年先后颁布了《注册商标法》。

商标是商品和商业服务的标记,俗称"牌子",是商品生产者、经营者或服务者为区别相互之间的商品或服务而使用的一种专用标志。商标专用权是商标权中最核心的权利。

关于商标权的国际保护的主要条约有《巴黎公约》、TRIPS协议、《商标国际注册马德里协定》、《商标注册条约》等。

(一)《巴黎公约》对商标的保护

1.对商标的国际保护所确立的原则

《巴黎公约》作为工业产权保护方面的国际公约,它所确立的国民待遇原则、优先权原则、独立性原则,同样适用于商标的国际保护。

其中,商标优先权的申请期限为6个月,和工业品外观设计的专利保护的优先权期限相同。商标权的独立性原则,是指对成员国国民在任何成员国中提出的商标注册申请,成员国不能以未在本国申请、注册或续展为理由而加以拒绝使其注册申请失败。在一个成员国国内正式注册的商标,应视其与在其他成员国包括申请人所属国注册的商标无关。

2.对驰名商标的规定

商标注册国或使用国主管机关,认为一项商标在该国已成为驰名商标,已成为有权享有《巴黎公约》利益的人所有,而另一商标构成对此驰名商标的复制、伪造或翻译,且用于系统或类似商品上易于造成混乱时,公约成员国都要按其本国法律允许的职权,或应有关当事人的请求,拒绝或取消另一商标的注册,并禁止使用。商标的主要部分抄袭驰名商标,或是导致造成混乱的仿造者,也应适用上述规定。

如果发生上述侵害驰名商标的情况,从注册之日起至少5年内,应允许提出取消这种侵权商标。对于以不诚实手段取得注册或使用的商标,提出取消注册或禁止使用的要求的,不应规定时限。

3.对国徽、官方检验印章和政府间组织徽记禁用的规定

对于未经公约其他成员国主管机关许可,将其国家印章、国徽和其他国家徽记,用以表明管制和保证的官方标志和检验印章,以及从印章学的观点来看的任何仿制品,申请或注册为商标或构成商标要素的,成员国应拒绝其注册或使其注册无效,并采取适当措施禁止其使用。

《巴黎公约》的上述规定也适用公约成员国参加的政府间国际组织的徽章、旗帜、其他徽记、缩写和名称,非政府间国际组织则不包括在内。为了适应这些规定,各成员国同意将它们希望或今后希望,完全地或在一定限度内,受《巴黎公约》保护的国家徽记及表明官方管制和保证的标记和检验印记清单,以及以后对这项清单的一切修改,经由国际局相互通知。

4. 对在《巴黎公约》某一成员国注册的商标,在其他成员国所受保护的规定

《巴黎公约》第 6 条之五规定:在原属国正式注册的商标,在本公约其他成员国也应同样接受其申请,并给予保护,但本条指明保留条件者除外。其他成员国在最终予以注册前,可以要求提供原属国主管机关颁发的注册证书。

原属国指申请人设有真实有效的营业所的公约成员国。如果申请人在本公约成员国没有这类营业所,则指他设有住所的公约成员国。如果在公约成员国也没有住所,但他是公约成员国的国民,则指他具有国籍的国家。

具有下类情形的,成员国可拒绝注册和宣布注册失效:①商标侵犯第三人在请求给予保护的国家所具有的既得利益。②缺乏显著特征的商标,或完全是用在商业中表示商品种类、质量、数量、用途、价值或生产日期的符号、标记,或请求保护的国家的通用语言,或正当商务实践中惯用的符号标记组成的商标。③违反道德或公共秩序,尤其是具有欺骗公众性质的商标。

5. 对商标的注册、使用及转让的规定

申请和注册商标的条件,由各成员国的国内法决定;如果某一国家规定已经注册的商标必须加以利用,则只有经过一段合理期限,而且当事人不能提出不使用的正当理由时,才可撤消其注册;商标所有人使用的商标,与其在成员国之一所注册商标的形式只有部分不同而并未改变其主要特征者,不应导致其注册失败,成员国也不应减少对该注册所给予的保护;工商企业同时使用同一商标在相同的或类似的商品上,而依被请求保护的国家的国内法被视为该商标的共同所有人者,只要这种使用不致欺骗群众和违反公共利益,则在任何成员国内给予注册,并不能以任何方式减少对该商标所给予的保护。如果依照一个成员国的法律,商标的转让只能连同该商标所属的企业或商业信誉同时转让方为有效,那么只需将企业或商业信誉在该国的部分,连同在该国制造和销售有被转让的商标的商品的专用权,一起转让给受让人,就是已承认其转让的效力。各成员国应保护服务标记,但不应要求各成员国规定对这种标记进行注册。

6. 对商标的临时保护与续展期的规定

商标同其他工业产权一样,如果在国际展览会上展出,应受临时保护。《巴黎公约》规定对缴纳商标续展费同样也有不少于 6 个月的优惠期,但也可以要求缴纳附加费。

(二)TRIPS 协议对商标的保护

1. TRIPS 协议对商标保护的原则

在《巴黎公约》国民待遇原则、优先权原则和独立性原则三个原则的基础上,TRIPS 协议增加了最惠国待遇原则,与该协议对专利的保护相同。

2. 商标可保护实体

(1)任何能够将一企业的商品或服务与其他企业的商品或服务区分开的标记或标记组合,均应能够构成商标并能够注册。即使有的商标不能区分有关商品或服务,成员国也可以依据其经过使用而获得的识别性,确认其可否注册。成员国的国内法可以把"标记应系视觉可感知"作为注册条件。

(2)TRIPS 协议公约成员国可将"使用"作为可注册的依据,但不得把商标的实际使用作为提交注册申请的条件,也不得仅仅因为自申请日起未满 3 年不使用而驳回注册申请。

(3)TRIPS 协议规定商品或服务的性质不应成为商标获得注册的障碍。

3.对授予权利的规定

(1)专有权。注册商标所有人应享有专有权,以防止任何第三方未经许可而在贸易活动中使用与注册商标相似的标记,去标示相同或类似的商品或服务,以避免造成混淆的可能。上述权利不应损害任何已有的在先权。

(2)驰名商标。确认某商标是否为驰名商标,应考虑有关公众对其知晓程度,包括在该成员国地域内因宣传该商标而使公众知晓的程度。

4.例外规定

TRIPS 协议成员国可规定商标权的有限例外,例如对说明性词汇的合理使用等,只要这种例外顾及了商标所有人和第三方的合法权益即可。

5.对专利权保护期限的规定

商标的首期注册及各项续展的保护期,均不得少于 7 年。商标的续展注册次数应系无限次。

6.使用要求

如果成员国要将使用作为保护注册的前提,只有连续不使用 3 年后,且商标所有人又未出示妨碍使用的有效理由,该注册才可被撤销,不因商标所有人的意愿造成的不能使用可作为有效理由,另外,在商标受其所有人控制的情况下,他人对商标的使用,也应该承认属于此处的"使用"条件。

7.其他要求

商标在商品贸易中不应被不合理的特殊要求所干扰。例如,要求与其他商标共同使用,以特殊形式使用,或者被要求以不利于商标将一企业的商品或服务与其他企业区分开的方式使用。

8.许可和转让

成员国可以规定商标的许可与转让条件,但是,不允许成员国以法律的形式,规定强制许可制度。商标所有人有权连同或不连同商标所属的经营与其商标一道转让。

(三)《商标国际注册马德里协定》对商标的保护

《商标国际注册马德里协定》(以下简称《马德里协定》)于 1891 年 4 月在西班牙首都马德里签订,并于 1892 年 1 月生效,只有《巴黎公约》的成员国才有资格参加该协定,截止到 2008 年,该协议共有 80 多个成员国,中国于 1989 年 10 月 4 日加入该协定,使用 1967 年文本。

《马德里协定》是指在建立一种国际合作制度,为解决商标国际注册问题,便利申请人在国外注册商标的一个国际公约。

1.国际注册的申请

(1)《马德里协定》适用于商标的国际注册,这里的商标包括商品商标和服务商标。

(2)申请人应具备相应的资格:首先,在《马德里协定》的成员国内,具有真实有效的工商业营业所或住所,或具有其国籍的自然人或法人才拥有申请资格,此时的成员国必须为商标的原属国;其次,商标必须在其原属国获得注册以后,才能提出国际申请。

(3)申请人只能通过原属国商标局,向国际局提出商标国际注册申请。国际申请必须用法语,申请人可以要求优先权,国际局的审查日便是其优先权日。

(4)申请人应明确指定在协议成员国中哪些国家请求保护。

2. 国际注册的程序和效力

本国商标局自收到国际注册申请之日 2 个月内,经查核通过,转至国际局。国际局对申请进行形式审查,符合要求的予以国际注册并予以公告,并通知申请人要求其商标获得保护的指定的有关成员国。有关成员国接到国际局注册通知后,如拒绝对该商标给予保护,要向国际局声明拒绝的理由,假如成员国在接到国际局通知 1 年内未作出拒绝声明,则视为该商标的国际注册在该国自动生效。

经过国际局注册的商标,在每个有关成员国受到的保护,应如同直接在该成员国注册的商标一样。但是,在商标和服务项目类别说明问题上,成员国不在决定商标保护范围方面受约束,而且在原属国内商标只受该国家注册的保护,不适用于《马德里协定》的国际注册的保护。

3. 商标国际注册的续展、期限、转让

在国际局注册的商标的有效期为 20 年。该期限不受协定各成员国法律规定的注册期限的影响。注册商标的期限可续展,续展次数不限,续展在保护期满前 6 个月提出,可给予 6 个月的宽限期,但要缴纳罚款。

经国际局注册的商标,申请人可以按协定规定,全部或部分转让其注册商标的所有权。

4. 国际注册与原属国注册的关系

自国际注册之日起满 5 年时,该项注册同原属国对同一商标的国家注册即相互独立。也就是说,从国际注册之日起 5 年之内,如该商标在原属国不再受法律保护,则该商标在协定其他成员国也丧失保护基础。国际商标是否转让不影响与原属国注册的依存关系。

六、版权的国际法律保护

世界上第一部成文的版权法当推英国于 1710 年颁布的《保护已印刷车工册之图书法》,又称为《安娜女王法》。法国也于 18 世纪末颁布了《表演权法》和《作者权法》,尤其是《作者权法》成为以后的大陆法系国家制定版权法概念和思路的蓝本。

版权保护的国际条约主要有《保护文学和艺术作品伯尔尼公约》、《世界版权公约》、TRIPS 协议等,这些公约为成员国提供了一些版权保护的最低标准,是国际版权保护的主要法律依据。

(一)《保护文学和艺术作品伯尔尼公约》对版权的保护

《保护文学和艺术作品伯尔尼公约》(以下简称《伯尔尼公约》)于 1886 年 9 月在瑞士首都伯尔尼签订,是世界上第一个版权国际保护方面的公约。截至到 2004 年 12 月 31 日,《伯尔尼公约》共有 157 个成员国。中国于 1992 年 10 月 15 日加入该公约,适用 1971 年的巴黎文本。《伯尔尼公约》的基本原则有:

1. 国民待遇原则

国民待遇原则是指各成员国在著作权的保护上应给予其他成员国国民不低于本国国民的待遇。对于作品首次在成员国发表的非成员国的国民,以及在成员国有惯常居所的人也应适用国民待遇。根据公约的解释,一个作品在首次出版后 30 天内,在两个或两个以上国家内出版,则该作品应视为同时在几个国家首次出版。

2.自动保护原则

自动保护原则是指作者在享有和行使依国民待遇原则所提供的有关权利时,不需要履行任何手续,作者在作品完成时自动享有版权,不需向其他成员国提出请求或履行任何手续。

3.独立保护原则

独立保护原则是指作者在其他缔约国享有和行使依国民待遇原则所提供的权利,以及公约特别提供的权利时,不依赖于作品起源国是否存在保护。即作品在起源国的保护和在其他公约成员国的保护是彼此独立的。追续权是本原则及国民待遇原则的例外。

(二)《世界版权公约》对版权的保护

《世界版权公约》于1952年9月6日在瑞士日内瓦通过,于1955年9月16日生效。截至到2003年3月15日,该公约共有99个成员国。中国于1992年10月30日加入了该公约,适用1971年巴黎文本。

与《伯尔尼公约》相比,《世界版权公约》提出了较低水平的保护要求。同时,《世界版权公约》在第17条的附加声明中规定,原来是《伯尔尼公约》的成员国的国家,不得在加入《世界版权公约》时退出《伯尔尼公约》,同时,对于某些版权的保护在两个公约的规定之间发生矛盾时,应适用《伯尔尼公约》的规定。因此,两个公约的保护程度上的差异已失去实际意义。

1.《世界版权公约》的基本原则

在基本原则方面,《世界版权公约》规定了国民待遇原则和独立保护原则,但没有自动保护原则,而允许其成员国可以在国内法上规定,以履行特定手续为取得该公约保护的条件,只是把履行手续加以简化。《世界版权公约》规定:任何缔约国依其国内法要求履行手续作为版权保护条件的,对于依公约加以保护,并在该国境内首次出版,而其作者又非本国国民的一切作品,应视为符合上述要求,但是要经作者或版权所有者授权出版的作品的所有名册,自首次出版之日起,标有规定的符号,并注明版权所有者的姓名、首次出版年份等。

2.对保护作品的范围及主体的规定

(1)关于保护作品的范围,比之《伯尔尼公约》有所减少,有文字、音乐、戏剧、电影、绘画、雕刻和雕塑。

(2)关于权利的主体,比《伯尔尼公约》要宽,除保护作者的权利外,还保护其他版权所有者的权利。

3.对保护的权利内容的规定

《世界版权公约》规定了保证作者经济利益的各种基本权利,但没有明确承认保护作者的精神权利。

4.对保护的期限的规定

受《世界版权公约》保护的作品,其保护期限比《伯尔尼公约》短,即不少于作者有生之年及其死后的25年。但对摄影作品或实用美术作品作为艺术品给予保护时,保护期限不少于10年。

此外,成员国对某一作品给予的保护期,不得长于首次出版作品的成员国对该类作品给予的保护期;对未出版的作品或首次出版在非成员国的作品,则不得长于作者所属成员国对该类作品给予的保护期。

5.《世界版权公约》的追溯力

《世界版权公约》不适用于公约在被要求给予保护的缔约国失效之日已完全丧失保护,或从未受过保护的作品或作品权利。可见,《世界版权公约》没有追溯的效力。新成员国对某一作品是否给予保护,要看该作品在被要求给予保护的成员国是否已进入公有领域,而与该作品在起源国的状况无关。

(三)TRIPS 协议对版权的保护

1. 与《伯尔尼公约》的关系

世界贸易组织的成员,应遵守《伯尔尼公约》第 1 条至第 21 条的内容,以及公约附录,但第 6 条之二规定的精神权利不在其内。并且规定,版权的保护应及于表达,而不及于构思、程序、操作方法或者数学概念本身。

2. 对关于计算机程序与数学的汇编的规定

TRIPS 协议规定无论以源代码,还是以目录代码表达的计算机程序,均应视为 1971 年文本所指的文字作品给予保护;数据或其他材料的汇编,无论采用何种形式,只要其内容的选择或安排构成智力创作,即应予以保护。这类保护不延及数据或材料本身的保护,不得损害数据或材料本身已有的版权。

3. 对某些作品的出租权的规定

这是 TRIPS 协议在《伯尔尼公约》的基础上新增的一项权利。

TRIPS 协议规定世界贸易组织的成员,应当对计算机程序和电影作品的作者及其合法继承人,授予许可或禁止将其享有版权的作品或复制品,向公众商业性出租的权利,成员也可对其他作品的原件或复制品规定出租权。但是,对于电影作品而言,除非有关的出租已导致对作品的广泛复制,而复制程度又严重损害了成员国授予作者,或作者合法继承人的复制专有权,成员国可不授予出租权;对于计算机程序而言,如果有关程序本身并非出租的主要标的,则可不适于本协议有关出租权的规定。

4. 对作品保护期的规定

TRIPS 协议规定除摄影作品或实用艺术作品外,如果某作品的保护期并非按自然人有生之年计算,则保护期不得少于经许可而出版之年年终起 50 年;如果作品自完成起 50 年内未被许可出版,则保护期不少于作品完成之年年终起 50 年。

5. 限制与例外

TRIPS 协议各成员国在国内法的规定中,应将专有权的限制或例外局限于一定特例中,该特例应不与作品的正常利用冲突,也不应不合理地损害权利持有人的合法利益。

这实际上是对《伯尔尼公约》规定的版权的限制和例外的限制。与《伯尔尼公约》相比,TRIPS 协议的这一规定更加强调对权利人和权利持有人的法律保护。

6. 对表演者、录音制品制作者及广播组织者保护的规定

(1)对于表演者的固定于录音制品的情况,表演者应有可能制止未经其许可的下列行为:对其尚未固定的表演加以固定,以及将已经固定的内容加以复制;以无线方式向公众广播其现场表演。

(2)录音制品制作者应享有权利许可或禁止对其作品的直接或间接复制。

(3)广播组织者应享有权利禁止未经其许可而为的下列行为:将其广播以无线方式重播,将其广播固定,将已固定的内容复制,以及通过同样方式将其电视广播向公众传播。

(4)TRIPS 协议有关计算机程序的出租权规定,原则上适用于录音制品制作者以及成员国国内法所确认的录音制品的任何其他权利持有人。

(5)依照 TRIPS 协议而使表演者及录音制品制作者享有的保护期至少应当自有关固定或表演发生之年年终起 50 年。而关于广播组织的保护期应自有关广播被播出之年年终起至少 20 年。

子项目二 国际技术转让法律制度

一、国际技术转让

（一）国际技术转让的概念与特征

1.国际技术转让的概念

国际技术转让是指技术的持有者将其技术通过一定方式跨越国界转让给他人使用的行为,技术持有者称为出让方,使用者称为受让方。

国际技术转让有广义和狭义之分。狭义的国际技术转让是指纯技术的国际转让,即将技术作为单一的商品在商业基础上进行的系统知识的转让;广义的国际技术转让不仅包括纯技术的转让,而且包括与技术系统知识结合在一起的商品、货物、劳动的进出口。

国际技术转让中的转让"技术",包容的范围很广,既包括制造产品的系统知识,也包括工艺的系统知识,以及有关服务的系统知识。这里的技术是专有领域的技术,即非公有领域的技术,是受法律保护的技术商品,如欲获得使用权一般需经他人许可并支付使用费,如专利权、商标权及电子计算机软件技术等。

国际技术转让的"国际"是指:①一项技术的当事人具有不同的国籍,或当事人的居住地位于不同的国家和地区,或当事人的营业地位于不同的国家和地区;②同一项技术转让中所涉及的技术须跨越一国国界移动;③在一项技术转让的过程中,有关转让行为的重要事件须发生在不同的国家和地区。

国际技术转让的方式分为有偿技术转让和无偿技术转让。有偿技术转让又称技术贸易,是国际技术转让中的主要方式,是指出让方与受让方为获得一定经济利益,按一定的对价交易条件,通过贸易方式实行的技术转让。本节所说的国际技术转让即指有偿技术转让。无偿技术转让是指通过技术转让援助、交流、展览会、技术考察等形式的转让。

2.国际技术转让的特征

与普通商品贸易相比,国际技术转让具有以下特征:①国际技术转让的对象是无形的技术知识;②国际技术转让的内容一般是使用权而不是所有权;③国际技术转让的交易时间更长,交易过程更复杂、交易风险更大;④国际技术转让容易受政府制约;⑤国际技术转让市场封闭性强。

（二）国际技术转让的途径

国际技术转让涉及的范围很广,又由于技术可直接存在于产品之中,除了单纯的技术转让方式之外,通过其他方式也可以进行技术转让。因此,国际技术转让的途径与方式非常多,主要有以下几种:

1.许可证协议

许可证协议,又称许可合同、许可证贸易,是指技术出让方将其技术使用权,在一定条件下提供给技术受让方,技术受让方支付使用费用的合同。许可证协议是国际技术贸易中最主要的形式,是国际技术转让中使用最广泛和最普通的一种途径。

2.技术咨询服务

技术咨询服务是指咨询方或供方,受委托方或受让方委托,以自己的技术知识与劳务,为委托方或受让方就某些特定事项提供建议或完成特定工作,并获取一定报酬的活动。它主要适用于中型工程项目的新建、扩建或技术改造,如项目可行性研究、工程投标书的编制、工程施工方案的制定、工程效益分析等。

3.合作生产或合作研究方式

合作生产或合作研究方式,是指不同国家的当事人,按签订合作生产合同的约定,提供生产所需的机器设备、零部件、原材料、技术、资金等,在合同规定的期限内,对某一产品进行共同研究、开发、生产并共同盈利、共担风险的国际经济活动。

作为国际技术转让的一种形式,合作生产中的一方或双方当事人,提供有关生产技术并将技术用于合同产品的生产,允许其他当事人共同使用该项技术,在生产过程中实现技术的国际转让。合作生产方式主要适用于大型成套设备进口的国内分交设备中,它能够使引进方缩短掌握外国先进技术的周期,增强成套设备的生产能力。

4.合资经营

合资经营是国际直接投资的重要形式,也是国际技术转让的重要途径。由于合资经营的外国投资者与东道国投资者都可以采取多种形式进行投资,既可以用现金、实物进行投资,也可以用工业产权、专有技术投资,这必然导致技术的跨国流动。

5.BOT 投(融)资方式

BOT 是 Build-Operate-Transfer 的编写,指外国投资者在特许期限内,对政府特许的工业项目或基础性项目,进行投资、建设、运营,收回对项目的投资、运营和其他一切合理的费用并取得收益,特许期届满后投资者将项目无偿移交给项目所在地的政府。对项目所在地的政府而言,BOT 方式具有引进技术和利用外资相结合的特点,东道国可以从 BOT 方式中学习为运营该项目所需的先进技术、工艺流程等。

6.补偿贸易

补偿贸易是指出让方向受让方提供技术、机器设备、原材料和技术服务,由受让方按约定用进口的技术、机器设备、原材料所生产的产品或其他产品或所得的收益偿付出让方价款及其利息的一种方式。在补偿贸易中,出让方出口的技术、机器设备或原材料一经转入受让方手中,技术的使用权、机器设备和原材料的所有权也随之转入受让方手中。

7.工程承包

工程承包是指承包人按工程承包合同约定的条件,向工程所有人提供技术、劳务、资金,完成工程设计、施工、安装、调试或试运行任务,由发包人依约定支付工程承包的经济技术合作方式。

另外,国际技术转让的方式还有设备买卖、设备租赁、技术培训等。总之,国际技术转让的途径大致有纯技术转让、技术与货物相结合的转让、技术与资本相结合转让等。

二、许可证协议

(一)许可证协议概述

在国际技术转让的实践中,绝大多数技术转让只是转让技术使用权,而不是所有权,这使得许可证协议应用广泛。

1.许可证协议的概念与特征

许可证协议又称许可合同、许可证贸易,是指技术出让方将其技术(如工业产权技术、专有技术、计算机软件技术等)使用权在一定条件下转让给技术受让方,由技术受让方支付使用费用的合同。许可证协议的客体是许可证协议的标的或许可的对象,具体而言,是指技术使用权,而不是技术所有权。

许可证协议的特征如下:

(1)许可证协议具有跨国性。许可证协议的主体,即出让方和受让方,分处不同国家,他们可以是自然人,也可以是法人,但法人是常见主体。许可证协议的跨国移动,即从一个国家转移到另一个国家。

(2)许可证协议具有时间性和地域性。许可证转让的是知识产权等无形财产,由于知识产权的时间性和地域性,使得许可证协议也具有这两个特性。例如专利许可证协议的有效期通常不超过 10 年,最长不超过专利的有效期。

(3)许可证协议的法律性。一项通过许可证协议实行技术转让的行为,必须受技术出口国与技术进口国的法律、政策和国际规范的三重约束,否则在任何一个环节上出现问题都可能导致合同非法。

(4)许可证协议的有偿性。许可证协议的双方当事人的基本权利义务的对应,决定了许可证协议是一种双务、有偿合同,技术使用费是技术使用权转让的代价,决定了许可证协议的有偿性。政府与政府之间,或者企业与企业之间出于某种特定的目的,将其知识产权等无形财产的使用权无偿让渡所签订的协议,不属于国际许可证协议的范围。

2.许可证协议的主要内容

许可证协议的内容是指,出让方和受让方达成的规范双方权利义务的合同条款。无论是专利许可证协议、商标许可证协议、版权许可证协议,或是专有技术许可证协议,由于其转让标的的共同特征,使其拥有很多共同点和共同条款。许可证协议的结构一般分为合同首部、文本、尾部三部分,其中合同文本是有关权利义务的记载,是协议的核心。附件补充合同文本,也是协议的一部分。

通常情况下,许可证协议的正文主要有如下条款:①许可使用标的技术的内容;②许可使用的技术达标、考核、检验的标准、期限、措施及风险责任的承担;③保密义务;④改进技术的归属和分享;⑤使用费及其支付方式;⑥违约责任及赔偿;⑦争议解决方式;⑧名词术语的解释。由于不同标的的许可证协议有其不同特征,使得不同标的许可证协议有其不同特性。

(二)依据种类不同,对许可证协议的分类

1.专利许可证协议

专利许可证协议是指以出让方转让给受让方专利使用权为标的的许可证协议。转让的方式是,出让方将其专利的编号和专利说明书告知受让方,并授权受让方使用这种专利技术制造

产品和享有销售产品的权利。专利许可证协议正文除具备一般技术转让合同的条款之外,在签订时还要注意以下内容:

(1)合同价格条款。合同价格条款实际是使用费条款,专利许可证协议的使用费计算方法通常有如下三种:①一次总算价格,即在合同中一次算清一个固定的使用费数额,一次付清或分期付清。这种计算方法对供方有利,但对受让方来讲,风险较大。②提成价格,也称滑动价格。即在合同中规定,在项目建成投产后,按合同产品产量、净销售额或利润提取一定百分比(提成率)的费用作为使用费。提成费在合同保证期满后按年支付。③一次总算价格与提成价格相结合,即在合同中规定,在合同生效后,立即支付固定价格部分(也称之为入门费或初付费),在项目投产后一定年限内支付提成费,入门费通常占总价的 10%~20%。此种计价方式综合了前两种方式的优势,风险由双方分担,比较合理,因而也成为国际许可证贸易中常用的计价方式。

(2)技术资料交付条款。技术资料交付条款包括以下内容:技术资料清单与份数;技术资料交付时间、方式及实际交付日期的确定,其中交付技术资料多用空运方式;技术资料风险分担;技术资料的包装,供方交付的技术资料应有适合空运的包装;交付技术资料的通知;技术资料使用的文字;技术资料的验收。

(3)产品考核验收。产品考核验收是指受让方对提供方提供的技术资料制造的产品,是否符合许可证协议规定的产品技术性能指标,有权进行检验核实。

(4)技术改进和发展条款。该条款主要规定许可证协议的各方在改进或发展技术的所有权归属对象,供方和受让方能否相互交换改进或发展成果,以及交换条件等方面的内容。

(5)产品责任条款。该条款主要规定受让方使用受让的技术所生产的产品,如果对他人造成人身伤害或经济上的损失,由哪一方承担责任的问题。

(6)合同有效期。专利许可证协议有效期通常不超过 10 年,最长不能超过专利的有效期。

2. 商标许可证协议

商标许可证协议书是指商标专用权所有人,将商标许可允许他人使用而达成的协议。出让方向受让方提供其注册商标的详细情况,允许受让方在约定的地域与期限内使用其注册商标,并监督受让方使用其注册商标的商品的质量。

商品许可证协议书的正文,除具备一般国际技术转让合同条款外,还应注意以下内容:

(1)商品质量保证条款。该条款是商标许可证协议的条款之一,即出让方有权监督、检查受让方产品,有权到其工厂检查生产过程,有权要求受让方定期将产品样品送交出让方予以检验,有权因质量向受让方提出警告甚至终止合同。

(2)商标使用管理条款。即出让方有权检查对许可使用商品的定货、出厂、销售、服务等方面的材料。此外,受让方还应在产品上注明本企业名称或附加标记,以区别于其他受让方的产品。

(3)商标使用费条款。商标使用费通常与商标信誉及许可使用范围密切相关,按受让方销售额的一定比例按季度交付和计算。

3. 版权许可证协议

版权许可证协议,又称著作权许可证协议,该协议以转让版权使用为目的,而不是转让所有权本身。其合同正文除包括一般的技术转让条款外,还要注意以下内容:

(1)许可使用方式条款,如复制、表演、翻译、改编等。

（2）许可使用性质条款，是指许可使用的权利是专有使用权还是非专有使用权。如属专有使用权，受让方在受让后独家使用，包括著作权所有人在内的其他任何人不得以与之相同的方式使用这一作品。如属非专有使用权，出让方在出让使用权后，可以将同样的权利再许可给第三方使用。如协议未规定使用权性质，通常会认为受让方取得的是非专有使用权。

（3）许可使用范围与期间条款。

4.专有技术许可证协议

专有技术是指生产秘密、技术知识、经验、制造方法等。构成专有技术的基本条件是：实用性、创新性、采取了保密措施和可以被传授，这些条件中的保密性维护着专有技术的垄断性和经济价值。专有技术许可证协议与专利许可证协议的条款基本相同，但保密条款是其特色，专有技术受让方承担保守专有技术秘密的责任，是签订协议的前提条件或先决条件。保密条款通常规定保密的范围和保密的责任期限，保密的范围就是指保密专有技术的范围，保密期限通常不超过合同有效期限。

（三）依据范围不同，对许可证协议的分类

1.独占许可证协议

独占许可证协议是指在协议书规定的时间和地域范围内，受让方对受让的技术拥有使用权，出让方不能自行使用该技术，同时也不能将该技术另行转让给第三方的许可证协议。

2.排他许可证协议

排他许可证协议是指在协议规定的时间和地域范围内，受让方对受让的技术拥有使用权，出让方不能将该技术使用权另行转让给第三方，但出让方自己可以使用的许可证协议。

3.普通许可证协议

普通许可证协议是指在协议书规定的时间和地域范围内，不仅受让方可以使用受让技术，出让方也可以使用或许可第三方使用该技术的许可证协议。

4.交叉许可证协议

交叉许可证协议是指技术出让方和技术受让方在协议中规定，将各自的技术使用权相互交换，供对方使用的许可证协议。此种许可可以独占，也可以排他；可以有偿，也可以无偿。

5.分许可证协议

分许可证协议是指协议中的受让方可以将其受让方的技术使用权再行转让给第三方的许可证协议。由于该类型的许可证协议赋予受让方的权利较大，因此转让费要高一些。

在上述分类中，独占许可证协议的技术使用费最高，普通许可证协议的技术使用费最低。

（四）许可证协议中的限制性商业条款

限制性商业条款在实务中被称为限制性商业做法或限制性商业惯例，是指通过滥用或者谋求滥用市场力量的支配地位，限制竞争对手进入市场或以其他方式不正当地限制竞争，对国际贸易，特别是对发展中国家的国际贸易及其经济发展造成不利影响，或是通过企业间的正式或非正式的、书面或非书面的协议，以及其他安排造成同样影响的一切行动或行为。

国际技术转让中的限制性条款，是指在国际技术转让交易中出让方凭借自己的技术优势施加于受让方的，对受让方造成不合理限制的，被法律所禁止或限制的合同条款。其实质是出让方凭借其拥有的技术优势，以各种不合理的限制为手段，达到控制受让方，垄断其技术和技术产品的国际销售市场，最大限度地获取高额垄断利润。

许可证协议中的限制性商业条款是国际贸易中的各种限制性商业条款的一个方面,与其他贸易中的限制性商业条款相比,它更为复杂和难以识别。

《联合国国际技术转让行动守则》详细列举了应予禁止列入许可证协议中的以下 20 种限制性商业条款:①技术回售条款。②不质疑条款(对转让的合法性不得提出异议)。③排他性使用条款(限制受让方取得有竞争性的技术或签订销售协议或代理协议)。④限制受让方利用受让技术进行研究发展活动。⑤强制受让方必须使用供方的人员。⑥限定产品价格。⑦限制受让方修改技术以适应本地条件或创新。⑧要求受让方将包销权或独家代理权给予供方或供方指定的第三方。⑨要求受让方搭买不需要的技术或商品。⑩限制受让方出口商品。⑪限制在供方之间订立共享专利或互换许可证的合同,对技术转让的地区、数量、价格、客户或市场等加以限制。⑫限制受让方进行广告宣传。⑬要求受让方在使用已经失效、被撤销或有效期届满的工业产权时,仍需支付使用费或承担其他义务。⑭限制受让方采用或终止后继续使用技术。⑮限制受让方的生产范围、数量和生产能力。⑯要求受让方采用不愿采用的产品质量管理办法和质量标准,但使用供方商标或服务商标的不在此限。⑰要求受让方必须使用特定商标和服务标志。⑱迫使受让方提供合股资本,或允许供方参与企业经营管理作为得到技术的条件。⑲技术转让合同的限制过长或不规定期限。⑳限制传播和扩大使用已经转让的合同。

三、我国法律关于国际技术贸易的规定

根据《中华人民共和国技术进出口管理条例》,我国在国际技术转让方面实施以下管理和规范:

(一)进出口技术的范围

国家允许技术的自由进出口,但是法律、行政法规另有规定的除外,即在某些情况下可以限制或禁止。有《中华人民共和国对外贸易法》第 16 条、17 条规定情形之一的技术,禁止或者限制进口。国务院外经贸主管部门会同国务院有关部门,制定、调整并公布了禁止或者限制进口的技术目录。对禁止进出口的技术,不得进出口;对限制进出口的技术,实行许可证管理;对属于自由进出口的技术,实行合同登记管理,合同自依法成立时生效,不以登记为合同生效的条件。

《中华人民共和国对外贸易法》第 16 条规定:"国家基于下列原因,可以限制或者禁止有关货物、技术的进口或者出口:为维护国家安全、社会公共利益或者公共道德,需要限制或者禁止进口或者出口的;为保护人的健康或者安全,保护动物、植物的生命或者健康,保护环境,需要限制或者禁止进口或者出口的;为实施与黄金或者白银进出口有关的措施,需要限制或者禁止进口或者出口的;国内供应短缺或者为有效保护可能用竭的自然资源,需要限制或者禁止出口的;输往国家或者地区的市场容量有限,需要限制出口的;出口经营秩序出现严重混乱,需要限制出口的;为建立或者加快建立国内特定产业,需要限制进口的;对任何形式的农业、牧业、渔业产品有必要限制进口的;为保障国家国际金融地位和国际收支平衡,需要限制进口的;依照法律、行政法规的规定,其他需要限制或者禁止进口或者出口的;根据我国缔结或者参加的国际条约、协定的规定,其他需要限制或者禁止进口或者出口的。"第 17 条规定:"国家对与裂变、聚变物质或者衍生此类物质的物质有关的货物、技术进出口,以及与武器、弹药或者其他军用物资有关的进出口,可以采取任何必要的措施,维护国家安全。在战时或者为维护国际和平与

安全,国家在货物、技术进出口方面可以采取任何必要的措施。"

(二)对合同主体的资格要求

我国签订技术进出口合同的当事人是一般法律的主体,没有专门的外贸经营权方面的限制。

(三)合同引进的限制

技术进口合同中,不得含有下列限制性条款:

(1)要求受让方接受并非技术进口必不可少的附带条件,如购买非必需的技术、原材料、产品、设备或者服务。

(2)要求受让方为专利权有效期限届满或者专利权被宣布无效的技术支付使用费或者承担相关义务。

(3)限制受让方改进出让人提供的技术或者限制受让方使用所改进的技术。

(4)限制受让方从其他来源获得与出让方提供的技术类似的技术或者与其竞争的技术。

(5)不合理地限制受让方购买原材料、零部件、产品或者设备的渠道或者来源。

(6)不合理地限制受让方产品的生产数量、品种或者销售价格。

(7)不合理地限制受让方利用进口的技术生产产品的出口渠道。

项目习题

1.《巴黎公约》有哪些保护专利权的规定原则?

2.《专利合作条约》规定了哪些专利国际申请的步骤?

3.《伯尔尼公约》规定的精神权利和经济权利包括哪些?

4.简述国际技术转让的概念和特征。

5.简述依据范围不同的许可证协议的分类内容。

6.我国的技术进口合同中,不得含有哪些限制性条款?

项目小结

通过本项目的学习,要了解国际知识产权保护的国际公约,掌握国际技术贸易的方式、合同的条款,学会运用国际技术贸易的知识分析当前国际技术贸易的保护,掌握许可证协议在实践当中的运用。

拓展活动

宁波"杉杉"服装公司以加工高档男女西服、衬衫闻名,其生产的产品在国内占有一定的市场,拥有的"杉杉"牌文字和图形商标在国内也有较高的知名度。为打开国际市场,让自己的产品走出国门,公司的领导决定在提高服装质量、在国外广作宣传和积极促销以外,还要在美国、日本、法国、西班牙、比利时等十几个国家申请"杉杉"牌文字和图形商标的注册专用权。为此,他们特地委托某商标事务所代为办理各国商标注册事宜。考虑到我国和公司拟申请商标注册的绝大多数国家都是《商标国际注册马德里协定》的成员国,因此该事务所决定通过国际注册的方式在各有关国家取得商标专用权,然后对那些不属于《马德里协定》成员国的其他国家,再逐一取得注册。

根据本项目所学知识,回答下列问题:

(1)如何通过国际注册使"杉杉"商标在各有关国家取得注册?

(2)如果在取得国际注册以后的第三年,我国商标局宣告"杉杉"商标的国家注册无效,会对其在其他国家的注册产生什么样的影响?

(该案例引自《国际经济法教学案例》,王传丽主编,中国政法大学出版社,1999年,270页)

项目六
国际服务贸易法律制度

学习目标

知识目标　掌握国际服务贸易的概念与特征

能力目标　学会运用国际服务贸易知识,分析当前国际服务贸易的形式

项目分析

项目概述　服务贸易在国际贸易中所占比重越来越大,它与货物贸易、技术贸易共同构成国际贸易的框架。服务的种类多种多样,服务贸易的范围极为广泛,但对服务贸易的规范尚待完善。

导入阅读

1997 年之前,墨西哥的国内长途和国际电信服务一直由 Telmex 公司所垄断。1997 年之后,墨西哥政府授权多个电信运营商提供国际电信服务,但根据墨西哥国内法,在国际电信市场上对外呼叫业务最多的运营商有权利与境外运营商谈判线路对接条件,而 Telmex 公司作为墨西哥对外呼叫业务最多的运营商,自然就享有了该项谈判权利,事实上也就拥有了排除外部竞争者的权力,从而引发了希望大举进入墨西哥市场的美国电信业巨头的不满。

2000 年 8 月 17 日,美国以墨西哥的基础电信规则和增值电信规则违背了墨西哥在《服务贸易总协定》中的承诺为由,向墨西哥提出磋商请求,之后美墨双方进行了两次磋商,但未能达成共识。2002 年 4 月 17 日,根据《关于争端解决规则与程序的谅解》第 6 款的规定,成立解决双方争端的专家组,但因双方未能在规定期限内就专家组的人员达成一致。2002 年 8 月 26 日,WTO 总干事最终任命了以 Ernst—Ulrich Peterman 教授为首的三人专家组。另外,澳大利亚、巴西、加拿大、欧盟、古巴、日本、印度、危地马拉、洪都拉斯和尼加拉瓜等 10 国提交了他们的书面意见。专家组分别于 2003 年 11 月 21 日和 2004 年 4 月 2 日提交了中期报告和最终报告。2004 年 6 月 1 日,经过再次磋商,墨西哥放弃了上诉,正式接受了专家组的最终报告,并就电信服务争端问题与美国达成协议。协议中,墨西哥同意废除本国法律中引起争议的条款,并同意在 2005 年引进用于转售的国际电信服务;美国同意墨西哥继续对国际电信服务进行严格限制以组织非授权的电信传输。

该案例引自互联网:http://www.100waimao.com/HP/20100308/DetailD840886.shtml

任务分析

任务一　通过案例,分析国际服务贸易的法律问题

必备知识(理论知识)

子项目一　国际服务贸易法概述

一、国际服务贸易的概念与特征

(一)国际服务贸易的概念

何为服务,国际上并无统一定义。有人试图将服务定义为非货物供应,但货物与服务并非分得一清二楚。有人通过列出具体产业来界定服务,认为凡是列出的产业便是大家已达成共识的服务产业,没有列出的不属于或现在不认为是服务产业。《服务贸易总协定》(Gerenal Agreement on Trade in Service,简称 GATS)采取的即为此种方法,GATS 列出了 12 个部门种类,155 个分类。这 12 个部门种类为:①职业(包括专业与计算机)服务。②通讯服务。③建筑与工程服务。④分销服务。⑤教育服务。⑥环境服务。⑦金融(保险与银行)服务。⑧医疗服务。⑨旅游服务。⑩娱乐文化服务和体育服务。⑪运输服务。⑫其他服务。

服务贸易同服务一样没有统一的定义,但一般可理解为服务的提供,包括服务的生产、分配、营销、销售和支付。国际服务贸易,可以理解为服务的国际间提供。GATS 按照服务要采取跨国流动的方式,提出了协定适用的四种服务贸易类型:①过境支付,是指不需要提供者和消费者的实际流动,从一国境内向其他国境内提供服务,此为服务产品的流动。如通过电话提供法律意见,金融服务领域的对外支付、资金融通、资产评估管理等。②境外消费,是指一国的人员、运输工具,到另一国接受服务提供者提供的服务,此为消费者的流动。如出国旅游,又如外国商用飞机、船舶进入本国,向本国空港、海港支付着陆费、港口使用费等。③商业存在,是指一国服务提供者在另一国设立商业实体,向该国提供服务。如本国银行、运输公司、电信服务业在外国设立分支机构。④自然人流动,是指一成员的服务提供者在其他任何成员境内通过自然人流动提供服务。如教师、工程师、律师等职业工作者到外国提供职业服务。

(二)国际服务贸易的特征

国际服务贸易同传统的货物贸易相比有许多独特之处,主要表现为:

1.无形性,不可储存性

与存在具体形态的货物不同,服务是无形的。服务是一种"任何在贸易中进行买卖而不可能砸到脚面上的东西"。在服务贸易中,服务提供者与接受者以某种活动的方式完成服务交换过程,有的甚至在瞬间完成。此外,许多服务产品,如高速公路,具有公共产品的性质。服务提供者提供一项服务可同时为许多人享用,这使各国很难统计出真实的服务交易量。

2.非单一性

某些服务提供商品需要商业存在以及面对面的方式,由此可能涉及其他国家政策及社会问题。诸如商业存在涉及开业权、外国直接投资的政策,而人员流动涉及移民政策等。

3.政府管理方式的不同

当服务贸易的发生不需要跨越国境的时候,就不能通过边境措施来管制,而主要依靠政策、法规、行政措施等来管理。另外,服务贸易的市场准入问题不是关税问题,而是国家政策、法规的限制问题,即是否允许进入本国国境内以及是否给予不歧视待遇问题。

二、国际服务贸易的立法

国际服务贸易法是调整国际服务贸易的法律规范的总和。国际服务贸易法的法律渊源可以表现为国际条约,如《服务贸易总协定》、《联合国国际海上货物运输公约》;也可以表现为国际惯例,如国际商会的《跟单信用证统一惯例》。国家立法对国际贸易的规范更是多种多样,如美国 1974 年贸易法即包含着关于国际服务贸易的规定,其中 301 条款更是直接和国际服务贸易相关联。

国际服务贸易法相对于国际经济法的其他分支而言,有一些自己的特点:

(1)体系上,结构体系不完整、不平衡,多为技术性规则。在 GATS 之前,并不存在国际上统一的规范性文件。

(2)内容上,一些部分空泛,缺乏比较详细的规则、规范,而且一些服务贸易部门如运输、保险、支付多被放在货物贸易法中,致使国际服务贸易法尤显单薄。

(3)对国际服务贸易的态度上,因为国际服务贸易出现得比较晚,国际上虽存在关于国际服务贸易的论述,但并没有被独立对待。

虽有以上不足之处,但国际服务贸易已经形成了与货物贸易、技术贸易同步增长、鼎足发展的态势。对国际服务贸易的规制将成为一个重要的课题。

子项目二　服务贸易总协定

1993 年 12 月 5 日,乌拉圭回合谈判圆满结束。缔约方达成了《服务贸易总协定》,它作为世界贸易组织所管辖的框架协议的重要组成部分,随着 1995 年 1 月 1 日世界贸易组织的诞生而生效。

GATS 的内容可以分为三部分:第一部分是框架协议;第二部分是成员国服务贸易承诺清单;第三部分是框架协议的八个附件,规定了某些重要服务贸易部门的多边自由化规则,是 GATS 的不可分割的组成部分。

一、框架协议的主要内容

框架协议由六个部分,29 个条文组成,规定了国际服务贸易的一般概念、原则和规则以及成员国的基本权利和义务,这是 GATS 的主体和实质部分。其基本内容是:

（一）最惠国待遇

GATS将最惠国待遇原则作为一般原则适用于国际服务贸易。GATS第2条规定,每一成员国应立即无条件地给予另一成员国的服务和服务提供者的待遇,不低于它给予其他国家(该国家是否是协定成员没有关系)类似的服务和服务提供者的待遇。无论协定的某一成员国给予哪一国家任何服务贸易方面的优惠措施,其他成员国立即无条件地享有该优惠。这里的措施是指任何措施,这些措施会以法律、法规、规章,或者以决定、行政行为或其他形式来表现。

GATS最惠国待遇具有很大的灵活性:①给予最惠国待遇的义务可以在一定条件下豁免。GATS允许成员国采取与最惠国待遇不符的特定法律、法规和做法,只要在GATS实施前,将这些不符之处作为例外,列入框架协议的附件中,即可享有最惠国待遇豁免,原则上这种豁免不超过10年。②最惠国待遇不适用于经济一体化协定。③最惠国待遇不适用于政府采购以及约束政府采购服务的法律、法规及要求。④GATS义务的一般例外和安全例外也适用于最惠国待遇。

（二）透明度

GATS第3条规定,各成员国应在协定实施前,公布影响本协定实施的法律、法规和做法,每年应把所采用的新法规,或对现有法律的修改通知其他成员国。对任何其他成员国就其普遍适用的任何措施,或国际协定所提出的所有具体资料要求,各成员国立即予以答复,还应设立咨询点。但由于资料公开会妨碍法律的实施、或违背公众利益、或损害特定公营或私营企业合法权益的机密资料,因此在一般情况下不得公开。

（三）资格承认和协调

GATS第7条规定,成员国应当承认另一个国家就教育程度、经历符合任职资格的条件所颁发的许可证或证明。GATS也规定,服务贸易理事会应当制定必要的纪律,确保有关资格要求、程序、技术标准和许可要求不致构成不必要的服务壁垒。此外,GATS还允许成员国对境内职业服务者保留公民资格限制。

（四）垄断及限制性商业惯例

GATS第8条规定,各成员国应确保在其境内的任何垄断服务者,在相关市场上提供垄断服务方面,不得违反最惠国待遇及作出的具体承诺。GATS第9条规定,对于抑制竞争、限制服务贸易的商业惯例,应为取消该惯例进行磋商,并提供有关的公开资料。

（五）GATS的例外规则

GATS第14条及14条附则中规定了一般例外和安全例外。一般例外要求满足两项要求,一是要求该措施在国家间不应构成武断的或不公正的歧视,或构成对服务贸易的变相限制;另一项要求该类措施必须基于以下目的:①保护公共道德或维护公共秩序所必需。②保护人类、动物、植物的生命或健康所必需。③确保遵守与协定规定不相抵触的法律、法规所必需,如防止欺诈和欺骗做法等。

GATS规定了安全例外。GATS不要求成员国提供其认为公开后会违背其基本利益的任何资料,不阻止任何成员为保护其基本安全利益而采取有必要的行动,不阻止任何成员为履行联合国宪章下维护国际和平与安全的义务而采取的行动。

二、成员国服务贸易承诺清单的主要内容

成员国服务贸易具体承诺清单,规定成员国承诺开放的本国服务部门和部分具体承担的国民待遇,以及市场准入的义务和条件限制。它是在成员国"一对一"谈判基础上确定,作为其承担权利义务的依据,具有法律上的约束力。是否给予市场准入,是否给予国民待遇,以一国具体列出的承诺表来确定。每个成员国应该具体列出市场准入的规定、限制和条件;国民待遇的条件和资格;有关附加承诺的义务;适当情况下,应当实施这类承诺的时间表以及这类承诺的生效日期。比如 GATS 第 16 条规定,第一个成员国给予其他成员国的服务和服务提供者的待遇,不应低于根据其承诺清单中同意和详细规定的期限、限制和条件所提供的待遇。

在服务方式的市场准入方面,每个成员国给予其他任何成员的服务,如服务提供者待遇,不得低于其承诺表中所同意和明确的规定、限制和条件;国民待遇仅限于列入承诺表的部门,并以遵照其中所列条件和资格为前提。

三、框架协议附件的主要内容

GATS 共包含八个附件,具体为:《免除成员国最惠国待遇义务附件》、《关于提供服务的自然人移动的附件》、《航空运输服务附件》、《金融服务附件》、《金融服务附件二》、《关于海上运输服务谈判附件》、《电信服务附件》、《关于基本电信服务谈判附件》。它们是 GATS 的组成部分,对主要服务业部门如何实施框架协议作出具体的规定。

《航空运输服务附件》规定 GATS 适用于飞机的修理和保养服务、出售空中运输服务、营销服务、计算机储存服务,而不适用于调整通行权及与该权利相关的民用航空活动;《关于提供服务的自然人移动附件》仅适用于以提供服务为目的的自然人出入境及临时停留,不适用于公民权、居留权及永久性受雇佣等,以上由国内法调整;《金融服务附件》适用于银行业务、担保和保险的金融服务,但不适用于主要执行政府职能机构的金融活动;《电信服务附件》规定成员国应确保其他成员服务提供者,合理地、非歧视地进入和使用本国电讯网及其服务,从事商业活动。成员国可采取措施保证安全和信息秘密,但这种措施不能是垄断的、歧视性的或隐蔽性的限制。

GATS 奠定了多边服务贸易自由化制度的基础,产生并完善了多边贸易体制,弥补了单一的货物贸易规则对调整广泛的国际经济贸易活动的不足,标志着一套调整各个贸易部门的全面的"一揽子"多边贸易规则的形成。但 GATS 仅仅是一个初步的带有尝试性的服务贸易框架协议,存在明显的缺陷和不足。最惠国待遇是贸易自由化的基石,也是 GATS 框协议规定的一般性义务,但 GATS 允许成员国对于最惠国待遇的适用作出保留,为此几乎所有成员国都开列了最惠国待遇的例外。如美国明确通知其他成员国最惠国待遇不适用于海运、民航运输、基础电信和金融服务,此结果足以导致无条件最惠国待遇形同虚设;又如 GATS 对国民待遇、市场准入义务的适用采取正面列举的方式,成员国仅对列出的部门范围承担相应义务,而对于没有列举的部门和服务不承担义务,为此,服务贸易多边自由化大受局限。

尽管如此,GATS 仍是一个良好的开端,1994 年 4 月 15 日乌拉圭回合谈判上,有 124 个国家以及欧共体代表签署了 GATS 及其他最后文件,足以证明各国对于多边服务贸易自由化的前景充满信心。

项目习题

1.何谓国际服务贸易？其内容有哪些？
2.国际服务贸易同传统的货物贸易相比有哪些特点？
3.GATS 的基本内容有哪些？

项目小结

该项目要求学生了解国际服务贸易法律规范的特性与现状。通过交流与探讨，学生要了解国际服务法律制度未来发展的趋势及其对国际经济的影响。此部分内容的教学重在提高学生对新问题学习与探索的能力，培养他们通过自己努力与广泛合作相结合的方式以达到提高发现问题、解决问题能力的目的，为他们进一步深造与研究打下良好的基础。

拓展活动

熟悉国际服务贸易在国家经济中的地位和作用。

项目七
国际贸易管制法律制度

学习目标

知识目标 掌握关税措施的概念及分类、非关税措施、倾销的构成条件、世界贸易组织的基本原则、世界贸易组织的争端解决机制

能力目标 学会运用世界贸易组织的相关知识分析当前国际贸易中的问题

项目分析

项目概述 国际贸易管制法律制度是国际贸易法的重要组成部分。国家的对外贸易法律管制是各国实现其对外贸易政策的重要手段。不论是发展中国家，还是发达国家，都从本国经济利益和经济发展需要出发，通过国际立法和缔结国际协定的方式，对本国进出口贸易实行不同程度的管理和管制。因此，学习和掌握国际贸易管制法律制度是学习国际贸易法不可缺少的重要环节。

导入阅读

2008年，A国某省以本省境内销售的可回收的不可重复利用的易拉罐装啤酒包装不利于环保为由，决定对境内这种罐装啤酒征收捐税。事实上，市场上销售的罐装啤酒几乎都是B国克雷嘉文厂生产的，本地啤酒都是瓶装。另外，本地的罐装饮料、罐头不属于征税范围。克雷嘉文厂认为，该省此举违背了WTO的规则（A国和B国均为WTO成员），A国某省认为其采取的措施属于一般例外范围，不受GATT规则约束，双方发生争议。

问：该争议应由哪些规则调整？A国某省的规定是否违反WTO规则？该纠纷应如何解决？

任务分析

任务一 通过互联网资料查询、多媒体课件、案例分析，掌握常见的国际贸易管制措施，如反倾销、反补贴制度

任务二 课后准备材料，上台讲解介绍中国与WTO的历史渊源、中国加入WTO后的表现以及WTO中涉及中国的案件，并用课件演示WTO法律框架

必备知识（理论知识）

子项目一　国际贸易管制的法律措施

一、国际贸易管制的概述

国际贸易管制是各国根据本国实际情况，为有效地管理与规制本国的进出口贸易活动而实行的各项制度以及活动的总称。

国际贸易管制是一国对外贸易政策的体现，是各国政府为保护和促进国内生产，增加出口、限制进口而采取的鼓励与限制制度，或为政治目的对进出口采取禁止或限制的措施。

从实践上看，国际贸易管制的法律制度大致可分为两种：一是关税措施，主要指各种进出口关税制度；二是非关税措施，主要包括进出口配额制度、许可证制度、外汇管制、商品检验等各项制度。此外，各国为了增强本国产品在国际市场上的竞争地位，扩大国外市场，推行奖出限入的政策，除了以关税壁垒和非关税壁垒的措施限制进口外，还采取各种措施奖励本国产品的出口，如各国的出口补贴等措施。

二、关税措施

关税是一国政府为管理对外贸易，由海关对所有进出关境的货物课征的一种税收。关税措施是对外贸易管理措施中最古老、使用最为普遍、效果最为直接的调控工具。尤其是进口关税，常常成为各国限制他国产品进口从而实施贸易保护主义的有利手段，因此又将关税措施称之为"关税壁垒"。关税壁垒是指一国政府对进口的外国商品采取征收高额关税的措施，为外国进口商品设置关卡或屏障，从而达到限制外国商品的进口和保护本国市场的目的。

（一）关税的分类

（1）优惠关税，又称特惠关税，是指对来自某一国家和地区的商品，全部或部分给予特别优惠的低关税。优惠关税的给予可以是互惠的，也可以是非互惠的。

（2）普通关税，是指一国对来自未建交国家或未签订贸易协定的国家或地区的产品征收的关税，一般高于优惠关税。

（3）特别关税，又称差别关税、歧视性关税和报复性关税，是指一国对来自某些国家和地区的同一类产品，适用不同的税率征收的关税。

（二）关税的稽征方法

（1）从价税。从价税是指按进出口货物的货价征收关税。

（2）从量税。从量税是指按进出口货物的实际数量（包括重量、容量、面积、体积、个数等）征收关税。

（3）混合税。混合税是指对进出口货物同时按照货物实际数量和货价征收关税。

(4)选择税。选择税是指对于同一进口商品同时订有从价税和从量税税率时,海关根据具体情况和需要从中选择税额较高或较低的加以征税。

(三)海关税则

海关税则又称关税税则,是一个国家通过立法程序公布实施的、按商品类别排列的关税税率表。关税税则通常包括商品名称、税表和税率三部分。税则可分为单一税则和多栏税则。前者是指一个税目里只规定有一种同一税率,对来自不同国家的同一商品一律适用;后者是指对同一商品规定有不同的税率,如普通税率、优惠税率、最惠国税率等,对来自不同国家的同一商品适用不同的税率。

三、非关税措施

非关税措施是指除关税措施以外的其他一切直接或间接限制外国商品进口的法律和行政措施。非关税措施用于限制贸易的目的时,通常称其为"非关税壁垒"。

和关税壁垒相比,非关税壁垒有以下优势:①非关税壁垒主要依靠行政措施和命令实施,不受法律程序约束,手续灵活简便,行动迅速,针对性强。②非关税壁垒具有一定的隐蔽性、欺骗性和歧视性。③非关税壁垒措施不易受汇率变化的影响。④各国对非关税壁垒没有十分有效的国际监督和控制措施。

在国际贸易管理实践中,各国常用的非关税措施主要有许可证制度、配额制度、外汇管理制度、商品检验制度等。

(一)许可证制度

许可证制度是一国政府规定的对某些商品的进出口必须领取政府颁发的许可证方可进口或出口的制度。实践中许可证按照有无定额可分为两种:有定额的进出口许可证和无定额的进出口许可证。有定额的进出口许可证是指由国家指定机构事先规定有关商品的进出口配额,然后在配额的限度内,根据进出口商的申请,对每种进出口商品发给进出口商一定数量的进出口许可证。无定额进出口许可证则与进出口配额没有任何联系,发证机关只在个别考虑的基础上发放许可证,没有公开的标准。

(二)配额制度

1.进口配额制

进口配额制是指一国政府在一定时期内,对某种商品进口的数量或金额事先规定一个限额,在规定的限额内可以进口,超过限额部分则不准进口,或者对超过限额部分征收较高关税或罚款后才准许进口的制度。

进口配额制有两种配额方式:关税配额和绝对配额。前者是指一国事先规定了一定时期内某一商品的进口配额,在规定的配额内对进口商品给予关税减免待遇,对超出配额的进口商品征收较高的关税、附加税或罚款。后者是指一定时期内对某一商品的进口数量或金额规定一个最高额,达到这个最高数额后便不得再进口。

2.出口配额制

出口配额制是指由政府有关部门规定出某些商品的最大出口限额,当出口达到规定的限额之后,则完全禁止再出口的制度。

（三）外汇管理制度

外汇管理制度是指一国政府利用各种限制性措施对本国外汇的买卖和国际结算实行严格管理和控制。其目的主要是保持国际收支平衡，维持本国货币对外汇率稳定，以此限制进口或鼓励出口。

（四）商品检验制度

商品检验制度是指从事进出口商品检验的机构，依照有关规定对进出口商品的品质、数量、包装等进行分析和测定并出具检验证书。各国一般均设立专门检验机构。在检验商品的范围上，大多数国家只对部分进出口商品实施强制性检验。

除以上非关税措施外，还有技术性贸易措施也是非关税措施的一种。技术性贸易措施是指在国际贸易中，一国为保护本国的国家安全、生态环境、消费者利益，通过制定产品标准、法规及合格评审程序等对本国的进口贸易加以管理的措施。这些措施在很大程度上限制了他国商品进口，使得技术性贸易壁垒成为贸易保护的一种新的形式。

此外，非关税措施还有反倾销措施、反补贴措施、保障措施、原产地措施、政府采购制等。

子项目二　公平贸易法律制度

倾销（dumping）与补贴（subsidies）是国际贸易中的不正当竞争手段，针对这些不正当行为，各国纷纷颁布反倾销法和反补贴法抵制和消除其给本国工业造成的损害。但由于各国法律确认倾销和补贴的标准、程序、实施办法不同，使得各国国内的反倾销法和反补贴法的实施往往成了一种变相的贸易保护手段，由此引起的争议层出不穷。为消除和减少这种不公平的竞争手段，国际社会作出了一系列的努力，1995 年 1 月 1 日生效的世界贸易组织的《反倾销和反补贴协定》，在实体和程序两方面严格了国际反倾销和反补贴的规则，使国际反倾销和反补贴立法归于完善。

一、倾销与反倾销法

（一）倾销的含义与特征

根据《关税与贸易总协定》第 6 条的规定，一国产品以低于正常价值的价格进入另一国市场，如因此对某一缔约方领土内已经建立的某项工业造成实质性损害或产生实质性损害的威胁，或对某一国内工业的新建产生实质性阻碍，则构成倾销。

因此，倾销通常具有以下特征：

（1）产品价格低于正常价值。这种低价，不是低于进口国同类产品的价格，而是低于出口国在其国内市场的价格。

（2）倾销是一种不公平竞争行为。生产者将产品以倾销的价格在国外市场销售，从而获得在另一国市场的竞争优势并进而消灭竞争对手，再提高价格以获取垄断高额利润。

（3）倾销的结果往往给进口国的经济或生产者的利益造成损害。扰乱进口国的市场经济秩序，给进口国经济会带来毁灭性打击。

（二）反倾销法的含义与特征

反倾销法是指进口国为了保护经济和本国生产者的利益,维护正常的国际经济秩序,对倾销行为进行限制和调整的法律规范的总称。

反倾销法的特征是:

(1)反倾销法通常属于各国经济行政法的一部分。行政部门负责受理反倾销案件的投诉、立案、调查、初裁和终裁等工作。各国根据反倾销法所采取的主要制裁方法是征收反倾销税,这是很严厉的行政制裁方法。

(2)反倾销法的目的是限制或调整生产者间的不公平贸易行为,保护本国经济或某一部门。它能消除不公平的价格差别,并在一定程度上制止倾销,确实起到保护本国工业免受损害的作用。在反倾销的合理限度内,生产者运用反倾销法保护自己的利益是正当、必需的。但在反倾销法实施过程中,其严厉程度一旦超越保护正当利益这一限度,它就成为一种贸易保护主义措施。因此,反倾销作为保护贸易措施的作用日益加强的趋势,已引起各国的担心和关注。

（三）倾销的构成条件

确定一国商品在另一国的销售是否构成倾销应具备三个条件:第一,来自外国的进口产品以低于正常价格或公平价值在本国市场销售;第二,倾销对本国同类产品工业造成了严重损害或实质损害,或形成了损害的威胁,或阻碍某一工业的新建;第三,低于正常价值的销售与损害之间存在因果关系。这三项条件缺一不可。

1.倾销价格的确定

确定一项进口产品是否存在倾销,根据 WTO《反倾销协定》的要求将被指控的倾销产品的出口价格与该产品在出口国国内市场的销售价格或销往第三国的出口价格以及结构价格进行比较。如果前者低于后者则存在倾销。后者指正常价值或公平价格,它通常表现为三种价格:

(1)国内销售价格。即一国向另一国出口的相同产品在出口国正常贸易中用于消费时的可比价格。使用出口国国内销售价格作为正常价值,必须符合如下条件:①国内销售价格须有代表性,不能把特殊情况下的过高或过低价格(低于成本价销售)作为正常价值。②采用的国内销售价格须是正常贸易渠道中形成的价格(即在独立交易商之间的价格,关系商之间如总公司与分公司、联营企业的交易价格不能采用)。③出口国国内市场上该产品须有一定的交易规模,出口国国内类似产品的销售量如果占该进口国销售量的 5% 或以上,才是确定正常价值的足够数量。

(2)第三国价格。即相同或类似产品向第三国出口的可比价格。

(3)结构价格。即产品在原产国的生产成本加上合理的管理费、销售费等费用和利润之和。这是在出口国既无内销,也未向其他国家出售被指控倾销商品时所适用的价格。

上述方法仅适用于对市场经济国家产品的正常价值或公平价值的确认。对于不同经济制度,如非市场经济或称计划经济制度的国家,其货物全部或大体上全部由国家垄断并由国家规定国内价格,这对决定可比价格可能造成特殊困难。在这种情况下,与这种国家的国内价格作比较不一定适当。实践中,这个问题是由各国的国内立法来解决的。

2.工业损害的确定

征收反倾销税的基本条件除了存在确定的倾销之外,另一个基本条件是对某一成员国内已建立的生产同类产品的某项工业造成实质性损害或存在实质性损害的威胁,或对国内工业

的新建产生严重阻碍。为此,需要明确以下几个问题:

(1)国内工业。国内工业是指国内生产同类产品的全体生产者,或这些产品的合计总量占全部国内同类产品的生产重大比例的那部分生产者。另外,在特殊情况下,当该项产品的生产把一成员国境内分成两个或更多的竞争性市场时,每个市场内的生产者可以被看作是一个单独的工业。在这种情况下,如果倾销产品集中进入某个分立的市场并对市场区域内所有的或几乎所有的生产者造成损害,则也可认为发生了损害,即使整个国内工业的大部分并未受到损害。此外,当两个或更多国家达到一体化水平,具有统一市场的特征时,整个一体化区域内的工业也被视为"国内工业"。在确定国内工业时,一般排除那些与被诉产品的进口商或出口商有关系的生产商或其本身就是被诉产品的生产商。

(2)确定损害存在的标准。所谓损害包括实质损害、实质损害威胁和实质阻碍某项工业的建立。①实质损害是指进口产品对进口国的工业已经造成了较严重的损害。《反倾销协议》规定,实质损害的确定要以无可辩驳的事实为依据,这些事实包括倾销产品数量、价格以及其对进口国国内生产商的影响。②实质损害威胁是指倾销产品虽未对国内工业造成损害,但根据各种迹象判断将会发生实质损害,这种迹象不是猜测而是基于一种能明确地被预见的到并且已经迫近事实。③实质阻碍是指虽未造成实质损害或实质损害威胁,但有充分证据证明倾销产品对进口国某项新工业的实际建立过程产生障碍。

3. 倾销与损害具有因果关系

任何进口国在决定对倾销的进口商品征收反倾销税时,必须拥有充分的证据,证明倾销与国内工业的损害之间存在因果关系。除了前述在判断损害时的要素外,还需考察不能归咎于倾销产品的其他因素,如国内需求的减少、消费模式的改变、技术的发展等。在考察倾销与损害的因果关系时,应证明倾销是造成损害的最重要的原因。

(四)反倾销的程序规则

1. 反倾销申诉

反倾销申诉是反倾销立案的依据。根据《反倾销协议》第 5 条规定,反倾销调查的发起必须从在进口方境内声称受损害的工业或其代表所提交书面申请开始。在通常情况下,进口方政府当局一般不主动开始反倾销调查,但在特殊情况下,有关当局也可以主动开始反倾销调查。提起反倾销申请的工业必须具有代表性,如果该申请得到了其总产值占国内工业同类产品总产值的 50% 以上的国内生产商的支持,该申请被认为是其国内工业提出;在任何情况下,如果提起反倾销申请的生产厂家的集体产量低于总产量的 25%,则主管当局不得立案调查。

2. 立案

立案是反倾销调查工作的开始。反倾销调查机构是否接受反倾销申请并立案,要在审查申请方提交的全部材料和证据之后决定。如果申请方提交的证据充分并表明有必要开始调查,则有关主管当局应立案调查。一旦决定发起调查,当局应将申请人的书面材料提供给有关的出口商和出口国当局。

3. 调查

立案后,反倾销机构必须按照反倾销法的规定开始调查。调查是指主管当局根据反倾销申诉人提出的申请,在一定的期限内,对被诉方的倾销、损害以及两者之间的因果关系,从事实和法律上予以查证的过程。调查方式分为书面调查和实地调查两种。书面调查是指各方当事人在规定的期限内向有关当局提供各种资料和证据;实地调查是指到涉及反倾销的有关当事人、有关国家和工厂所在地进行各种有关情况的了解。

在下列情况下,主管当局应终止调查:

(1)在缺乏倾销和损害的充分证据时,应尽快终止调查。

(2)当倾销幅度微不足道或当倾销数量或损害可以忽略不计时,应立即终止调查。

除特殊情况外,调查应在其开始后一年之内结束,最长不得超过 18 个月。

4.临时措施与价格承诺

(1)采取临时措施的条件。根据《反倾销协议》的规定,临时措施只在下列情况下实施:①发起反倾销调查的通知已经公告且给予利益关系方提供资料和发表意见的适当机会。②已作出倾销和造成损害的肯定性初裁。③有关当局裁定临时措施对于防止在调查期间发生损害非常必要。

(2)临时措施的形式:①征收临时反倾销税。②保证金方式,指通过现金存款或债券保证的形式,其金额相当于临时估计的反倾销税,但不得高于临时估计的倾销幅度。

(3)临时措施的时限。临时措施应限制在尽可能短的时间内,一般不应超过 4 个月,起始日不得早于发起反倾销调查之后 60 天,或者按占该贸易份额很大的出口商的要求,该期限可限制在 6 个月内,最长不得超过 9 个月。

(4)价格承诺。《反倾销协议》第 8 条规定,价格承诺是指在进口国作出产品倾销和损害的初步裁决以后,出口商主动承诺提高有关商品的出口价格或停止以倾销价格出口,并且得到进口方反倾销调查当局的同意,以换取进口国当局中止或终止反倾销程序。价格承诺协议通常在满 5 年后终止。

5.反倾销税的确定与征收

反倾销税是对于实行商品倾销的进口商品所征收的一种进口附加税。如果经过反倾销调查,最终裁决确实存在倾销,而且倾销与损害之间有因果关系,则进口国有权采取反倾销措施。根据《反倾销协议》规定:"对任何产品征收反倾销税时,应在非歧视的基础上对所有经查明进行倾销并造成损害的进口货物征收适当权额的反倾销税。"一般而言,任何反倾销税的征收期限不得超过 5 年。

6.司法审查

反倾销裁决本质上是一种行政裁决,为防止行政机关滥用权力,《反倾销协议》第 13 条规定,缔约方可设立一个独立于负责确定倾销裁决当局的司法审查机构,以便当事人对反倾销最终裁决不服可以提起司法审查程序。

(五)我国的反倾销立法

随着我国对外开放的深入,已有许多外国倾销产品大量进入中国市场,严重冲击了国内市场。为保护民族工业的发展及维护公平竞争,国务院于 2004 年修订并实施了《中华人民共和国反倾销条例》,这一条例的实施为中国采取反倾销措施提供了重要的法律依据。该条例主要规定了以下内容:

1.反倾销的主管机关和反倾销程序

我国受理反倾销调查申请的机构为中国商务部。中国商务部对申请书所附具的证据进行审查,决定是否立案调查,并将决定予以公告,同时通知申请人、已知的出口经营者和进口经营者、出口国政府等利害关系方。

决定立案调查后,中国商务部会同海关总署对倾销幅度进行调查。中国商务部根据调查结果作出初步裁定,并予以公告。如果初步裁定倾销和损害成立,则进行进一步调查,并由上述机构根据调查结果作出最终裁定,由中国商务部予以公告。

2. 反倾销措施

当初步裁定倾销成立,并由此对国内产业造成损害的,可以采取临时反倾销措施。临时反倾销措施的形式包括征收临时反倾销税、要求提供现金或其他形式的担保。在最终裁定倾销存在并由此对国内产业造成损害的前提下,可以征收反倾销税。征收反倾销税由中国商务部提出建议,国务院关税税则委员会决定,海关执行。征收反倾销税的期限为5年。

3. 价格承诺

当倾销初步裁定肯定后,出口商或出口国政府可以向中国商务部提出价格承诺的申请,中国商务部可以决定谈判接受价格承诺从而中止反倾销调查。价格承诺的期限为5年。

二、补贴与反补贴法

世界贸易组织的规则认为,补贴与倾销一样,都是国际贸易中不公平的贸易行为,各成员国均有权采取必要措施抵制和消除这种行为对本国有关产业的不利影响。但是,反补贴法与反倾销法的不同之处在于,反倾销法是针对生产者出口产品的低价倾销行为;反补贴法是针对政府对某一行业或地区提供补贴的行为。

(一)《补贴与反补贴措施协定》的实体性规定

1. 补贴的含义

根据世界贸易组织《补贴与反补贴措施协定》第1条的规定,补贴是指政府或任何公共机构对企业提供的财政捐助和政府对收入或价格的支持。

2. 补贴的范围

根据《补贴与反补贴措施协定》的规定,补贴的范围包括:①政府直接转让资金,即赠与、贷款、资产注入;潜在的直接转让资金或债务,即贷款担保。②政府财政收入的放弃或不收缴。③政府提供货物或服务,或购买货物。④政府向基金机构拨款或委托、指令私人机构履行前述①至③的职能。⑤构成1994年《关税与贸易总协定》第16条含义的任何形式的收入或价格支持。

3. 补贴的种类

《补贴与反补贴措施协定》首先确立了特殊性补贴的概念,然后在这一概念的前提下,把名目繁多的补贴措施分为三大类,并对每一类补贴措施规定了相应的行为准则和处理程序。

(1)特殊性补贴。特殊性补贴是指成员国政府有选择、有差别地向某个企业、某个产业或某些企业或某些产业提供补贴,而这种补贴是其他企业或产业所不能获得的。特殊性补贴包括:①在实施当局的管辖之内由主管当局或其遵守的法律明确给予特定企业(或某个产业或某个产业的部分企业)的补贴。②仅限于向实施当局管辖内的特定地区的特定企业使用的补贴。

如果实施当局或其遵守的法律为补贴的获得规定了客观的标准和条件,符合这些标准和条件,补贴将自动取得,则这种补贴不具有特殊性。

世界贸易组织的成员只有发现其他成员方实施特殊性补贴,才可依据该协定或国内法采取反补贴措施。换句话说,存在特殊性补贴是世界贸易组织成员采取反补贴措施的重要前提之一。

（2）补贴的主要分类。补贴具体可分为以下三大类：

①禁止使用的补贴，又称禁止的补贴，主要包括：第一，在法律上或事实上与出口履行相关的补贴，即出口补贴在协议中列出了具体的出口补贴示范清单；第二，国内含量补贴，指只与使用国产货物相联系的补贴，而对使用进口货物不给补贴。

②可申诉的补贴，是指政府通过直接转让资金、放弃财政收入、提供货物或服务以及各种收入支持和价格支持对某些特定企业提供特殊补贴。这种特殊补贴实际上就是指一国政府实施有选择的、有差别的或带有歧视性的补贴。如果这种特殊补贴造成其他缔约方国内有关工业的重大损害时，该国可诉诸争端解决机制加以解决。

③不可申诉的补贴，是指普遍性实施的补贴和在事实上并没有向某些特定企业提供的补贴。具体是指：第一，不属于特殊补贴的补贴，即属于普遍性的补贴；第二，扶植企业的科研活动，发展更高水平的教育或建立科研设施所提供的补贴，但属于工业科研项目的扶植不得超过其成本的 75％或其竞争开发活动成本的 50％；第三，扶植落后地区的经济补贴；第四，为适应新的环境保护要求扶植改进现有设备所提供的补贴，但这种补贴仅限于发行成本的 20％。

上述补贴不可诉诸争端解决。尽管如此，却要求成员方将这类补贴情况提前、及时通知各成员方，如果有疑义，也需磋商解决。

（二）《补贴与反补贴措施协定》的程序性规定

该协定对征收反补贴税程序作了具体规定：

（1）申诉和调查。成员方必须按照规定的程序发起调查，一般应根据受影响的工业部门或以受影响工业部门的名义提出书面要求发起调查，以确定补贴的存在、程度和影响情况。反补贴调查应在发起后一年以内结束，最长不得超过 18 个月。所有调查的结论都应发布公告。

（2）举证。要求所有利害关系方提供相应的书面证据。

（3）当事双方磋商解决问题。无论在发起调查前或在调查的过程中，都应向产品受调查的成员方提供适当的机会进行磋商，澄清事实真相，以达成双方同意的解决办法。

（4）如果磋商后补贴方愿修改价格或作出其他价格承诺，补贴诉讼可暂停或终止。

（5）如承诺方无实际行动，可继续调查，算出补贴数额，征收反补贴税。

（6）反补贴税的期限，即规定征收反补贴税的期限不得超过 5 年，除非国家负责部门在审定的基础上认定，取消反补贴税将导致补贴和损害的继续或再现。

（三）我国的反补贴立法

为适应我国入世后的需要，我国国务院于 2004 年修订并实施了《中华人民共和国反补贴条例》，这一条例的实施为中国采取反补贴措施提供了重要的法律依据。

子项目三　世界贸易组织法律

一、世界贸易组织概述

（一）世界贸易组织的建立

世界贸易组织（World Trade Organization，WTO）的前身是关税与贸易总协定（General

Agreement on Tariffs and Trade,GATT)。第二次世界大战行将结束时,主要盟国致力于筹建一个以实现战后贸易自由为目标的国际贸易组织。1947 年 11 月至 1948 年 3 月,联合国贸易与就业会议在古巴哈瓦那召开,23 个国家的代表参加会议并通过了《国际贸易组织章程》(通称《哈瓦那宪章》)。会议期间与会代表还进行了首轮关税减让谈判,并达成了 100 多项关税减让协议。为使谈判的结果尽快付诸实践,与会代表同意将《国际贸易组织章程》中涉及关税与贸易的条款单列,构成一个单独协定,命名为《关税与贸易总协定》(简称《关贸总协定》),并将各国达成的关税减让协议作为该协定组成部分。关贸总协定 23 国签署的《临时适用协定书》于 1948 年 1 月 1 日起生效。按照当时的计划,关贸总协定只是国际贸易组织建立之前的一种临时性安排。但是后来由于《国际贸易组织章程》因未能得到一些国家的正式批准而未正式生效,国际贸易组织始终未能正式成立。这样,《关贸总协定》"临时适用"了 40 多年,直到 1994 年 12 月 31 日。

在 40 多年的实践中,关贸总协定充当着缔约方之间进行贸易谈判和协调争议的场所,共主持进行了八轮多边贸易谈判,其中著名的有狄龙回合、肯尼迪回合、东京回合以及乌拉圭回合。通过历次关税相互减让的谈判,成员国的关税有了大幅度的下降;有关谈判的议题也从最初的货物贸易扩展到服务贸易、知识产权和与贸易有关的投资等新议题。关贸总协定确立的国际贸易原则和制度,对于各缔约方国内贸易法律和贸易政策产生了深远影响,在协调有关缔约方之间贸易争端上也发挥了重要作用。

但关贸总协定的不足也逐渐显露出来,并越来越难以发挥其作用。因此,在关贸总协定的乌拉圭回合谈判中,达成了《建立世界贸易组织的马拉喀什协定》(也称为《世界贸易组织协定》,简称《建立 WTO 协定》)。根据该协定,一个新的国际经济组织——世界贸易组织(简称世贸组织,WTO)于 1995 年 1 月 1 日正式宣告成立。

(二)世界贸易组织的宗旨、职能与法律地位

1.世界贸易组织的宗旨与职能

根据《建立 WTO 协定》及其附件的有关规定,世界贸易组织的宗旨是:提高人类生活水平,并保证充分就业以及实际收入和有效需求的持续增长,扩大产品生产与货物贸易,并增进服务贸易;促进世界资源的充分利用和可持续发展,确保发展中国家尤其是最不发达国家贸易份额的增长和经济发展;根据互惠互利安排,切实降低关税及其他贸易壁垒,并在国际贸易关系中消除歧视性待遇,建立一体化的多边贸易机制。

围绕着 WTO 的宗旨,WTO 履行以下职能:

(1)促进 WTO 各项宗旨的实现,监督与管理其统辖范围的各项协议与安排的实施运行,并为执行上述各项协议提供统一的机构框架。

(2)谈判的场所。WTO 应为各成员处理与协定各附件有关的多边贸易关系提供谈判场所。如果部长会议作出决定,还可为各成员的多边贸易关系的进一步谈判提供场地,并为执行该谈判的结果提供框架。

(3)争端解决机构。WTO 管理和实施《争端解决的规则与程序的谅解》,为解决成员方贸易争端提供场所和机构,并设立争端解决机构(Dispute Settlement Body,简称 DSB)专司贸易争端解决之职。

(4)经济政策制定与协调的机构。WTO 管理实施《贸易政策审查机制》,并与国际货币基金组织和世界银行及其附属机构进行适当的合作,以更好地协调、制定全球经济政策,对发展中国家和最不发达国家提供技术援助及培训。

2.世界贸易组织的法律地位

《建立 WTO 协定》第 8 条明确规定了其法律地位。依此规定,WTO 具有完全的法律人格,并且每一个成员方均应赋予其为履行职能所必要的法律能力,包括必要的特权和豁免。

(三)世界贸易组织的运行机制

1.世界贸易组织的法律框架

法律框架由《建立 WTO 协定》及其四个附件组成。附件一是《货物贸易多边协定》、《服务贸易总协定》和《与贸易有关的知识产权协定》;附件二是《关于争端解决规则与程序的谅解》;附件三是《贸易政策审议机制》;附件四是《政府采购协议》、《民用航空器贸易协议》、《国际奶制品协议》和《国际牛肉协议》。其中,《国际奶制品协议》和《国际牛肉协议》已于 1997 年 12 月 31 日终止。

附件一、附件二和附件三作为多边贸易协定,所有成员都必须接受。附件四属于诸边贸易协定,仅对签署方有约束力,成员可以自愿选择参加。

2.世界贸易组织的组织机构

(1)部长级会议。部长级会议(或称部长会议)是 WTO 最高权力机构,有权对多边贸易协定所规定的所有事项作出决定。它由 WTO 全体成员的代表组成,至少每两年召开一次会议。部长级会议的职能是:①履行世界贸易组织的职能,并为此采取必要行动。②根据其成员的请求,在符合 WTO 协议和多边贸易协议决策程序的特别要求情况下,有权对多边贸易协议中的任何事项作出决定。

(2)总理事会。总理事会是 WTO 日常工作执行机构。它由 WTO 所有成员代表组成,需要向部长会议报告工作,在部长会议休会期间执行部长会议各项职能。总理事会也是 WTO 争端解决机构和贸易政策评审机构,它们根据不同的职权范围召开会议,在履行各自职能时由各自的主席领导,使用各自的规则程序。上述机构由所有成员的代表组成,向部长级会议负责和报告工作。

(3)分理事会。总理事会下设货物贸易理事会、服务贸易理事会和与贸易有关的知识产权理事会,分别监督、执行《货物贸易多边协定》、《服务贸易总协定》和《与贸易有关的知识产权协定》。

(4)专门委员会、工作组。WTO 设有两类专门委员会和工作组,分别由相应的机构授权履行职能。

(5)总干事和秘书处。WTO 设立秘书处,其负责人为总干事,总干事的权力、责任、任职条件和任期由部长会议通过的规章确定。秘书处的工作由总干事领导,其职责是为世界贸易组织的各个机构提供秘书性工作。目前,WTO 秘书处设在瑞士日内瓦。

二、世界贸易组织的基本原则

世界贸易组织的基本原则贯穿于世界贸易组织的各个协定和协议中,构成了多边贸易体系的基础。这些基本原则主要有非歧视原则、关税减让原则、一般取消数量限制原则、透明度原则。其中,非歧视原则包括最惠国待遇原则和国民待遇原则。

(一)最惠国待遇原则

1.最惠国待遇原则的概念

最惠国待遇原则是指一国在经济关系中给予另一国国民的优惠待遇不应低于该国现在和将来给予任何第三国国民的待遇。最惠国待遇原则的特点是:①自动性。这是最惠国待遇原则的内在机制,体现在"立即和无条件"的要求上。②同一性。当一成员给予另一成员以某种优惠时,任何其他成员所获取的优惠必须相同。③相互性。WTO 最惠国待遇是相互获取的优惠待遇。任何成员既是给惠方,又是受惠方,即在承担最惠国待遇义务的同时,享受最惠国待遇权利。④普遍性。最惠国待遇适用于全部进出口产品、服务贸易的各个领域以及所有的知识产权所有者或持有者。

2.最惠国待遇原则的适用范围

(1)在货物贸易领域。《关贸总协定》第 1 条明确指出:"一成员给予对来自或运往任何其他国家的产品所给予的利益、优待、特权或豁免,应当立即无条件地给予来自或运往所有其他成员的同类产品。"该条款是《关贸总协定》的核心条款,是货物贸易制度乃至 WTO 多边贸易制度中最重要的基本原则和基本制度。

最惠国待遇原则在货物贸易领域的具体适用范围包括:①在征收进出口关税方面。②在征收与进出口有关的各种费用方面。③征收上述税费的方法。④与进出口有关的规章手续。⑤进口货物的国内税费,影响进口货物销售的法律、规章和要求。⑥例外条款中允许实施数量限制的行政管理措施(如配额分配方式)。

(2)在服务贸易领域。在服务贸易方面,《服务贸易总协定》第 2 条要求世界贸易组织成员方在服务贸易领域相互给予最惠国待遇。该条规定:"在本协定覆盖的任何措施方面,WTO 一成员国应立即地和无条件地给予 WTO 任何其他成员方的服务与服务供应者以不低于它给予任何其他国家的相同服务与服务供应者之待遇的待遇。"

(3)在知识产权领域。知识产权领域的最惠国待遇原则要求,成员给予任何其他国家的国民有关知识产权保护的任何优惠、优待、特权或豁免,应立即和无条件地给予来自任何其他成员的国民。

3.最惠国待遇原则的例外适用

适用最惠国待遇原则的例外有以下几种:

(1)一般例外的规定。《关贸总协定》第 20 条规定了 10 项例外:①为保护公共道德所必需的措施;②为保障人类、动植物生命健康所必需的措施;③有关输出或输入黄金或白银的措施;④为保证与本协定无抵触的法规、条例(指关于海关监管、知识产权保护、反垄断反欺诈方面法律法令)的执行所必需的措施;⑤有关监狱劳动产品的措施;⑥为保护本国具有艺术、历史或考古价值的文物而采取的措施;⑦为保护可能用竭的天然资源的有关措施;⑧为履行国际商品协定所承担的义务而采取的措施;⑨国内原料的价格被压低到低于国际价格水平,为了保证国内加工工业对这些原料的基本要求,有必要采取的原料出口措施;⑩在普遍或局部供应短缺的情况下,为获取或分配产品所必需采取的措施。

(2)安全例外的规定。《关贸总协定》第 21 条规定,缔约方提供有关国家基本安全利益的资料和为国家基本安全利益所采取的行动,以及根据《联合国宪章》为维护国际和平安全所采取的行动不受总协定约束。

(3)关税同盟和自由贸易区的规定。《关贸总协定》第 24 条规定,本协定的各项规定不得阻止缔约方在其领土之间建立关税同盟或自由贸易区。这意味着世界贸易组织成员之间如果建立了关税同盟或自由贸易区,其内部成员之间相互给予的优惠不能按照最惠国待遇原则给予关税同盟或自由贸易区以外的其他成员。

(4)单方面的给惠安排。除地区性安排外,发达国家还给予来自某些发展中国家的产品单方面的优惠,这种优惠不必扩展到其他发达国家,也不要求受惠国给以回报。

另外,《服务贸易总协定》、《与贸易有关的知识产权协定》中都规定了不适用最惠国待遇原则的例外。

(二)国民待遇原则

1.国民待遇原则的概念

国民待遇原则是指一国在经济活动和民事权利义务等方面给予其境内外国国民以不低于其本国国民所享受的待遇。《关贸总协定》第3条规定,一缔约方领土的产品输入到另一缔约方领土时,不应对它直接或间接征收高于对相同产品所直接或间接征收的国内税或其他国内费用。在关于商品的国内销售、推销、购买、运输、分配或使用的全部法令、条例和规定方面,进口产品所享受的待遇不应低于相同的本国产品所享受的待遇。这一原则使进口产品与国内产品在同等条件下竞争,以免遭歧视性待遇。

2.国民待遇原则的适用范围

国民待遇原则的适用范围是有一定限制的。根据《关贸总协定》第3条的规定,国民待遇仅适用于外国的进口产品所涉及的国内税和国内规章制度方面的措施。

3.国民待遇原则的例外适用

适用国民待遇原则的例外有以下几种情形:

(1)《关贸总协定》第20条"一般例外"中的规定。

(2)《关贸总协定》第21条"安全例外"中的规定。

(3)政府采购及其有关的法律规定。国民待遇原则不适用于政府采购,即成员方从事《关贸总协定》所限定的政府采购可以在本国与外国供应商品选择上实行差别待遇,即使外国供应商提供了较优惠的产品,该成员政府也可优先从本国供应商处购买。

(4)国民待遇原则不适用于边境措施(如海关估价、办理征税手续、进出口商品检验、许可证手续)。

(5)对国内生产者的政府补贴。《关贸总协定》第3条第8款第2项规定,本条的规定不妨碍对国内生产者给予特殊的补贴,包括从符合本条规定征收的国内税的收益中以及通过政府购买国产品的方式,向国内生产者提供补贴,但此项例外应在世界贸易组织《补贴与反补贴措施协定》约束下实施。

(三)关税减让原则

关税减让原则是指通过互惠互利的谈判,大幅度降低关税和进出口其他费用水平,以发展国际贸易。《关贸总协定》本身并没有强制要求其成员国把关税降到某水平或约束在某水平,而是要求缔约方之间通过谈判达成相互满意的削减关税和非关税障碍的协议(包括关税减让表等文件),以此达到降低关税和其他贸易障碍的目的。

(四)一般取消数量限制原则

一般取消数量限制原则是指任何成员方除征收捐税或其他费用外,不得设立或维持配额、进出口许可证或其他措施以限制或禁止其他成员方领土的产品的输出,或向其他成员方领土输出或销售出口产品。该原则包含两层含义:第一,普遍禁止数量限制,不论是采取配额、许可证还是其他措施,任何成员不得对其他成员产品进口和本国产品出口实行禁止或限制;第二,允许各成员采取一定的保护本国工业或其他产业的措施,这种保护应运用关税和国内税手段,并尽可能维持在较低的合理水平,而不应采取数量限制。

例外规定有以下三点:

(1)根据《关贸总协定》第11条的规定,为下列目的可以实行数量限制:为防止或减轻出口食品或其他必需品的紧急匮乏而采取的暂时禁止或限制出口;进出口的禁止与限制是为了实施国际贸易中初级产品分类定级所必需的;为了执行政府措施而对农产品实行出口限制。

(2)为保障国民收支实施的进口数量限制。《关贸总协定》第12条第1款允许缔约方为保障其对外金融地位和国际收支,可以限制进口产品的数量和价值。此外,《关贸总协定》第18条专门授权发展中国家在面临国际收支困难的条件下可以实施数量限制。

(3)保障条款。《关贸总协定》第19条规定了保障条款,指的是当一个成员国关税减让造成进口产品大量增加,以致对国内生产造成严重损害或严重损害威胁,该成员可以实施临时性限制进口措施,以保护相关产业。成员国可实行两种措施保护国内产业,即提高关税和实行数量限制,由于提高关税手续复杂,因此一般都采用实行数量限制措施,由此保障措施成为一般取消数量限制的例外措施。

(五)透明度原则

透明度原则是指当政府实施有关过境货物的法律和规章时必须予以公布,而且贸易商可以得到这些法律和规章。依据这项原则,各成员均负有义务及时公布现行有效的下列各项规定:海关对产品的分类或估价的规定;关于税率和其他费用征收率的规定;关于对进出口货物及其支付转账的规定;有影响常被援用的司法判决和行政决定;政府间或政府机构间缔结的对国际贸易政策影响的协定。

另外,一成员若要实施如下有关规定,也必须及时公布:按既定统一办法提高进口货物关税或其他费用的税率规定;对进口货物及其支付转账实施新的或更严的规定;限制或禁止某些普遍适用措施的适用规定。这些规定非经正式公布不得实施。

透明度原则的例外包括以下几点:

(1)在货物贸易方面,《关贸总协定》规定,并不要求缔约国公开那些会妨碍法令的贯彻执行,会违反公共利益或会损害某一企业的正当商业利益的机密资料。也就是说,《关贸总协定》允许各缔约国对某些机密不予公开。

(2)《服务贸易总协定》也规定,对可能损害公共利益或合法商业利益的秘密资料可不公布。

(3)《与贸易有关的知识产权协定》规定,不要求缔约方泄露那些可能妨碍法律实施,或违背公共利益,或有损于特定企业合法商业利益的秘密资料。

三、世界贸易组织的争端解决机制

世界贸易组织的争端解决机制仅适用于该组织成员之间由于执行WTO协议而产生的争议。因此,争议的主体仅限于该组织的成员,即各缔约方。这些缔约方多数为主权国家,另有一些地区。因此,各缔约方所属的自然人或法人,不能成为该争议解决体制的主体。该争议解决机制的首要目标,是确保 WTO 各项协议的实施,以及废除各国与 WTO 各项协议的规定不一致的有关措施。

(一)世界贸易组织争端解决机构

在乌拉圭回合谈判的最后阶段,诞生了《关于争端解决规则与程序的谅解书》(Dispute Settlement Understanding,简称 DSU),DSU 成为解决世界贸易组织有关贸易争端的法律依据。根据该谅解书,设立了世界贸易组织争端解决机构(DSB),该机构不但是唯一有权设立解决争议的专家小组,而且是通过专家小组和上诉机构的报告和建议解决争议的权威机构,并负责监督对所通过的裁定和建议的实施。如果缔约方未能实施上述建议或裁定,可下令中止有关缔约方作出的减让。DSB 的这些职能的发挥,主要通过它所设立的专家小组和上诉机构实现。

(二)世界贸易组织争端解决机制的运作

根据《关于争端解决规则与程序的谅解书》,在 WTO 框架下解决争议,主要经历以下几个阶段:

1.磋商

世界贸易组织成员方之间发生贸易争端后,首先应通过磋商寻求解决。磋商是世界贸易组织成员解决贸易争端的主要方法。争端发生后,要求磋商的申请应通知争端解决机构及有关的理事会和委员会,接到磋商申请的成员应自收到磋商请求之日起 10 天内作出答复,并在 30 天内(紧急情况下 10 天内)进行磋商,60 天内(紧急情况下 20 天内)解决争端。磋商应秘密进行,并且不得损害其他成员方的权利。

2.斡旋、调解和调停

在解决争端的 60 天期限内,可进行斡旋、调解和调停,这些都是争端双方自愿执行的程序,可由任何一方提出,随时开始,随时结束。

3.专家小组的设立及对争议事项的审查

当磋商、斡旋、调解和调停均不能解决争端时,当事一方向 DSB 提交设立专家小组的申请。该专家小组最迟应在设立专家小组的请求列入 DSB 正式程序后的下一次会议上设立,除非 DSB 一致同意不设立该专家小组。

专家小组一般由三人组成,特殊情况下可由五人组成。专家小组的主要职能是按照与缔约方争议有关的协议的执行情况提出建议或裁定。专家小组应当协助当事人解决争议。为此应当向 DSB 提交有关调查材料的书面报告,说明争议的事实的调查结果,并提出有关的建议。此项报告除向 DSB 提交外,还应向当事各方提供。报告一般应在专家小组成立后 6 个月内提出,但遇紧急情况,应在 3 个月内提出。在复杂争议的情况下,也可经书面请求 DSB 并经批准后延长此项期限,但在任何情况下都不得超过 9 个月。

专家小组的报告只有在向各缔约方分发 20 日后,才考虑通过这些报告。此项报告应在分发后 60 日内进行评审,争议各方有权全面参与对专家小组报告的评审。DSB 应当在此期限内通过这项报告,除非某一缔约方声称将对此报告提出上诉,或 DSB 一致决定不采纳此项报告。当争议一方将提出上诉时,此项报告将在上诉结束后再通过。

4.上诉复审

当争端一方对专家小组的报告持有异议并将上诉决定通知 DSB,或 DSB 一致反对采纳专家小组的报告时,则由 DSB 设立的常设上诉机构处理对该案件的上诉。

常设上诉机构由广泛代表世界贸易组织成员的七名公认的,具有法律、国际贸易和有关协定专门知识的权威人士组成,该机构任期 4 年,不隶属于任何政府。上诉只能由争端方提起,且上诉事由仅限于专家小组报告中论及的法律问题及该小组所作的法律解释。上诉机构的报告应自上诉决定通知 DSB 之日起 60 天内作出(特殊情况下最长不得超过 90 天)。上诉机构的报告可以确认、修改或反对专家小组的调查结果和结论。如果上诉机构报告被 DSB 采纳,则争端各方应无条件接受。

5. DSB 对有关建议与裁决的监督执行

从专家小组报告或上诉机构报告通过之日起的 30 天内,在 DSB 会议上有关成员方应通报关于执行 DSB 建议与裁决的意图。如该成员不能及时执行建议与裁决,应给予合理的期限。除非 DSB 另行决定,在该合理期限确定之日起 6 个月后,应将执行建议与裁决的问题列入 DSB 的会议日程,并且直到争端得到解决为止。

6. 补偿和交叉报复

当专家小组或上诉机构的建议或报告未被 DSB 采纳或执行时,在自愿的基础上,争端各方可就补偿办法达成一致协议。如在合理期限后 20 天内不能达成一致,则一方可要求 DSB 授权其中止履行对有关协议(协定)的减让义务和其他义务,申诉方在中止履行减让义务和其他义务时,应遵循以下原则和程序:第一,首先应在其利益受到损害或丧失的相同部门内寻求中止减让;第二,如果不奏效,则中止履行同一协议内其他部门中的减让或其他义务;第三,如果仍不奏效,则中止其他协议中的减让义务或其他义务。这后两项内容即通常所谓的"交叉报复"或"跨部门报复"。需要注意的是,中止履行减让和其他义务的水平应与利益被损害的水平相当。

7. 仲裁

争端双方可达成一致的仲裁协议,直接将案件提交仲裁,并将仲裁结果通知 DSB 有关协议的理事会和委员会。求助于仲裁的各方应服从仲裁裁决。仲裁是《谅解协仪》的一项新规定。但从程序上来看,它只是一项选择性的辅助方法,不是一项必经程序。

子项目四 中国对外贸易管理制度

我国对外贸易管理制度是指我国通过制定法律、法规,对货物进出口、技术进出口和国际服务贸易进行管理和控制的制度。

我国对外贸易管制从建国初就已开始,当时主要是以《中国人民政治协商会议共同纲领》和《宪法》为基础,制定了《对外贸易管理暂行条例》、《进出口货物许可证制度实施办法》等法规。1994 年 5 月 12 日,第八届全国人民代表大会常务委员会第七次会议通过了《中华人民共和国对外贸易法》(以下简称《对外贸易法》),并于同年 7 月 1 日正式生效。入世后,2004 年 4 月修订并于 7 月实施的《中华人民共和国对外贸易法》是我国政府对国际贸易实施管理和控制的重要法律依据。除此之外,我国还颁布了大量的对外贸易管理方面的法规、单行条例等,《反倾销条例》、《反补贴条例》、《保障措施条例》、《货物进出口管理条例》及《技术进出口管理条例》等。这些法律规范与《对外贸易法》共同构成了我国对外贸易管理完整的法律体系。由于反倾销以及反补贴的内容在子项目二中已详细介绍,此不赘述。

一、《中华人民共和国对外贸易法》

(一)一般规定

(1)适用范围。《对外贸易法》适用于货物进出口、技术进出口和国际服务贸易。边境贸易不适用外贸法,以便给边境贸易更多的灵活性。我国的单独关税区(香港和澳门)不适用外贸法。

(2)对外贸易管理机构。我国宪法规定,对外贸易管理权属于国务院。2003年前国务院对外贸易经济合作部统一领导和管理全国的对外贸易工作,现将这项工作移交给商务部。

(3)对外贸易基本原则。外贸法规定的对外贸易基本原则包括:①实行统一的对外贸易制度原则。我国实行统一的对外贸易制度,即由国家统一制定对外贸易法律、法规、政策,采取统一的管理措施,对全国的对外贸易进行宏观指导和调控。②维护公平、自由的对外贸易秩序原则。国家依法维护公平的自由的对外贸易秩序。所谓公平的对外贸易秩序,是指国家应在法律上为中外经营者提供公平自由的竞争环境,同时要求中外经营者依法经营,公平竞争,不得实施法律所禁止的行为。③坚持平等互利、互惠对等的多边、双边贸易原则。外贸法规定,我国根据平等互利的原则促进和发展同其他国家和地区的贸易关系,在对外贸易方面所缔结或参加的国际公约和协定,给予其他缔约方、参加方或者根据互惠对等原则给予对方最惠国待遇、国民待遇。如果任何国家或地区在贸易方面对我国采取歧视性的禁止、限制或其他类似措施,我国可以根据实际情况对该国家或地区采取相应的措施。

(4)对外贸易经营主体。对外贸易经营主体是依照外贸法从事对外贸易经营活动的法人、其他组织或者个人。

(二)进出口管制制度

(1)限制或禁止进出口的货物和技术。《对外贸易法》第16条、17条规定了限制或禁止进出口的货物和技术。另外第18条规定了国务院对外贸易主管部门或者由其会同国务院其他有关部门,经国务院批准,可以在此法第16条和第17条规定的范围内,临时决定限制或者禁止前款规定目录以外的特定货物、技术的进口或者出口。

(2)有限的配额和许可证制度。《对外贸易法》规定:①对限制进口或者出口的货物,实行配额或者许可证管理;对限制进口或出口的技术,实行许可证管理。②进出口货物配额,由国务院对外贸易主管部门或者国务院其他有关部门在各自的职责范围内,按照公开、公平、公正和效益的原则进行分配。

(3)国际服务贸易。《对外贸易法》对限制、禁止国际服务贸易的情形作出了规定,见第26条、27条。

(三)禁止不正当竞争行为措施

对外贸易秩序是对外贸易经营者在对外贸易活动中应有的公平、自由竞争和交往的秩序。《对外贸易法》对不正当竞争行为以及对国内产业造成损害的其他行为规定了制裁措施。

(1)妨碍对外贸易秩序行为。主要包括垄断行为、以不正当的低价销售商品、串通投标、发布虚假广告、进行商业贿赂等不正当竞争行为。有以上违法行为,并危害对外贸易秩序的,国务院对外贸易主管部门可以采取禁止该经营者有关货物、技术进出口等措施消除危害。

《对外贸易法》第 34 条规定,在外贸易活动中,不得有下列行为:①伪造、变造进出口货物原产地标记,伪造、变造或者买卖进出口货物原产地证书、进出口许可证、进出口配额证明或其他进出口证明文件。②骗取出口退税。③走私。④逃避法律、行政法规规定的认证、检验、检疫。⑤违反法律,行政法规规定的其他行为。

(2)保障措施。因进口产品数量大量增加,对生产同类产品或者与其直接竞争的产品的国内产业造成严重损害或者严重损害威胁的,国家可以采取必要的保障措施,消除或者减轻这种损害或者损害的威胁,并可以对该产业提供必要的支持。

(3)反倾销与反补贴措施。《对外贸易法》规定了反倾销措施和反补贴措施。

二、《中华人民共和国货物进出口管理条例》

2001 年 12 月 10 日国务院公布《中华人民共和国货物进出口管理条例》,自 2002 年 1 月 1 日起施行。该条例主要包括以下几方面内容:

(一)货物进口管理

有关货物进口管理规定主要有:①禁止与限制进口的货物。禁止进口的货物目录和限制进口的货物目录均由国务院外经贸主管部门会同国务院有关部门制定、调整并公布。限制进口的货物目录,应当至少在实施前 21 天公布;在紧急情况下,应当不迟于实施之日公布。②配额与许可证管理。国家规定有数量限制的限制进口货物,实行配额管理;其他限制进口货物,实行许可证管理。配额管理分为关税配额管理和一般配额管理。实行关税配额管理的进口货物目录,由国务院外经贸主管部门会同国务院有关经济管理部门(以下统称进口配额管理部门)制定、调整并公布。实行一般配额管理的限制进口货物,由国务院外经贸主管部门和国务院有关经济管理部门按照国务院规定的职责划分进行管理。对实行配额管理的限制进口货物,进口配额管理部门应当在每年 7 月 31 日前公布下一年度进口配额总量。

(二)货物出口管理

关于货物出口管理的主要规定有:①禁止与限制出口货物。禁止出口的货物目录和限制出口的货物目录均由国务院外经贸主管部门会同国务院有关部门制定、调整并公布。限制出口的货物目录,应当至少在实施前 21 天公布;在紧急情况下,应当不迟于实施之日公布。②配额与许可证管理。国家规定有数量限制的限制出口货物,实行配额管理;其他限制出口货物,实行许可证管理。对实行配额管理的限制出口货物,出口配额管理部门应当在每年 10 月 31 日前公布下一年度出口配额总量。对实行许可证管理的限制出口货物,出口经营者应当向国务院外经贸主管部门或者国务院有关部门提出申请,出口许可证管理部门应当自收到申请之日起 30 天内决定是否许可。如果许可,则发放出口许可证。

(三)自由进口货物

属于自由进口的货物,不受限制。但是,基于监测货物进口情况的需要,国务院外经贸主管部门和国务院有关经济管理部门可以按照国务院规定的职责划分,对部分属于自由进口的货物实行自动进口许可管理。实行自动进口许可管理的货物目录,应当至少在实施前 21 天公布;属于自动进口许可管理的货物,均应当给予许可,使其取得自动进口许可证明。

(四)国营贸易和指定经营

实行国营贸易管理的货物,国家允许非国营贸易企业从事部分数量的进出口。国务院外经贸主管部门基于维护进出口经营秩序的需要,可以在一定期限内对部分货物实行指定经营管理。实行指定经营管理的进出口货物目录、指定经营企业名录以及确定指定经营企业的具体标准和程序,由国务院外经贸主管部门制定、调整并公布。

(五)进出口监测和临时措施

国务院外经贸主管部门负责对货物进出口情况进行监测、评估,并定期向国务院报告货物进出口情况,提出建议。国家在一定条件下可以实施临时限制措施:①国家为维护国际收支平衡,包括国际收支发生严重失衡或者受到严重失衡威胁时,或者为维持与实施经济发展计划相适应的外汇储备水平,可以对进口货物的价值或者数量采取临时限制措施。②国家为建立或者加快建立国内特定产业,在采取现有措施无法实现的情况下,可以采取限制或者禁止进口的临时措施。③国家在必要时可以对任何形式的农产品、水产品采取限制进口的临时措施。④在一定情形下,国务院外经贸主管部门可以对特定货物的出口采取限制或者禁止的临时措施。⑤对进出口货物采取限制或者禁止的临时措施的,国务院外经贸主管部门应当在实施前予以公告。

(六)对外贸易激励机制

国家采取积极措施鼓励我国对外贸易发展,具体规定有:①国家采取出口信用保险、出口信贷、出口退税、设立外贸发展基金等措施,促进对外贸易发展。②国家采取有效措施,促进企业的技术创新和技术进步,提高企业的国际竞争能力。③国家通过提供信息咨询服务,帮助企业开拓国际市场。④货物进出口经营者可以依法成立和参加进出口商会,实行行业自律和协调。⑤国家鼓励企业积极应对国外歧视性反倾销、反补贴、保障措施及其他限制措施,维护企业的正当贸易权利。

(七)处罚与救济

该条例根据行为人行为表现不同,将行为人应承担的法律责任分为刑事责任与行政责任。

三、保障措施法律制度

国务院于 2001 年 11 月 26 日公布了《中华人民共和国保障措施条例》,自 2002 年 1 月 1 日起施行,2004 年又对其进行了修改,同年 6 月 1 日实施。

(一)保障措施的实施条件

所谓保障措施是指,进口产品数量增加,并对生产同类产品或者直接竞争产品的国内产业造成严重损害或者严重损害威胁(以下除特别指明外,统称损害)的,所采取的限制进口的措施。因此,实施保障措施的条件具体如下:

1.进口产品数量增加

进口产品数量增加是指进口产品数量与国内生产相比绝对增加或者相对增加。

2.国内产业损害

在确定进口产品数量增加对国内产业造成的损害时,应当审查下列相关因素:①进口产品的绝对和相对增长率与增长量。②增加的进口产品在国内市场中所占的份额。③进口产品对国内产业的影响,包括对国内产业在产量、销售水平、市场份额、生产率、设备利用率、利润与亏损、就业等方面的影响。④造成国内产业损害的其他因素。对严重损害威胁的确定,应当依据事实,不能仅依据指控、推测或者极小的可能性。

在确定进口产品数量增加对国内产业造成的损害时,不得将进口增加以外的因素对国内产业造成的损害归因于进口增加。

3. 数量增加与损害之间有因果关系

商务部应当根据客观的事实和证据,确定进口产品数量增加与国内产业的损害之间是否存在因果关系。

(二)保障措施的实施程序

1. 提出申请

国内产业有关的自然人、法人或者其他组织(统称申请人),可以依照该条例的规定,向商务部提出采取保障措施的书面申请。

2. 立案调查

商务部应当及时对申请人的申请进行审查,决定是否立案调查。商务部即使没有收到采取保障措施的书面申请,但有充分证据证明国内产业因进口产品数量增加而受到损害,也可以决定立案调查。商务部应当将立案调查的决定及时通知世界贸易组织保障措施委员会。

3. 提供陈述意见和论据的机会

商务部应当为进口经营者、出口经营者和其他利害关系方提供陈述意见和论据的机会。调查可以采用调查问卷的方式,也可以采用听证会或者其他方式。调查中获得的有关资料,资料提供方认为需要保密的,应按保密资料处理;保密申请有理由的,应当对资料提供方提供的资料按保密资料处理,同时要求资料提供方提供一份非保密的该资料概要。按保密资料处理的资料,未经资料提供方同意,不得泄露。商务部应当将调查结果及有关情况及时通知保障措施委员会。

4. 裁决

商务部根据调查结果作出初裁决定,也可以直接作出终裁决定,并予以公告。初裁决定确定进口产品数量增加和损害成立并且二者之间有因果关系的,商务部应当继续进行调查,根据调查结果作出终裁决定。

(三)保障措施的分类

1. 临时保障措施

有明确证据表明随着进口产品数量的增加,如不采取临时保障措施将对国内产业造成难以补救的损害的紧急情况下,可以作出初裁决定,并采取临时保障措施。临时保障措施采取提高关税的形式。

采取临时保障措施,由商务部提出建议,国务院关税税则委员会根据该建议作出决定,商务部予以公告,海关自公告规定实施之日起执行。在采取临时保障措施前,商务部应当将有关情况通知保障措施委员会。

临时保障措施的实施期限,自临时保障措施决定公告规定实施之日起,不超过 200 天。

2. 保障措施

最终裁决认定进口构成数量增加并由此对国内产业造成损害的,可以采取保障措施。保障措施可以采取提高关税、数量限制等形式。保障措施采取提高关税形式的,由商务部提出建议,国务院关税税则委员会根据该建议作出决定,由商务部予以公告;采取数量限制形式的,由商务部作出决定并予以公告。海关自公告规定实施之日起执行。

商务部应当将采取保障措施的决定及有关情况及时通知保障措施委员会。采取数量限制措施的,限制后的进口量不得低于最近三个有代表性年度的平均进口量。但是,有正当理由表明为防止或者补救严重损害而有必要采取不同水平的数量限制措施的除外。采取数量限制措施,需要在有关出口国(地区)或者原产国(地区)之间进行数量分配的,商务部可以与有关出口国(地区)或者原产国(地区)就数量的分配进行磋商。

3.保障措施的实施限制

有关保障措施限制性规定包括:①保障措施应当针对正在进口的产品实施,不区分产品来源国(地区)。②采取保障措施应当限于防止、补救遭受严重损害并便利调整国内产业所必要的范围内。③在采取保障措施前,商务部应当为与有关产品的出口经营者有实质利益的国家(地区)政府提供磋商的充分机会。④终裁决定确定不采取保障措施的,已征收的临时关税应当予以退还。

(四)保障措施的期限与复审

保障措施的实施期限不超过4年。但符合下列条件的,保障措施的实施期限可以适当延长:①按照该条例规定的程序确定保障措施对于防止或者补救严重损害仍然有必要。②有证据表明相关国内产业正在进行调整。③已经履行有关对外通知、磋商的义务。④延长后的措施不严于延长前的措施。

关于保障措施实施期限限制,该条例规定:①一项保障措施的实施期限及其延长期限,最长不超过10年。②保障措施实施期限超过1年的,应当在实施期间内按固定时间间隔逐步放宽。③保障措施实施期限超过3年的,商务部应当在实施期间内对该项措施进行中期复审。

对于复审,条例要求:复审的内容包括保障措施对国内产业的影响、国内产业的调整情况等。

(五)保障措施的再实施

对同一进口产品再次采取保障措施的,与前次采取保障措施的时间间隔应当不短于前次采取保障措施的实施期限,并且至少为2年。但是,符合下列条件的,对一产品实施的期限为180天或者少于180天的保障措施,不受上述规定限制:①自对该进口产品实施保障措施之日起,已经超过1年。②自实施该保障措施之日起5年内,未对同一产品实施2次以上保障措施。

项目习题

1.简述关税的概念、种类及征收方法。

2.简述非关税壁垒的概念及其主要制度。

3.简述倾销的概念及特征。

4.简述反倾销法的概念及特征。

5.简述倾销的构成条件。

6.简述WTO反倾销规则中规定的反倾销法的主要救济措施及其实施原则。

7.简述补贴及其种类。

8.简述世界贸易组织的宗旨与职能。

9.简述世界贸易组织的基本原则。

10.世界贸易组织的争端解决机制是怎样的？

11.结合我国的具体情况，试述我国实施对外贸易管制的必要性。

项目小结

通过本项目的练习，了解国际贸易管制的措施，重点掌握反倾销措施、WTO的基本原则以及争端解决机制，能够运用所学知识分析当前国际贸易中的问题。

拓展活动

A国通知B国，禁止从B国进口羊肉，理由是羊肉的荷尔蒙含量超标，影响国民的身体健康。B国经过调查发现，A国境内销售的羊肉荷尔蒙含量与B国羊肉的荷尔蒙含量是一样的。并且，A国还不断从C国进口同样质量的羊肉。B国认为A国违反了GATT原则，他们的利益受到了侵害。A国反驳，他们采取的措施是不违反GATT原则的，是属于一般例外所允许的。

根据本项目所学知识，回答下列问题：

(1)A国的做法是否违反了GATT的原则？如果违反了，那违反了哪条原则？为什么？

(2)A国反驳的理由对不对？为什么？

模块三　国际投资法律制度

国际投资在当今国际经济交注中占有非常重要的地位,而国际投资法也是国际经济法的重要组成部分,学习国际投资法不仅具有重要的理论意义,也具有浪大的实践意义。 本模块主要介绍了国际投资法的概念和特征、各国关于国际投资的法津制度、国际投资的国际法津制度及中国外商投资法津制度。

项目一
国际投资法

学习目标

知识目标　掌握国际投资法的主要内容和特点

能力目标　能够在实践中运用国际投资环境

项目分析

项目概述　国际投资是国际间资金流动的一种重要形式,本项目主要从宏观角度介绍了国际投资以及国际投资法律制度的基本理论问题。

导入阅读

德国投资环境

德国概况

德国位于欧洲中部,是一个由 16 个州组成的联邦制国家。各州根据地方自治的宪法原则划分为 16 个地方政权。

德国的首都为柏林。根据宪法规定,德国是一个推行社会民主和法治的联邦制国家。德国是欧盟的创始成员国之一,拥有大约 8200 万人口,是欧盟人口最多和人口密度最大的国家,其中大约 90％的人口拥有德国国籍。此外,德国还是联合国、经合组织、北约组织、欧洲安全和合作组织以及八国集团的成员国。从国内生产总值来看,德国排在美国、中国和日本之后,是世界第四大经济体。德国与丹麦、波兰、捷克、奥地利、瑞士、法国、卢森堡、比利时和荷兰接壤,边界线长达 3757 千米(博登湖边界不算在内),是欧洲邻国最多的国家。

从地貌上看,阿尔卑斯山这座褶皱山脉,是德国境内唯一一座高大山脉,而且只有部分位于德国境内。阿尔卑斯山脉位于德国南部,其在德国境内的最高峰为楚格峰,海拔 2962 米。比阿尔卑斯山低一些的中部山脉从北部向南部延伸,海拔高度逐渐攀升,其最高海拔约为 1500 米。

德国是一个森林和河流资源十分丰富的国家,境内流经数条大河,可以直通北海、波罗的海和黑海,因此内部航运也较为发达。

德国境内最大、最终汇入大海的五大河流分别是莱茵河、多瑙河、易北河、奥德河、威悉和埃姆河。其中,四条汇入北海和波罗的海,另外一条(多瑙河)汇入黑海。德国境内全长 865 千米的莱茵河是德国西南和西部重要的河流,同时也是一条界河,其主要支流有内卡河、美茵河、摩泽河和鲁尔河。莱茵河的经济意义十分重大,它是欧洲最为繁忙的水路要道。

位于南部的多瑙河在德国境内全长 647 千米,流经阿尔卑斯山北侧山麓地区,之后流入奥地利和东南欧。而全长 725 千米的易北河则位于德国东部。从内部交通来看,德国南部还有一条连接莱茵河和多瑙河的重要人工运河——莱茵—美茵—多瑙运河。每年有 2.5 亿吨的货物由内陆河运运输(每年火车运输的货物约为 3 亿吨,通过卡车运输的货物则超过 10 亿吨)。

德国最大的人口居住点为慕尼黑、斯图加特、汉堡和柏林。这四座城市分别拥有 200 万～400 万的人口。位于西北部地区的鲁尔区也是一个拥有多个中心、人口稠密的地区。鲁尔区内有数个城市,居住着近 600 万的人口。

作为联邦国家,德国是以联邦制的组织形式而存在的。这意味着,政治体制存在着两个层面:一个是联邦层面,对外代表整个德国;另外一个是州层面,每个联邦州都单独存在。每个层面都有自身的国家执行机构(执行权力)、立法机构(立法权力)和司法机构(司法权力)。各州自己决定城市和乡镇的制度形式。

欧洲最大的经济体

德国作为经济强国,历史悠久,其第三产业(服务业)在国民经济中所占比重很大。凭借着全面的技术优势,德国位列世界工业强国之列。这也是许多外国公司选择德国作为欧盟投资目的地的一个原因。除此之外,德国还拥有良好的基础设施和高素质的人才。在全世界最受欢迎的十大投资目的地名单中,德国排在中国、美国和印度之后,位列第四。德国云集了46000 家各行各业的外国公司,仅美国公司就有大约 2700 家,投资额高达 1300 亿欧元。

良好的社会治安、稳定的政局、高度的创新精神和高效的社会生产率、高品味的生活质量以及高素质的专业人才,是德国获得外国投资者青睐的原因。此外,德国还拥有世界上最现代化的公路交通和最密集的轨道交通。

为了简化商界同各个层面的管理部门的联系,德国专门设立了代理处,为商界提供优质的服务,保持和地方工商会的联系。

东德地区不仅拥有良好的基础设施条件,还具备很强的科研和开发实力,因此,纳米和生物科技领域的大批工业企业,已经在这里建立了生产基地。与西欧国家相比,东德地区还具有成本优势,对于投资商而言,在这里投资,可以说是同时享有西欧和东欧的优势。图林根州非常现代化的汽车工厂,为外国汽车零部件供应商提供了很多商机。光电、微电子和航空工业领域的企业,也极具规模。这些因素使东德地区成为了"德国东部发电站"和"通往东欧的大门"。

欧盟人口近 5 亿,生产总值超过 13000 亿欧元,是世界上最大的内部市场。作为欧洲最大的经济体,德国为欧洲经济的发展作出了很大的贡献。从战略和物流等角度来看,德国位于欧洲中部的地理位置,为投资者提供了毋庸置疑的优势。在欧洲,无论是陆路交通,还是水路和航空交通,都十分发达。

外商投资的框架条件

德国在就业安全、投资安全、防御危险以及卫生和环境理念上,均处于世界领先地位。

虽然德国的信贷机构在法兰克福这个欧洲的金融中心,以及全球范围内,建立了广泛的网络,并提出了具有吸引力的商业计划,但是对于很多中国企业而言,中国本土的银行,比如中国银行、中国建设银行和中国工商银行等,能在德国开展业务,仍十分重要。而中国本土银行在德国开展业务,是能得到保证的。

法兰克福机场,是世界上最重要的航空枢纽之一。因此法兰克福在交通和物流方面扮演着举足轻重的角色。法兰克福机场每年要接待5300万以上的旅客,而法兰克福机场股份有限公司(Fraport AG),是欧洲货物运输盈利排名第二的公司。从法兰克福出发到欧洲的各个角落,航程时间一般都不超过两小时。法兰克福绝佳的交通条件,使德国成为一个国际玩家,其经济活动远不止于欧洲大陆。

法律上的框架条件

德国法律较为全面。为了便于外国投资者了解,德国经济和技术部选取了部分与公司经营活动相关的法律条文,公布在其网站上(德国商业门户网站)。这些法律条文可以按照类别查看,十分清楚明了。税收方针政策、海关规定、技术规范、行业注册手续以及其他法律条文等,都可以从该网站上查看。

居住和工作许可

有意愿在德国生活和工作的外国人,都必须申请居住和工作许可。如果雇用没有工作许可的外国人,雇主将会受到处罚。

择业自由和法律形式

有意愿在德国从事商业活动的个人或公司,必须根据行政法、民事法律和税法中的规定,办理相关手续。自然人在营业之前,必须申请营业执照。营业执照可以向主管部门申请,在支付少量费用之后获得。资本投资公司则有义务进行商业注册。商业注册是由当地法院主管的公共注册。

公司形式

投资者有权选择公司的法律组织形式。外国投资者一般可以选择有限责任公司或者股份有限公司作为公司的组织形式。有限责任公司的注册资本最低限额为25000欧元(其中的12500欧元的资金必须在注册时进行支付),而股份有限公司注册资本的最低限额为50000欧元。有限责任公司是德国最常见的公司组织形式,因为这种公司组织形式十分灵活,受到的限制较少。有限责任公司在法律形式上,既可以作为法人团体,也可以作为参股团体。通常而言,外国投资者选择有限责任公司作为公司法律组织形式较多,其税收负担较低。合伙公司(最常见的为无限责任公司和两合公司)和个体公司(个体企业)通常有一个或一个以上的完全责任人,以其所有财产对公司的债务负全部责任。

资助企业新项目是投资新目标

自20世纪90年代中期以来,企业特别是处于起步阶段的企业,就一直是德国联邦、州和乡镇政策关注的重点。众多政府计划和政治举措,都将资助企业新项目作为目标。

在德国,促进中小企业和处于起步阶段的企业发展的政治措施,并不是由一个机构集中负责,而是由联邦和各州分散实施,因此具有相互补充的特点。联邦政府在2006年开始采纳促进中小企业发展的新倡议,以提高中小企业的竞争力。倡议内容包括:建立适用于中小企业和企业主的框架条件;减少官僚主义障碍;创建企业家组织;促进职业教育现代化;改善融资条件特别是风险资本的融资条件,以及推定国际化等。

在州一级层面,新成立的特别国家银行和投资代理机构,负责管理所有的国家投资促进项目(有时也负责实施)。

地方(指乡镇和区县)的首要任务,则是通过投资活动来促进当地经济的发展。这方面的工作主要由企业联合会、工业手工业和商业协会,以及管理和经济促进代理处的发展部门来完成。这些机构往往(部分)隶属于地方的管理部门,提供各种服务,比如与企业相关的信息和咨询服务、公共促进方案的咨询服务,以及与成立新的企业项目相关的咨询服务等。这些机构,实际上是地方管理部门和投资者之间的一个交流平台。

"德国制造"

德国凭借"德国制造"这块世界知名的牌子,以及产品的质量和安全性,在 2008 年,再次赢得世界出口冠军的美誉。"德国制造"的品质,保证了德国是一个安全、具有吸引力的投资目的地。此外,从德国出发,可以轻易到达欧盟的所有国家,节约了时间和成本,投资者可以从中获得很大的收益。

(信息来自 http://www.gotohui.com/show.php? con—tid=24050)

任务分析

任务一 采用多媒体课件,说明国际投资法的内容及特点
任务二 通过案例,编制国际投资可行性研究报告

必备知识(理论知识)

一、国际投资的概念和分类

(一)国际投资的概念

国际投资是国际间资金流动的一种重要形式,是投资者将其资本投向他国以获得一定经济效益的一种经济活动。对特定国家来说,国际投资包括外国资本的输入和本国资本的输出。前者我们称之为外国投资,后者我们称为海外投资或境外投资。

(二)国际投资的分类

1.按投资主体分类

按投资主体分类,国际投资可分为官方投资和私人投资。所谓私人投资,是指投资所涉及的只是自然人、法人及其他民间组织、企业团体的经济关系,即资本归私人所有;外国政府、国际金融机构的投资、贷款、援助则称为官方投资。

2.按投资方式分类

按投资方式分类,国际投资可分为直接投资和间接投资。所谓直接投资,是指有企业经营管理权和控制权的投资,投资者在海外直接经营企业,对企业的经营管理有较大的控制权;间接投资是指投资者不参加企业经营管理,也不享有企业控制权或支配权,而仅以其持有的债权或证券来提供收益的投资。在国际投资中,国际私人直接投资占有举足轻重的地位,是国际投资法调整的主要对象。

另外,按投资时间长短,国际投资还可分为短期投资和长期投资。

二、国际投资法的概念与特征

国际投资法(international investment law),是调整国际私人直接投资关系的各种法律规范的总称,是国际经济法的一个重要分支。具体说来,它有如下主要特征:

(一)国际投资法调整国际私人投资关系

国际资本流动,有政府间或国际组织与政府间的资金融通关系,如外国政府、国际经济组织的贷款、援助等,属于官方投资范围;也有自然人、法人及其他经济组织的海外投资,称为私人投资。国际投资法调整的投资关系,仅限于国际私人投资关系,不包括政府间或国际组织与政府间的资金融通关系。至于一国的国家公司或国营企业在海外进行的投资,接受投资国都把他们看做私人投资者,而不因为这些公司企业的资本为国家所有就把他们看做是政府官方投资。在某些情况下,甚至政府也参与私人投资活动,由于其活动是以商业活动为基础的,通常也将其与私人投资同等看待。

(二)国际投资法调整国际私人直接投资关系

如前所述,国际投资可分为直接投资和间接投资,一般来说,国际投资法调整的对象主要是国际私人直接投资关系。国际间接投资关系一般不在国际投资法的调整对象之列,私人间接投资关系属于一般民商法、公司法、票据法、证券法等法律、法规的调整范畴。国际组织与政府间的资本融通关系一般是由国际经济组织法或有关政府间贷款的协定等调整。

(三)国际投资法调整的国际私人直接投资关系既包括国内法关系,又包括国际法关系

国际私人投资产生的关系错综复杂,具有多重性、立体交叉等特点。它通常不仅涉及到不同国家的法人与个人间投资合作关系,而且还包括外国私人投资者与东道国间的投资合作关系或投资管理关系,私人投资者与其本国间的投资保险关系、两国或多国政府间基于相互保护私人直接投资而达成的双边或多边投资保护条约关系。国内与国际关系相互联系,构成统一的国际投资关系整体。国际投资法是调整国际私人直接投资关系的国内法规范和国际法规范的总称。

三、国际投资法的法律渊源

国际投资法的法律渊源有:

(一)国内立法

国际投资法的国内法部分主要有两种:

1.资本输入国的外国投资法

外国投资法是资本输入国调整外国私人直接投资关系的法律规范的总称。其内容主要是规定资本输入国政府、外国投资者、外国投资企业关于投资的权利义务关系。世界各国用以调整外国投资的法律形式和体系不同,有的是制定统一的投资法典,有的则颁布专门的单行法规,有的仅适用一般的国内法。

2.资本输出国的海外投资法

资本输出国为了维护本国经济利益,保护海外私人投资,通常制定有对外投资的法律,其中最为重要的是海外投资保险法。此外,有的资本输出国还有关于管制和鼓励海外私人投资

的法律规定,这些法律也是国际投资法的重要组成部分。

(二)国际条约

调整国家间有关国际投资权利义务关系的国际条约有两种:

1.双边条约

两国间为促进和保护相互投资而缔结的双边投资条约在国际投资法中占有重要地位,在国际上应用最为广泛。双边投资条约的主要形式有三种:"友好通商航海条约"、"投资保护协定"以及"相互促进和保护投资协定"。双边投资条约只对双方缔约国有拘束力,构成缔约国之间的"特殊国际法",不具有普遍拘束力。但也有学者认为,若双边投资条约中的某些规则被为数众多的双边条约普遍接受,也可能构成国际习惯而具有普遍拘束力。另一些学者则认为,由于双边投资条约中的有关准则目前尚存很大分歧,因此把这些条约看做正在形成中的习惯法为期过早。

2.多边条约

国际投资的多边条约有区域性多边条约和世界性多边公约。区域性多边条约是指区域性国家组织旨在协调成员国外国投资法律而签订的多边条约,其中最为典型的是拉丁美洲安第斯条约组织制定的《安第斯共同市场外国投资规则》。区域性多边条约构成该区域成员国间的"特殊国际法";国际投资的世界性多边公约与协定主要有《解决国家与他国国民间投资争议公约》、《多边投资担保机构公约》,世界贸易组织体制下的《与贸易有关的投资措施协定》与《服务贸易总协定》。这些多边投资公约与协定对缔约国成员具有普遍拘束力。

(三)其他法律渊源

其他法律渊源主要包括联合国大会的规范性决议、国际惯例及国际法的其他辅助渊源。其中联合国大会的规范性决议居于首要地位。联合国大会在 20 世纪 60 年代,特别是 70 年代先后通过了一系列与国际投资有关的重要决议,如 1962 年的《关于自然资源永久立权宣言》、1974 年的《关于建立新的国际经济秩序行动纲领》和《各国经济权利义务宪章》等。这些文件不仅一般地确立了新的国际经济秩序的基本原则,而且特别地规定了国家对本国自然资源的永久主权、国家有权管制本国境内的外国投资、实行国有化等。

四、国际投资环境

所谓投资环境(investment environment),是指能有效地影响国际资本的运行和效益的一切外部条件和因素。这些条件和因素有自然的、社会的、政治的、经济的、法制的、文化的、教育的、科学技术的乃至民族意识、人民心理、历史传统、风尚等,它们相互联系构成投资的综合环境。

投资环境有不同的分类,但大体上可分为物质环境与社会环境,或有形环境与无形环境,前者还称为"硬环境",后者为"软环境"。

(一)物质环境

物质环境是指客观存在的自然条件及人类对自然条件改造与完善后的物质条件。它主要包括下列条件和因素:

(1)自然资源。自然资源包括矿物资源、动植物资源及自然力资源等。丰富的自然资源,对外资最具吸引力。

(2)地理环境。地理环境主要包括地理位置,以及有关地质、地貌、气候、雨量、自然风光等地理条件。

（3）基础设施。基础设施包括城市和工业基础设施，如交通运输设施、供水供电设施、通讯设施、城市卫生环保设施、文教设施及其他社会环保设施（如宾馆、旅游、饭店、商业网点）等。基础设施是由人对物质条件的改造和完善所形成的，在物质环境中是可变因素。

（二）社会环境

社会环境是指统治者所建立的社会形态及为维护该社会形态所实施的各项措施，以及这种社会形态和措施所形成的社会状况和人们的观念意识。社会环境主要是人的主观意识的产物，与人的因素分不开，所以又称人际环境。它主要包括政治、经济、法制、社会等条件和因素。

（1）政治环境。政治环境主要指政治是否稳定，政策是否具有连续性，政策措施、行政体制的效率，行政对经济的干预程度等。

（2）法制环境。法制环境通常包括：东道国国内的法律环境，即有关法律和立法所体现的对外国投资的一般态度（积极的或消极的），特别是对外国投资者所期待的利益可能给予的影响；与投资者母国政府之间的法律关系，即东道国与投资者母国政府之间是否签订有双边经济协议或条约，尤其是双边投资保障协议或双边投资条约；东道国政府所签署的相关国际条约以及所加入的国际组织相应的规定。

（3）经济环境。经济环境主要包括经济发展的稳定性、经济增长率、劳动生产率、经济体制、外汇管理制度及国际收支情况、市场机制与市场规模及其开放程度、工资体制与平均工资水平、技术条件、企业经营管理体制与水平、人民消费水平、税收制度与税收优惠措施、环境保护等。

（4）社会条件。社会条件主要指社会安定性、社会秩序、社会风气、社会对外资的态度、社会一般教育素质、社会服务态度等。

（5）意识环境。意识环境主要包括民族意识、开放意识、改革意识、法律意识、价值观念等。

项目习题

1. 简述国际投资的主要形式。
2. 简述私人作为国际投资法律关系主体的特殊性。

项目小结

本项目主要介绍了国际投资的种类、国际投资法的概念与特征和国际投资法的渊源，其中国际投资法的渊源主要包括国际法渊源和国内法渊源。国际法渊源主要含有世界性多边投资条约、区域性多边投资条约、双边投资条约以及一些国际投资案例；国内法渊源则主要指各国的涉外国际投资法规。

拓展活动

了解一些重要经济体的投资环境。

项目二
资本输出国的海外投资保险制度

学习目标

知识目标　掌握海外投资保险制度的基本内容

能力目标　能模拟操作海外投资保险业务

项目分析

项目概述　发达国家作为主要的资本输出国,其被海外投资保险制度广泛使用,以保护本国的海外投资。

导入阅读

菲律宾地热公司(美方投资设立的公司)于1971年9月签订了一个服务合同,在菲律宾开发地热资源。由菲律宾地热公司出资,并提供技术援助以及部分的营运资金,作为回报,菲律宾地热公司根据其投资企业生产的产量收取一定的服务费。1983年11月2日,菲律宾地热公司将从1982年12月开始的连续三个季度的收入存入菲律宾的一家商业银行,并向菲律宾中央银行申请汇出,获得批准。然而,1983年11月17日,由于当时外汇大量外流,菲律宾政府决定推迟90天偿还外债的本金。随后实行的外汇管制又要求商业银行把所有的外汇卖给中央银行,建立一个外汇储备资金,该资金只为重要的进口交易配给外汇。菲律宾地热公司虽然已取得菲律宾中央银行的收入汇出批准书,但仍无法从该外汇储备资金中申请取得外汇。于是,便向美国海外私人投资公司索赔。

(选自《国际经济法案例教程》,王传丽主编,知识产权出版社2001年6月第1版,224页)

任务分析

任务一　通过案例,掌握美国海外投资保险制度的应用

必备知识(理论知识)

一、海外投资保险制度的由来

海外投资保险制度由美国首创,其后被众多发达国家广泛效仿,将其作为保护海外投资的

手段。二战以后,世界各国的经济往来急剧增加,跨国投资也随之成为一项重要的内容。二战后第一个大举对外投资的国家是美国,它推出了重建欧洲的"马歇尔计划",作为该计划的一部分,美国国会于1948年通过了《经济合作法案》,正是该法案的简单条文创建了最初的海外投资保险制度,该法案的规定已经具备了现代海外投资保险制度的本质。法案规定了美国对欧洲投资保险的主办机构是美国经济合作署,保险内容仅限于货币兑换险,而经济合作署有权收取保险费,并有权在支付赔偿金后取得代位权。海外投资保险制度正是在此基础之上逐渐发展起来的。

美国所创立的海外投资保险制度得到了其他发达国家的效仿,但由于这些国家经济的恢复和发展在二战后经历了一段相当长的时期,因此这些国家海外投资起步较晚,相应地其海外投资保险制度发展也较迟。

二、海外投资保险制度的制度设计

海外投资保险制度又称海外投资保证制度,是资本输出国政府为了鼓励本国资本向海外投资,而对本国海外私人投资的政治风险提供法律保证的制度。海外投资保险制度是国际投资保护的重要法律制度,它在一定程度上增强了资本输出国的国际竞争地位。

海外投资保险制度的主要内容包括:

(一)承保机构

由于海外投资保险的高风险性,一般私人保险公司都不愿意承保,因此,各国的海外投资保险业务都由政府部门经营,有些虽然以公司名义经营,但实际上也受到政府的密切监控。

美国于1969年将海外投资保险业务从纯政府机构中分离出来,成立海外私人投资公司(Overseas Private Investment Corporation,OPIC)来专门经营。OPIC虽然是公司的体制,但却是美国国际开发合作总署的直辖单位。德国的海外投资保险的法定保险人是联邦政府,联邦政府享有最终决定权,但具体业务由指定的两家公司,即"信托股份公司"和"黑姆斯信贷担保股份公司"来经营。

(二)承保的险别

一般而言,发达国家海外投资保险只承保政治风险,主要包括以下险别:

1.征收险

征收险是指东道国政府对投资者财产的征收、国有化、征用、没收或对其合同的权利废止、拒绝履行或违约行为,而使以上财产权利或合同权利遭受全部或部分损失的风险。一旦征收险事故发生以后,投保人就有要求保险人支付保险金的权利,相应地保险人取得了向东道国政府索赔的代位求偿权。当然,投保人在要求保险人支付保险金时要履行一定的义务和满足一定的条件。

2.战争和内乱险

战争和内乱险一般是指东道国发生革命、战争、暴动、骚乱而使投资者的资产遭受损失的风险。有的国家法律对以上概念的外延作出了限制,如美国法律就骚乱规定:只有主要是为了实现某种政治目的的破坏活动所造成的损失才属于保险范围之列,而一般的劳资纠纷、经济矛盾或其他与政治目的无关的纠纷所引起的骚乱则被排除在外。另外,各国对于战争险事故造成的损失范围规定也不尽相同,如美国法律规定仅限于有形资产的直接损失;而日本和德国则在某种程度上规定承保范围包括合同权利、工业产权等其他无形财产权益的损失,以及某些间接损失。

3.禁兑险

禁兑险又称外汇险,是指投资者在东道国投资项目的利润或其他收益,或回收、出卖或处分投入资本的款项,不能在东道国兑换成世界可流通货币汇回本国的风险。外汇险可以有多种原因:东道国政府可能实行外汇管制或禁止本国货币兑换外币,革命、战争、内乱也可能引起外汇业务中断。一旦外汇险事故发生,并且投资者投保前此项风险并不存在,保险人就将承担汇兑的责任。

除了以上三种政治风险之外,各资本输出国还对其他的风险(如营业中断险、延期支付险、信用风险等)进行承保。

(三)承保的条件

1.适格的投资者

适格的投资者也称合格的被保险人,是指根据法律规定享有申请投资保险资格的投资者。各资本输出国海外投资保证制度中的适格投资者一般为具有本国国籍的自然人和法人,或者是在本国有住所或居所的自然人和法人。前一种识别适格投资者的标准即国籍标准,为美国、日本等国采用;后一种识别适格投资者的标准为德国等采用。

2.适格的投资

适格的投资也称合格的投资,是指海外私人投资者符合国家法律规定的保险条件的投资。一般来说,应是新项目的投资,但在一定条件下也包括现有企业扩建、更新或改建的项目投资。

适格的投资还应符合资本输出国的经济、政治和社会利益。一般来说,凡是影响资本输出国国内就业水平,冲击本国市场,影响国际收支平衡,不利于本国经济或社会发展目标,违背本国公共政策和国家安全的海外投资,均不属于适格的投资。

适格的投资还应有一定的安全系数。例如,美国要求投保的海外投资必须经东道国政府批准,并仅限于总统同意认可的和与美国签订有投资保证协定的国家和地区。

3.适格的东道国

适格东道国是指符合一定条件,海外投资保险机构同意承保有关海外投资的东道国。

美国法律规定,适格的东道国应符合下列条件:①限于友好的发展中国家。②东道国国民人均收入应低于一定标准。③尊重人权和国际上公认的工人权利。④与美国签订有双边投资协定。

(四)投保程序

根据各国有关的规定,适格的投资者要取得政府的投资保险,必须按法定的程序进行。

1.提出申请

海外私人投资者在开始实现投资之前向海外投资保险机构提出投保申请,主要提交投资保险申请书及必要资料。

2.审查批准

海外投资保险机构对保险申请进行审查,主要审查投资者及其投资是否合格,经审查合格的,予以批准。

3. 签订保险合同

经审查确认申请合格并获批准后,由双方当事人签订保险合同。投资者有义务按合同的规定缴纳保险费。

4. 支付保险金

一旦承保范围内的风险事故发生后,由海外投资保险机构依据保险合同向海外私人投资者支付约定的保险金。保险金的数额一般是依据损失额与赔偿率确定的,通常在保险合同中加以明确规定。

(五)其他问题

1. 保险费

保险费是指投资项目承保时,投资者向保险人交纳的费用。保险费的年率依各种险别而不同,各国单项保险的年率最低为不到 0.2%,最高为 1%。综合保险的年率最低为 0.3%,最高为 1.5%。

2. 保险金

保险金是指保险事故发生后,保险人就投保人遭受的损失而支付的补偿金。根据各国的海外投资保险制度,保险人只对投保项目进行部分承保;一旦保险事故发生后,部分损失仍须由投资者自己承担。很多国家规定保险人承担损失的 90%,如美国、挪威、荷兰、英国、德国、日本;而其他国家则规定 15%~30% 不等。

3. 保险期间

保险期间是指投保人支付保险费,保险人承担保险责任的期间。各国法律规定的保险期间皆不相同:美国海外私人投资公司承保政治风险的保险期间根据投资种类、性质及承保险别的不同而定,一般股份投资保险法定最高期间不得超过 20 年。德国规定,保险期间第一次最长可以为 15 年,在合理的情况下,也可以定为 20 年;无论保险期间的长短,在保险期间届满之时,均可以再延长 5 年。日本规定,保险期间为 5~10 年;在投资项目建设期间较长的情况下,保险期间可超过 15 年。

4. 代位权

代位权是指保险人在保险事故发生向投保人支付了保险金以后,处于投保人的地位向东道国索赔的权利。

三、对海外投资保险制度的认识

私人海外投资会遇到各种政治风险,这些风险是海外投资的重大障碍,为了消除海外投资者的后顾之忧,鼓励其对外投资,许多发达国家相继建立了海外投资保证制度,承诺当投资者在东道国遇到政治风险而遭受经济损失时,由政府的投资保险机构给予赔偿。这种制度因而成为保护海外投资普遍行之有效的重要制度。海外投资保险制度与一般保险制度相比,具有以下特征:

(1)海外投资保证制度从表面上看,类似于一般的民间保险制度,但它是由国家特设的保证机构执行的,以国家为经济后盾,属于“国家保证”或“政府保证”的范畴。各国的海外投资保险业务都是政府部门经营的,有的虽以公司名义经营,但这些公司所经营的投资保险业务是在政府密切监控之下,或者本身就是国营公司,受政府直接控制。

（2）该制度的实施仅限于海外私人直接投资，即投资者可以直接参与经营管理和支配的海外企业的投资，不包括间接投资。

（3）保险对象仅限于政治风险，不包括一般商业风险（如货币贬值，或因经营不善、估计错误等所致的商业损失等）。

（4）该制度其重点在于保护，而不在于事后补偿。因此，资本输出国往往将国内法上的投资保险制度与国际法上的投资保证协定结合起来。例如，美国规定，双边投资保证协定是国内法上实行投资保证的法定前提，即美国只对与美国订有投资保证协定的国家进行的投资，才承担保险责任。这种结合的意义在于政府在承担保险责任之前，已获得了东道国基于双边条约的保证，从而使政治风险大大减少。这主要是防患于未然，尽可能避免事故发生。

项目习题

1．试述美国 OPIC 的业务。

项目小结

发达国家是国际投资的主体，因此它们的国际投资立法对于国际投资和国际投资法具有非常重要的影响。本项目主要介绍了发达国家广泛使用的海外投资保险制度，包括其历史发展以及主要内容。

拓展活动

1990 年 10 月 1 日，卢旺达爱国阵线从乌干达入侵卢旺达，与卢旺达政府军交战。10 月 9 日，卢旺达国防部征收了投保人茶叶进口公司和 C—W 贸易公司在卢旺达合资设立的一家公司的卡车，用于军需。于是，这两家公司便向美国海外私人投资公司索赔。

根据本项目所学知识，回答下列问题：美国海外私人投资公司是否赔偿？

（选自《国际经济法案例教程》，王传丽主编，知识产权出版社 2001 年 6 月第 1 版，228 页）

项目三
中国外商投资法律制度

学习目标

知识目标　掌握中外合资经营企业法律规定和中外合作经营企业法律规定

能力目标　能够分析中国外商投资的基本法律问题

项目分析

项目概述　自入世以来,我国已连续多年列外商直接流入国首位。外商在中国的投资形式主要包括中外合资经营企业、中外合作经营企业、外商独资企业。

导入阅读

截至到 2005 年 12 月对华投资前 15 位国别(地区)简况

金额单位:亿美元

国别(地区)	项目个数		合同外资金额		实际使用外资金额	
	个数	比重	金额	比重	金额	比重
总　计	552942	100.00	12856.73	100.00	6224.25	100.00
中国香港	254059	45.95	5278.86	41.06	2595.22	41.70
日　本	35124	6.35	785.69	6.11	533.75	8.58
美　国	49006	8.86	1121.20	8.72	510.90	8.21
英属维尔京群岛	14011	2.53	1034.36	8.05	459.17	7.38
中国台湾	68095	12.32	896.93	6.98	417.57	6.71
韩　国	38868	7.03	703.24	5.47	311.04	5.00
新加坡	14367	2.60	532.05	4.14	277.44	4.46
英　国	4897	0.89	240.49	1.87	131.96	2.12
德　国	4762	0.86	214.20	1.67	114.39	1.84
开曼群岛	1429	0.26	178.22	1.39	86.59	1.39
法　国	2933	0.53	102.8	0.80	74.19	1.19
荷　兰	1687	0.31	124.45	0.97	69.18	1.11
中国澳门	9829	1.78	157.19	1.22	63.37	1.02
萨摩亚	3457	0.63	151.5	1.18	57.85	0.93
加拿大	8900	1.61	169.57	1.32	49.89	0.80
其　他	41518	7.51	1165.97	9.07	471.74	7.58

(数据来自中国商务部网站)

任务分析

任务一 熟悉中外合资经营企业和中外合作经营企业的合同样本,理解合同条款的解释与应用

任务二 总结中外合资经营企业和中外合作经营企业的区别

任务二 通过案例,分析中国在吸引外商投资的实践中应注意的相关问题

必备知识(理论知识)

子项目一 中外合资经营企业法律制度

一、中外合资经营企业的概念与特征

(一)中外合资经营企业的概念

中外合资经营企业(以下简称合营企业),是指中国合营者与外国投资者依照中华人民共和国法律的规定,在中国境内共同投资、共同经营,并按投资比例分享利润、分担风险及亏损的企业。

根据《中外合资经营企业法》第 1 条规定,为了扩大国际经济合作和技术交流,允许外国公司、企业和其他经济组织或个人(以下简称外国合营者),按照平等互利的原则,经中国政府批准,在中华人民共和国境内,同中国的公司、企业或其他经济组织(以下简称中国合营者)共同举办合营企业。

(二)中外合资经营企业的特征

(1)合营企业主体一方为中国的公司、企业或其他经济组织,另一方为外国的公司、企业、其他经济组织或个人。

(2)在中国境内,合营企业按中国法律规定取得法人资格,是中国法人,必须遵守中国的法律、法规。

(3)合营企业是有限责任公司。

(4)合营各方遵照平等互利原则,共同出资、共同经营,按各方注册资本比例分享利润、分担风险和亏损。这种以股权方式计算合营企业各方权利与义务的模式被称为股权式的合营企业。

二、中外合资经营企业的资本

(一)中外合资经营企业的投资总额

投资总额是指按照合营合同、章程规定的生产规模所需投入的基本建设资金和流动资金

的总和。合营企业的投资总额可以和注册资本相同,但大多数情况下,投资总额为合营企业的注册资本与借贷资本之和,大于注册资本。由于投资总额是从资本的来源角度分析的,因此,注册资本与投资总额之比,即相当于公司法中的股债之比。这个比例在公司法中以及社会经济生活中是一个相当重要和十分敏感的问题,因为债在公司经营活动中的杠杆作用是十分明显的,甚至会影响到社会经济秩序的稳定。因此,国家工商行政管理局在《关于中外合资经营企业注册资本与投资总额比例的暂行规定》(以下简称《暂行规定》)第 3 条中作了明确规定:

(1)合营企业的投资总额在 300 万美元以下(含 300 万美元)的,其注册资本至少应占投资总额的 7/10。

(2)合营企业的投资总额在 300 万美元以上至 1000 万美元(含 1000 万美元)的,其注册资本至少应占投资总额的 1/2,其中投资总额在 420 万美元以下的,注册资本不得低于 210 万美元。

(3)合营企业的投资总额在 1000 万美元以上至 3000 万美元(含 3000 万美元)的,其注册资本至少应占投资总额的 2/5,其中投资总额在 1250 万美元以下的,注册资本不得低于 500 万美元。

(4)合营企业的投资总额在 3000 万美元以上的,其注册资本至少应占投资总额的 1/3,其中投资总额在 3600 万美元以下的,注册资本不得低于 1200 万美元。

(二)中外合资经营企业的注册资本

如上所述,合营企业的注册资本是指记载在合营企业合同、章程并经有关主管机关核准登记的合营各方认缴的出资额之和。

1.注册资本数额

组织形式为有限责任公司的合营企业,也适用《公司法》的相关规定。根据《公司法》,有限责任公司注册资本的最低限额为人民币 3 万元。公司全体股东的首次出资额不得低于注册资本的 20%,也不得低于法定注册资本的最低限额,其余部分由股东自公司成立之日起 2 年内缴清;其中,投资公司的股东可以在 5 年内缴清余额。

2.出资比例

合营各方在注册资本中所占的份额称为出资比例。关于合营各方的出资比例,各国的合营企业法或外国投资法都有明确规定,很多国家规定外国合营者的投资不得超过注册资本的 49%,也有的国家对此未作限制。我国法律规定,在合营企业的注册资本中,外国合营者的投资比例一般不低于 25%。

3.出资方式

合营者可以用货币出资,也可以用建筑物、厂房、机器设备或者其他物料、工业产权、专有技术、场地使用权等作价出资。以建筑物、厂房、机器设备或者其他物料、工业产权、专有技术作为出资的,其作价由合营各方按照公平合理的原则协商确定,或者聘请合营各方同意的第三者评定。

中外合营者均应当以其自有的财产或财产权利作为出资,对该出资不得设置抵押权或其他形式的担保。

(1)货币(现金)出资。出资的货币包括外币,也包括人民币。外币出资,按缴款当日中国人民银行公布的基准汇率折算成人民币或者套算成约定的外币;人民币出资,需要折算成外币的,同样按缴款当日中国人民银行公布的基准汇率折算。外国合营者也可以用其从中国境内举办的其他外商投资企业获得的人民币利润出资,但是要经审批机构批准并由国家外汇管理部门出具人民币利润来源证明,外国合营者同时可享受减免该利润税的优惠。

特别注意的是,以现金出资,必须是以合营者自己所有的现金出资,而不得以合营企业的名义取得贷款作为任何一方的出资,也不得以合营企业的财产和权益或合营他方的财产和权益为其出资提供担保。因此,商务部、国家工商行政管理局发布的《关于中外合资经营企业合营各方出资的若干规定》(以下简称《若干规定》)第3条规定,合营企业任何一方不得用以合营企业名义取得的贷款、租赁的设备或者其他财产以及合营者以外的他人财产作为自己的出资,也不得以合营企业的财产和权益或者合营他方的财产和权益为其出资担保。

(2)实物出资。所谓实物出资,即用建筑物、厂房、机器设备或其他物料作出资。股东以非货币财产出资的,应当依法办理其财产权的转移手续。作为外方合营者出资的机器设备或者其他物料,应当是合营企业生产所必需的;且作价不得高于同类机器设备或其他物料当时的国际市场价格。对作为出资的实物,必须进行评估作价,核实财产。其作价由合营各方按照公平合理原则协商确定,或者聘请合营各方同意的第三者评定,不得高估或者低估作价。作为注册资本投资的设备或者其他物料,必须是投资者自有的并且未设立任何担保物权的实物。凡是以实物作价出资的,出资者应当出具拥有所有权和处置权的有效证明。合营一方以房产作价出资的,应当按照房产交易的有关规定到当地房地产交易管理部门办理交易手续,并作产权变更登记。

(3)工业产权或者专有技术出资。根据《实施条例》第25条的规定,作为外国合营者出资的工业产权或专有技术,必须符合下列条件之一:①能显著改进现有产品的性能、质量,提高生产效率。②能显著节约原材料、燃料、动力。外国合营者以工业产权或专有技术作为出资,应提交该工业产权或专有技术的有关资料,包括专利证书或者商标注册证书的复制件、有效状况及其技术特性、实用价值、作价的计算依据、与中国合营者签订的作价协议等有关文件,作为合营合同的附件。外国合作者以机器设备或其他物料、工业产权或专有技术作为出资的,应报审批机关批准。

(4)场地使用权出资。以场地使用权出资是针对中方合营者来讲的,中方合营者以场地使用权出资必须遵循下列规定:

中国合营者可以场地使用权出资。如果场地使用权作为中国合营者出资的一部分,合营企业应向中国政府缴纳场地使用费。场地使用费标准应根据该场地的用途、地理环境条件、征地拆迁安置费用和合营企业对基础设施的要求等因素,由所在地的省、自治区、直辖市人民政府规定,并向商务部和国家土地主管部门备案,并且其金额应与取得同类场地使用权所应缴纳的使用费相同。场地使用费在开始用地的5年内不调整,以后因情况变化确需调整的,调整的间隔期应不少于3年。场地使用费作为中国合营者投资的,在合同的有效期限内不调整。

4. 出资期限

《若干规定》第4条指出,合营各方应当在合营合同中明确出资期限,并且应当按照合营合同规定的期限缴清各自的出资。合营企业依照有关规定发给的出资证明书应当报送原审批机关和工商行政管理机关备案。合营合同中规定一次交清出资的,合营各方应当从营业执照签发之日起6个月内缴清。合营合同中规定分期缴付出资的,合营各方第一期出资不得低于各自认缴出资额的15%,并且应当在营业执照签发之日起3个月内缴清。

合营各方未能在规定的期限内缴付出资的,视为合营企业自动解散,合营企业批准证书自动失效。合营企业应当向工商行政管理机关办理注销登记手续,缴销营业执照;不办理注销登记手续和缴销营业执照的,由工商行政管理机关吊销其营业执照,并予以公告。

合营各方缴付第一期出资后,超过合营合同规定的其他任何一期出资期限3个月,仍未出资或者出资不足时,工商行政管理机关应当会同原审批机关发出通知,要求合营各方在1个月内缴清出资。未按照规定的通知期限缴清出资的,原审批机关有权撤销对该合营企业的批准证书。批准证书撤销后,合营企业应当向工商行政管理机关办理注销登记手续,缴销营业执照并清理债权债务;不办理注销登记手续和缴销营业执照的,工商行政管理机关有权吊销其营业执照,并予以公告。

合营一方未按照合营合同的规定如期交付或者未缴清其出资的,即构成违约。守约方应当催告违约方在1个月内缴付或者缴清出资。逾期仍未缴付或者缴清的,视同违约方放弃在合营合同中的一切权利,自动退出合营企业。守约方应当在逾期后1个月内,向原审批机关申请批准解散合营企业或者申请批准另找合营者承担违约方在合营合同中的权利和义务。守约方可以依法要求违约方赔偿因未缴付或者缴清出资造成的经济损失。违约方已经按照合营合同规定缴付部分出资的,由合营企业对该出资进行清理。守约方未按规定向原审批机关申请批准解散合营企业或者申请批准另找合营者的,审批机关有权撤销对该合营企业的批准证书。批准证书撤销后,合营企业应当向工商行政管理机关办理注销登记手续,缴销营业执照;不办理注销登记手续和缴销营业执照的,工商行政管理机关有权吊销其营业执照,并予以公告。

5.注册资本的变更和转让

合营企业注册资本的增加、减少,应当由董事会会议通过,并报审批机构审批,向登记管理机构办理变更登记手续后方可生效。

合营一方因为某种原因需要转让其注册资本的部分或全部,必须经另一方书面同意,并报原审批机关批准后方可转让,转让后须向登记管理机构办理变更登记手续。合营一方转让其全部或部分股权时,合营他方有优先购买权。合营一方向第三者转让股权的条件,不得比向合营他方转让的条件优惠。违反上述规定的,其转让无效。

三、中外合资经营企业的组织机构

(一)中外合资经营企业的权力机构

合营企业的董事会,是合营企业的最高权力机构。董事会的职权是按合营企业章程的规定,讨论决定合营企业的一切重大问题。

董事会的人数,由协议各方协商,在合营合同、章程中确定,但不得少于三人且一般为单数,并由合营各方委派和撤换。董事名额的分配由合营各方参照出资比例协商确定。董事长和副董事长由合营各方协商确定或由董事会选举产生(实践中多为控股股东担任董事长)。中外合营者的一方担任董事长的,由他方担任副董事长。

董事的任期为4年,经合营各方继续委派可以连任。董事长是合营企业的法定代表人。董事长不能履行职责时,应当授权副董事长或者其他董事负责代表合营企业。董事会会议每年至少召开1次,由董事长负责召集并主持。董事长不能召集时,由董事长委托副董事长或者其他董事负责召集并主持董事会会议。经1/3以上董事提议,可以由董事长召开董事会临时会议。

董事会会议应有 2/3 以上董事出席方能举行。董事不能出席的,可以出具委托书委托他人代表其出席和表决。下列事项由出席董事会会议的董事一致通过方可作出决定:合营企业章程的修改;合营企业的中止、解散;合营企业注册资本的增加、减少;合营企业的合并、分立;其他事项,可以根据合营企业章程载明的议事规则作出决议。

(二)中外合资经营企业的经营管理机构

合营企业的经营管理机构负责企业的日常经营管理工作。经营管理机构设总经理一人,副总经理若干人,并设立各职能部门。

总经理执行董事会会议的各项决议,组织领导合营企业的日常经营管理工作。在董事会授权范围内,总经理对外代表合营企业,对内任免下属人员,行使董事会授予的其他职权。

总经理、副总经理由董事会聘请,可以由中国公民担任,也可以由外国公民担任。经董事会聘请,董事长、副董事长、董事可以兼任合营企业的总经理、副总经理或者其他高级管理职务。总经理、副总经理不得兼任其他经济组织的总经理或者副总经理,不得参与其他经济组织对本企业的商业竞争。总经理、副总经理及其他高级管理人员有营私舞弊或严重失职行为的,经董事会决议可以随时解聘。

四、中外合资经营企业的解散与清算

合营企业可在下列情况下解散:①合营期限届满。②企业发生严重亏损,无力继续经营。③合营一方不履行合营企业协议、合同、章程规定的义务,致使企业无法继续经营。④因自然灾害、战争等不可抗力遭受严重损失,无法继续经营。⑤合营企业未达到其经营目的,同时又无发展前途。⑥合营企业合同、章程所规定的其他解散原因已经出现。

合营企业宣告解散时,董事会应提出清算的程序、原则和清算委员会人选,报企业主管部门审核并监督清算。清算委员会的成员一般应在合营企业的董事中选任。董事不能担任或不适合担任清算委员会成员时,合营企业可聘请在中国注册的会计师、律师担任。审批机构认为必要时,可以派人进行监督。清算费用和清算委员会成员的酬劳应从合营企业现存财产中优先支付。

清算委员会的任务是对合营企业的财产、债权、债务进行全面清查,编制资产负债表和财产目录,提出财产计算依据,制定清算方案,提请董事会会议通过后执行。清算期间,清算委员会代表该合营企业起诉和应诉。

五、中外合资经营企业争议的解决

合营各方在解释或者履行合营企业协议、合同、章程时发生争议时,应当尽量通过友好协商或者调解解决。经过协商或者调解无效的,提请仲裁或者司法解决。合营各方根据有关仲裁的书面协议,可以在中国的仲裁机构进行仲裁,也可以在其他国家的仲裁机构仲裁。合营各方之间没有有关仲裁的书面协议的,发生争议的任何一方都可以依法向人民法院起诉。

在解决争议期间,除争议事项外,合营各方应当继续履行合营企业协议、合同、章程所规定的其他各项条款。

子项目二　中外合作经营企业法律制度

一、中外合作经营企业的概念与特征

（一）中外合作经营企业的概念

中外合作经营企业（以下简称合作企业），是指中国的企业或其他经济组织与外国企业、其他经济组织和个人依照中国法律的规定，在中国境内共同举办的，按合作企业合同的约定分配收益或产品、分担风险和亏损的企业。

（二）中外合作经营企业的特征

（1）合作企业主体一方为中国的企业或其他经济组织，另一方为外国的企业、其他经济组织或个人。

（2）在中国境内，合作企业按中国法律规定成立，必须遵守中国的法律、法规。

（3）合作企业可以是具有法人资格的合作企业，也可以是不具有法人资格的合作企业。

（4）合作企业的中外合作者的投资、收益分配、风险债务的分担，以及企业终止时剩余财产的分配等，均由合作双方在合作合同中约定。这种模式被称为契约式的合作企业。

二、中外合作经营企业的出资

（一）中外合作经营企业的出资方式和出资比例

根据《中外合作企业法》的规定，中外合作者可以现金、实物、土地使用权、工业产权、非专利技术以及其他财产权利出资。合作各方应当以其自有的财产或者财产权利作为投资或者合作条件，对该投资或者合作条件不得设置抵押权或者其他形式的担保。

依法取得中国法人资格的合作企业，外国合作者的投资一般不低于合作企业注册资本的25%。不具备法人资格的，由商务部确定对合作各方向合作企业投资或提供合作条件的具体要求。

（二）中外合作经营企业的出资期限

中外合作企业的合作方应在合作合同中约定合作各方向合作企业投资或提供合作条件的期限。合作各方未按期缴纳投资，提供合作条件的，工商管理部门应督促其限期履行；期限届满仍未履行的，审批机关可撤销其批准证书，同时工商行政管理机关应吊销其营业执照，并予以公告。未按合作企业合同缴纳投资或提供合作条件的一方，应向已缴纳投资或提供合作条件的一方承担违约责任。

合作各方缴纳投资或者提供合作条件后，应当由中国注册会计师或有关机构验证并出具验资报告，由合作企业据以发给合作各方出资证明书。

三、中外合作经营企业的管理形式

合作企业的管理形式包括三种，具体如下：

1. 董事会制

具有法人资格的合作企业，一般实行董事会制。董事会是合作企业的最高权力机构，决定合作企业的重大问题。董事长、副董事长由合作各方协商产生；中外合作者的一方担任董事长的，由他方担任副董事长。董事会可以决定任命或聘请总经理负责合作企业的日常经营管理工作。

2. 联合管理制

不具有法人资格的合作企业，一般实行联合管理制。联合管理机构由合作各方代表组成，是合作企业的最高权力机构，决定合作企业的重大问题。联合管理机构可以设立经营管理机构，也可以不设经营管理机构。不设经营管理机构的，由联合管理机构直接管理企业。

3. 委托管理制

经合作各方一致同意，合作企业可委托中外合作一方进行经营管理，另一方不参加管理；也可以委托合作方以外的第三方经营管理企业。董事会或联合管理委员会作出决议一般由出席会议的董事或委员过半数同意方可通过。但是，合作企业章程的修改，合作企业注册资本的增加或减少，合作企业的解散，合作企业的资产抵押，合作企业的合并、分立和变更组织形式，合作各方约定由董事会会议或联合管理委员会会议一致通过方可作出决议的其他事项，应由出席董事会会议或管理委员会的委员一致通过，方可作出决议。

四、中外合作经营企业的收益或者产品分配和外国合作者的投资回收

（一）中外合作经营企业的收益或者产品分配

合作企业收益或者产品的分配方式应当在合作企业合同中予以约定。合作企业在分配方式上，可以实行利润分成，也可以实行产品分成，后者一般是在资源开发项目中采用。至于利润分成、产品分成的比例，也是由中外合作者在合作企业合同中约定。由于具体情况不同，合同当事人可以约定在合作企业期满前始终按同一个比例实行利润或产品分成；也可以在合作企业期满前的一定时期按某种比例分成，在另外的时期按别的比例分成。

（二）中外合作经营企业的外国合作者的投资回收

在实践中，中外合作者双方通常约定合作企业在合作期满时，其全部固定资产归中国合作者所有。为平衡中外各方的利益，一般采用让外国合作者在合作期限内先行回收投资的办法。回收投资的办法一般有三种：第一，合作前期从企业税收利润中给外方多分配，以后逐年递减，即优先保证外方实现利润；第二，经税务机关批准，实行税前分配，即外方合营者在合作企业交纳所得税前回收投资；第三，经税务机关批准，通过加速固定资产折旧的方法，用折旧金偿还外方的投资。

如果外国合作者在合作期限内回收投资尚未完毕，经过审批机关批准，可以延长合作期限，以保证外商继续回收应予回收而尚未回收的投资。

五、中外合作经营企业的合营期限与解散

（一）中外合作经营企业的合营期限

合作经营的期限由中外合作者协商并在合作企业合同中规定。合作企业合作期满，合作各

方同意延长合作期限的,应在期限届满180天前向审批机关提出申请。审批机关自接到申请之日起30日内作出是否予以批准的决定。合作企业中,外方先行回收投资的,并已回收完毕的,不再延长合作期限。但外国合作者增加投资,合作各方协商同意延长的,可向审批机关申请延长合作期限。合作延长期限一经批准,合作企业应到工商行政管理部门办理变更登记手续。

(二)中外合作经营企业的解散

中外合作企业解散的原因有:合作期限届满;合作企业发生严重亏损,或因不可抗力遭受严重损失,无力继续经营;中外合作者一方或数方不履行合作企业合同、章程规定的义务,致使合作企业无法继续经营;合作企业合同、章程规定的解散原因出现;合作企业违法,被依法责令关闭。

合作企业解散,应当由合作企业的董事会或者联合管理委员作出决定,报审查批准机关批准。合作者一方或者数方不履行合作企业合同、章程规定的义务,应当对履行合同的他方因此遭受的损失承担赔偿责任;履行合同的一方或者数方有权向审查批准机关提出申请,解散合作企业。合作企业的解散需经过清算。

子项目三 外资企业法律制度

一、外资企业的概念与特征

外资企业是指按照中国法律的规定,在中国境内设立的,全部资本由外国投资者投资的企业,不包括外国的企业和其他经济组织在中国境内的分支机构。

外资企业具有如下特征:

(1)外资企业的全部资本是由外国投资者投资的,相应地,企业的全部利润归外国投资者,风险和亏损也由外国投资者独立承担。外国投资者可以是公司、企业以及其他经济组织或者个人。

(2)外资企业是外国投资者根据中国法律在中国境内设立的。

(3)外资企业是独立的法律主体,以自己的名义进行经营活动,承担民事责任。

二、外资企业的设立

(一)设立外资企业的条件

根据《中华人民共和国外资企业法实施细则》第5条的规定,申请设立外资企业,有下列情况之一的,不予批准:一是有损中国主权或者社会公共利益的;二是危及中国国家安全的;三是违反中国法律、法规的;四是不符合中国国民经济发展要求的;五是可能造成环境污染的。

(二)设立外资企业的申请

外国投资者在提出设立外资企业的申请前,应当就下列事项向拟设立外资企业所在地的县级或者县级以上地方人民政府提交报告。报告内容包括:设立外资企业的宗旨;经营范围、规模、生产产品;使用的技术设备;用地面积及要求;需要用水、电、煤、煤气或者其他能源的条件及数量;对公共设施的要求等。县级或者县级以上地方人民政府应当在收到外国投资者提交的报告之日起 30 天内以书面形式答复外国投资者。

外国投资者设立外资企业,应当通过拟设立外资企业所在地的县级或者县级以上人民政府向审批机关提出申请,并报送下列文件:设立外资企业申请书;可行性研究报告;外资企业章程;外资企业法定代表人(或者董事会人选)名单;外国投资者的法律证明文件和资信证明文件;拟设立外资企业所在地的县级或县级以上人民政府的书面答复;需要进口的物资清单;其他需要报送的文件。

两个或者两个以上外国投资者共同申请设立外资企业,应当将其签订的合同副本报送审批机关备案。

(三)设立外资企业的审批

《外资企业法》第 6 条规定,设立外资企业的申请,由商务部或者国务院授权的机关审查批准。审查批准机关应当在接到申请之日起 90 天内决定批准或者不批准。根据上述规定,《外资企业法实施细则》对设立外资企业的审批作具体规定。

设立外资企业的申请,由商务部审查批准后,发给批准证书。设立外资企业的申请属于下列情形的,国务院授权省、自治区、直辖市和计划单列市、经济特区人民政府(以下简称受托机关)审查批准后,发给批准证书:一是投资总额在国务院规定的投资审批权限以内的;二是不需要国家调拨原材料,不影响能源、交通运输、外贸出口配额等全国综合平衡的。受托机关在国务院授权范围内批准设立外资企业,应当在批准后 15 天内报国务院对外经济贸易主管部门备案。国家对外经济贸易主管部门和授权机关,统称审批机关。审批机关应当在收到申请设立外资企业的全部文件之日起 90 天内决定是否予以批准。审批机关如果发现上述文件不齐备或者有不正当之处,可以要求限期补报或者修改。

(四)设立外资企业的登记

设立外资企业的申请经批准后,外国投资者应当在接到批准证书之日起 30 天内,向国家工商行政管理部门或者国家工商行政管理局授权的地方工商行政管理局申请开业登记。登记主管机关应当在受理申请后 30 天内,作出核准登记或者不予核准登记的决定。申请开业登记的外国投资者,经登记主管机关核准登记注册,领取营业执照后,企业即告成立。外资企业的营业执照签发日期为该企业成立日期。外资企业应当在企业成立之日起 30 天内在税务机关办理税务登记。

外资企业符合中国法律关于法人条件规定的,依法取得中国法人资格。

三、外资企业的组织形式

外资企业的组织形式一般为有限责任公司,外国投资者对企业的责任以其认缴的出资额为限,外资企业以其全部资产对其债务承担责任。

外资企业为其他责任形式的,外国投资者对企业的责任适用中国法律、法规的规定。

四、外国投资者的出资方式与出资期限

(一)外国投资者的出资方式

外国投资者可以货币、机器设备、工业产权、专有技术等方式出资。

外国投资者可以用可自由兑换的外币出资。经审批机关批准,外国投资者也可以用其从中国境内举办的其他外商投资企业获得的人民币利润出资。

外国投资者以机器设备作价出资的,该机器设备必须符合下列要求:外资企业生产所必需的;中国不能生产,或虽能生产,但在技术性能或供应时间上不能保证需要的。该机器设备的作价不得高于同类机器设备当时的国际市场正常价格。外国投资者以工业产权、专有技术作价出资时,该工业产权、专有技术必须符合下列要求:外国投资者自己所有的;是能生产中国急需的新产品或出口适销产品的。该工业产权、专有技术的作价应与国际上通常的作价原则相一致,其作价金额不得超过外资企业注册资本的 20%。

(二)外国投资者的出资期限

外国投资者可以分期缴付出资,但最后一批出资应在营业执照签发之日起 3 年内缴清。外国投资者第一期出资不得少于其认缴的出资额的 15%,并应在外资企业营业执照签发之日起 90 天内缴清。外国投资者未能在外资企业营业执照签发之日起 90 天内缴付第一期出资的,外资企业批准证书自动失效。外资企业应向工商行政管理机关办理注销登记手续,缴销营业执照;不办理注销登记手续和缴销营业执照,由工商行政管理机关吊销其营业执照,并予以公告。外国投资者有正当理由要求延期出资的,应经审批机关同意,并报工商行政管理机关备案。

五、外资企业的经营期限、终止与清算

(一)外资企业的经营期限

外资企业的经营期限由外国投资者申报,由审批机关批准。期满需要延长的,应在期满 180 天以前向审批机关提出申请。审批机关应在接到申请之日起 30 天内决定是否予以批准。经批准延长经营期限的,应自收到批准延长期限文件之日起 30 天内,向工商行政管理机关办理变更登记手续。

(二)外资企业的终止和清算

外资企业有下列情形之一的应予终止:

(1)经营期限届满。

(2)经营不善,严重亏损,外国投资者决定解散。

(3)因自然灾害、战争等不可抗力而遭受严重损失,无法继续经营。

(4)破产。

(5)违反中国法律、法规,危害社会公共利益被依法撤销。

(6)外资企业章程规定的其他解散事由已经出现。

外资企业如存在上述第(2)、(3)、(4)项所列情形,应自行提交终止申请书,报审批机关批准。审批机关作出核准的日期为企业的终止日期。

外资企业如因上述第(1)、(2)、(3)、(6)项所列的情形终止的,应在终止之日起 15 天内对外公告并通知债权人,并在终止公告发出之日起 15 天内,提出清算程序、原则和清算委员会人选,报审批机关审核后进行清算。外资企业清算结束前,外国投资者不得将该企业的资金汇出或携带出中国境外。外资企业清算处理财产时,在同等条件下,中国的企业或其他经济组织有优先购买权。外资企业清算结束,应办理注销登记并缴销营业执照。

项目习题

1. 简述中外合资经营企业的特点。
2. 简述中外合作经营企业的特点。
3. 简述外资企业的特点。

项目小结

中外合资企业法、中外合作企业法、外资企业法是我国外商投资领域三部重要的法律。这三部法律对办好不同类型的企业,吸引外资、引进先进技术和先进管理经验、扩大出口渠道都具有重要意义。

拓展活动

2008 年 11 月,河南某工业公司与外国某有限责任公司商议成立一家中外合资经营企业,外方先提出了合资企业的协议草案。草案中有下列条款:

第 2 条:合资企业的组织形式为有限责任公司。

第 5 条:公司投资总额 300 万美元,公司的注册资本为 200 万美元,其中中方以土地使用权作价出资 40 万美元;外方以货币出资 50 万美元,以设备和工业产权作价出资 110 万美元……

第 6 条:双方在公司成立后分期缴付出资。第一期出资必须在营业执照签发之日起 6 个月内缴纳,并且不能少于认缴出资额的 15%。

第 11 条:公司设股东会为最高权力机构,董事会为执行机构。

第 12 条:在合作期内,外方可以先行回收投资,并于合营期满时全部固定资产归中方投资者所有。

第 18 条:本合同发生争议,到瑞典斯德哥尔摩商事仲裁院仲裁,适用于仲裁机构所在地法律。

中方看了草案后认为其中多处不符合法律规定,必须进行修改。外方则坚持草案没有违法,双方发生了争执。根据本项目所学知识,请逐条评述以上条款是否正确,并说明理由。

项目四
国际投资的国际法律制度

学习目标

知识目标　熟悉 MIGA 机构的职能及其承保的风险；掌握 ICSID 有关解决国际投资争端的法律制度

能力目标　能够运用所学内容，分析 MIGA 的业务范围和 ICSID 解决国际投资争端的法律问题

项目分析

项目概述　研究和探讨国际投资的国际法律制度，对于促进国际投资向发展中国家流入和发展中国家发展，以及解决在投资中产生的争议具有的重要意义。

导入阅读

1991 年 9 月，多边投资担保机构（MIGA）第一次就一份担保合同正式请求中国政府的批准。投保人是美国一家国际公司，投保投资为该公司在中国某地设立的一家中、日、美合营企业中的投资，投保金额为 1000 万美元，投保险别为货币汇总险和征收险。当时的对外经贸部对合营企业合同进行了审批，发现该合营企业合同在审批程序、贷款担保、外汇平衡及原材料购买等方面的条款不符合中国法律、法规的规定。例如，合同中规定，在合营公司无法自求外汇平衡时，中方合营者和主管部门必须负责将各自所得的外汇提供给合营公司，而美方投资者却向 MIGA 申请投保货币汇兑险。这样，若中方合营者未能以合营合同履行在合同中所作的外汇保证，外资方可据此向 MIGA 要求补偿，MIGA 则可根据《首尔公约》规定向中国政府提出代位求偿的要求，因而此份担保请求未予批准。

问：（1）这份担保合同是否具备 MIGA 承保的适格要件？

（2）外国投资者应该怎样做才能得到这份担保？

（选自《国际经济法案例教程》，王传丽主编，知识产权出版社 2001 年 6 月第 1 版，233 页）

任务分析

任务一　采用课件，演示《多边投资担保机构公约》的主要法律规定

任务二　通过案例，分析违约险的适用、MIGA 承保国际投资风险的条件和 MIGA 赔偿后的代位求偿

任务三　采用课件,演示 ICSID 的法律地位、管辖权及法律适用

任务四　通过案例,分析国际商事仲裁纠纷的解决

必备知识(理论知识)

子项目一　多边投资担保机构公约

一、多边投资担保机构概述

为了促进国际投资向发展中国家的流动,世界银行在 1984 年重新修订了《多边投资担保机构公约》(以下简称《首尔公约》)。1988 年 4 月 12 日,《首尔公约》正式生效,多边投资担保机构(Multilateral Investment Guarantee Agency,简称 MIGA)正式成立,并于 1989 年 6 月正式营业。中国于 1988 年 4 月 28 日正式签署了《首尔公约》。

MIGA 的宗旨是鼓励会员国之间相互投资,尤其是向发展中国家融通生产性投资,以补充国际复兴开发银行、国际金融公司和其他国际开发金融机构的活动。其目标是在一会员国从其他会员国取得投资时,对投资的非商业风险予以担保,包括共保和分保,通过技术援助、政策咨询、投资政策与经验的磋商,交流信息、推动签订投资协议等辅助性活动,促进会员国改善投资环境,以吸引更多外资。

MIGA 作为世界银行集团的下属机构,拥有完全的法人地位,有权缔结合同,取得并处理不动产和动产及进行法律诉讼。独立的法人地位对 MIGA 极为重要,因为作为一个多边投资担保机构,拥有独立的法人地位有利于其业务的正常开展。

MIGA 内设理事会、董事会、总裁和职员。理事会是 MIGA 的最高权力机关,由每一成员国指派一名理事和一名副理事组成。董事会至少由 12 人组成,负责本机构的一般业务,董事会主席由世界银行总裁兼任。MIGA 的总裁由董事会主席提名任命,负责处理本机构的日常事务以及职员的任免,依据惯例,总裁也由作为 MIGA 董事会主席的世界银行总裁兼任,但总裁和董事会仍是两个独立部门。职员由总裁负责组织、任命和辞退。

二、多边投资担保机构的业务

MIGA 的业务主要是投资担保业务,要想得到机构的承保,必须具备以下几个条件:

(一)承保的风险

MIGA 所承保的风险是非商业性风险,主要有以下四种:

1.货币汇兑险

货币汇兑险适用于东道国政府采取措施,限制投保人将东道国货币转换成可以自由兑换的货币或投保人可以接受的另一种货币,汇出东道国境外时(包括东道国未在合理期间内对该投保人提出的汇出申请做出行动时)。

2.征收险

征收险适用于由于东道国政府采取立法或行政措施,或其他懈怠行为,导致投保人对其投资的所有权、控制权或投资收益被剥夺时。但是,当东道国政府为管理其境内经济活动而采取普遍适用的非岐视性措施时,不适用该险种。

3.违约险

违约险适用于东道国政府废弃或违反其与投保人之间订立的契约,而投保人又无法求助于该国的司法或仲裁机构对该违反契约行为作出裁决;或受理机构在合理期间内不能作出裁决;或虽作出裁决,但该裁决不能付诸执行等情况发生时。

4.战乱险

战乱险适用于东道国境内任何地区的军事行动或内乱对投保人造成损失时。

除以上四种风险外,还可应投资者与东道国的申请,董事会经特别多数票通过,将MIGA担保的风险扩大到其他特定的非商业性风险。

(二)合格的投资

所谓合格的投资,是指可申请成为MIGA保险合同标的的投资。

从投资形式上讲,《首尔公约》规定的投资形式为产权投资,其中包括有关企业中的产权持有人发放或担保的中长期贷款,以及董事会确定的直接投资等种种形式;经董事会特别决议,投资形式还可以扩大到其他任何形式的中长期投资。至于其他贷款,只有当它同MIGA担保的特定投资有关时,才算做合格的投资。

从投资范围上讲,MIGA担保的投资仅限于其批准的、已注册的、开始执行的投资,具体包括以下条件:①使现有投资更新、扩大或发展所进行的任何外汇转移。②使现有投资中产生的收益(包括原可转移出东道国境外的收益)。此外,MIGA在审查投资时,应确认该投资是否具备以下条件:①具备经济合理性。②能够给东道国带来良好的经济和社会效益。③符合东道国的法律和条例。④与东道国的发展目标和发展重点相一致。⑤在东道国可以得到公平待遇和法律保护。

(三)合格的东道国

依据《首尔公约》规定,只对向发展中国家成员国投资的跨国公司,才有资格向MIGA申请投保。一般认为合格的东道国应具备以下条件:①该国是一个发展中国家。②该国是一个同意担保特定投资风险的国家。③该国是一个其投资条件被认为合格的国家。

(四)合格的投资者

依照《首尔公约》的规定,合格的投资者必须符合下列条件:

(1)自然人必须是东道国以外的成员国国民。

(2)法人必须是在东道国以外的一成员国注册并在该成员国设有主要营业点,或其多数资本为东道国以外的一个或几个成员国或其国民所有;法人无论是否为私人所有,均须在商业基础上经营。

另外,经投资者和东道国联合申请并经董事会特别多数票通过,可以将合格投资者扩大到作为东道国国民的自然人以及在东道国境内成立或多数资本为东道国国民所有的法人,条件是用于投资的资本来自东道国境外。

（五）机构的代位权

MIGA 一经向投保人支付或同意支付赔偿,即代位取得投保人对东道国其他债务人所拥有的有关承保投资的各种权利或索赔权。投资者在向 MIGA 索赔之前须履行以下义务:①寻求当地行政救济,但不包括司法救济。②遵循东道国的法律和法令,对其投资项目加以控制,以避免或减少可能的损失。③妥善保存求偿的文档记录,以备机构查阅。

（六）投资促进业务

依据《首尔公约》的规定,MIGA 应进行研究,开展活动,促进投资流动,并传播有关发展中国家会员投资机会的信息,以改善投资环境,推动外国投资向发展中国家流动。MIGA 还可以应会员国请求向其提供技术咨询和援助,以改善该会员国的投资条件。

子项目二 解决国际投资争端的国际公约

二战以后,新独立的发展中国家纷纷对涉及重要自然资源和国民经济命脉的外资企业实行征收或国有化,引起了发达国家与发展中国家之间的矛盾和纠纷。为了解决此类矛盾纠纷,从 1962 年起,在世界银行主持下,专家们开始起草《华盛顿公约》草案,即《关于解决国家与他国国民之间投资争端公约》(Convention on the Settlement of Investment Disputes between States and Nationals of Other States)。在经过各国的激烈论战和多次修改后,《华盛顿公约》终于在 1965 年正式通过,并于当年 3 月 18 日正式签署。依据该公约,解决投资争端国际中心(International Center for Settlement of Investment Disputes,简称 ICSID)正式成立,它是隶属于世界银行的一个独立机构。我国于 1990 年 2 月 9 日签署《华盛顿公约》,并于 1993 年 1 月 7 日正式核准。在批准文件中,我国指出:"中国仅考虑把由征收和国有化产生的有关补偿的争议提交 ICSID 管辖。"

ICSID 设在美国首都华盛顿,其宗旨在于:以调解和仲裁的方式,为解决国家同外国私人投资者之间投资争议提供便利。ICSID 具有不同于其他国际商事仲裁机构的特殊法律地位,即具有完全的国际法人资格,具有缔结契约、取得和处理动产和不动产及起诉的能力;在各缔约国领土内执行职务时,ICSID 及其工作人员享有《华盛顿公约》所规定的豁免权和特权。

一、ICSID 的管辖权

《华盛顿公约》第 25—27 条对 ICSID 的管辖权作出了规定,主要包括以下条件:

（一）当事人的资格

凡提交中心仲裁的案件的当事人,必须符合争端限于一缔约国政府(东道国)与另一缔约国国民(外国投资者)直接国际投资而引起的法律争端(有些法人虽具有东道国国籍,事实上却归外国投资者控制,如争端双方同意,也可视同另一缔约国国民)。除此之外,ICSID 不受理当事方之间的任何争端。

（二）投资争议的法律性质

ICSID 所受理的争端必须是因投资而引起的法律争端。ICSID 秘书长、调解委员会或仲裁庭有权确认一项交易是否属于"投资"的范畴。而"法律争端"则是指"关于法律权利或义务的存在或其范围，或是关于因违反法律义务而实行赔偿的性质或限度"的争端。

（三）当事人的书面同意

争端双方出具将某一项投资争端提交 ICSID 调解事仲裁的书面协议，是 ICSID 有权登记受理的法定前提。任何缔约国随时可以通知 ICSID 其同意交由 ICSID 管辖的争端的范围。但 ICSID 每一项具体争端的管辖权仍取决于缔约国的具体表态和书面同意。凡当事双方已经书面同意提交 ICSID 管辖的争端，任何一方不得片面撤回其同意。除东道国有权要求优先用当地救济外，此书面同意可排除任何其他救济方法及投资者母国提供外交保护的权利。

二、争议解决程序

（一）仲裁申请

依据《华盛顿公约》的规定，当事人的争议可以通过调解和仲裁两种途径解决。希望采取调解或仲裁程序的任何缔约国或缔约国的任何国民，应向 ICSID 秘书长提出书面请求。秘书长应将申请书的副本送交被申请人，并决定是否予以登记。只有经秘书长同意登记后的争端才可由 ICSID 进行解决。

（二）调解委员会或仲裁庭的组成

秘书长在将争端进行登记以后，就应相应地组成调解委员会或仲裁庭。调解委员会或仲裁庭的人数必须是单数。在仲裁的情形下，仲裁员的多数必须是当事国和投资者所属国以外的国民。调解员与仲裁员由当事双方协议任命，若无此种协议，则由双方各任命一名，再由双方协议共同任命第三人，共同组成调节委员会或仲裁庭；而在当事双方难以达成协议或一方拒绝任命时，经任何一方的请求，行政理事会主席应在尽可能同双方进行协商的基础上进行任命。被任命的调解员或仲裁员并非总是 ICSID 调解员或仲裁员名册上的人员，但他们必须具备《华盛顿公约》规定的品质和资格。

（三）审理

在调解或仲裁开始或进行的过程中，当事任何一方对 ICSID 管辖权提出异议的，应由调解委员会或仲裁庭自行决定是否有权管辖。在调解的情况下，调解员应该向双方提出有利于解决争端的建议，并促成双方达成一致，若调解失败，则应结束调解程序并作出有关报告。在仲裁的场合中，仲裁庭应依据双方协议的法律规定处理争端，若无此种协议，则仲裁庭应适用作为争端当事国的缔约国法律（即东道国的法律），包括该国的冲突规范，以及可以适用的国际法规范。在双方同意的情况下，仲裁庭还可以按照公平善意的原则对争端进行裁决。但不论如何，仲裁庭不得以法律无明文规定或规定含义不清而不作裁决。

（四）仲裁裁决

仲裁裁决应当以全体成员的多数票做出，并应采用书面形式，由赞成此裁决的成员签名。裁决应当处理提交仲裁庭解决的所有问题，并说明裁决所依据的理由。

三、裁决的承认和执行

按照《华盛顿公约》第 54 条的规定：①每一缔约国应承认依照公约作出的裁决具有约束

力,并在其领土内履行该裁决所加的财政义务,其效力应如同该裁决是该国法院的最后判决一样。具有联邦宪法的缔约国可以在联邦法院或通过联邦法院执行该裁决,并可规定联邦法院应视该裁决应如同其组成的一邦的法院作出的最后判决具有同等效力。②在一缔约国领土内予以承认或执行裁决的一方,ICSID 应向该缔约国为此目的而指定的主管法院或其他机构提供经秘书长核证无误的该裁决的副本一份。每一缔约国应将为此目的而指定的主管法院或其他机构以及随后关于此项指定的任何变动通知秘书长。③裁决的执行应受要求在其领土内执行的国家关于执行判决的现行法律的管辖。

项目习题

1. 简述 MIGA 承保的条件。
2. 简述违约险适用特点。
3. 简述 ICSID 的管辖条件。
4. 简述 ICSID 裁决适用法律的特点。

项目小结

该项目要求学生掌握 MIGA 机构的职能和其承保的风险,以及 ICSID 有关解决国际投资争端的法律制度。此部分内容的教学重在提高学生运用国际投资公约解决国际投资争端的能力以及规避国际投资风险的能力,培养学生发现问题、解决问题的能力。

拓展活动

讨论解决国际投资争端的途径。

模块四 国际金融法律制度

　　金融是资金融通的简称，通常被解释为与货币流通和银行信用有关的一切活动。　金融法律是有关货币发行管理、资金借贷和筹措的法律规范的总和，国际金融是相对国内金融而言的一种跨越国界的金融活动，是国际间一切与货币信用有关业务活动的总称。　国际金融已经渗透到现代经济生活的各个层面，并与国际贸易、国际投资及其他国际经济交易紧密地交织在一起，由此引出的一系列法律问题，为各国政府、国际组织以及金融实务界人士所普遍关注，同时也是现代法学研究领域的一个重要课题。

项目一
国际金融法

学习目标

知识目标　了解国际金融法律关系,掌握国际货币体系
能力目标　能够分析有关国家的货币制度

项目分析

项目概述　随着全球经济一体化的发展和金融自由化浪潮的兴起,大量金融资产跨国界、跨币种、跨银行而流动,国家间的经济关系日益深入地表现为国际金融关系。本项目重点学习国际金融法律关系以及国际货币体系。

导入阅读

布雷顿森林会议

布雷顿森林会议(Bretton Woods Conference),是联合国货币及金融会议的别称。1944年7月在美国新罕布什尔州布雷顿森林的华盛顿山大旅社举行。45个国家通过了将在以后28年内控制世界贸易和货币体系的一项综合性协定。

第一次和第二次世界大战期间,全球性的经济萧条和各国间激烈的贸易战,促使各国努力建立比较稳定的国际经济秩序。在第二次世界大战期间,美英建立了较为紧密的伙伴关系,为召开国际会议进行了认真的准备。1944年7月1—20日,布雷顿森林会议举行,会上通过了美国的提案,达成了《国际货币基金协定》。参加会议的国家同意建立一个国际货币制度,由新成立的国际货币基金组织及其辅助机构国际复兴开发银行来加以管理。国际货币基金组织为保持国际汇率的稳定、多边贸易和货币的可兑换性而设立。根据协定,确定了1盎司黄金等于35美元的官价。成员国货币的平价按一定数量的黄金和美元表示,美国承担接受各国政府或中央银行向美国兑换黄金的义务,由此建立起美元与其他成员国货币间的固定比价,确立了以美元为中心的固定汇率制体系。

布雷顿森林会议在国际经济合作上具有历史性的意义,它第一次以世界性的协定形式明确规定了国际货币制度的规则以及执行和维护其原则的手段。布雷顿森林会议所取得的协调一致,反映了各国的需要,同时,各国公开在一定程度上牺牲了本国的经济主权,以适应全球经济复苏的需要,在以后的几十年中,国际贸易和收入也确实得到了增长。但是,布雷顿森林会议取决于各国经济上的实力,反映了美国在国际经济中的重要地位。第二次世界大战后各国

经济发展不平衡,欧洲、日本等的经济实力增强,而美国经济地位相对下降。20 世纪 60 年代以后,多次发生美元危机,西方主要货币相继实行浮动,开始与美元脱钩。1973 年,布雷顿森林会议所建立的体系解体。

任务分析

　　任务一　采用课件,演示国际金融法律关系的特征和内容
　　任务二　采用课件,演示国际货币体制的发展历程

必备知识(理论知识)

子项目一　国际金融法概述

一、国际金融法的含义

　　国际金融法(international financial law)是调整国际间货币、资金融通活动而产生的各种法律关系的总和,是国际经济法的一个重要分支。

　　国际金融法的调整对象是国际金融关系,它用于调整人们在国际金融交往与合作过程中结成的相互关系。这包含两层含义:

(一)国际金融关系是一种国际经济关系

　　一般认为,国际经济关系是指人们在国际经济交往与合作中结成的相互关系,具体包括国际贸易关系、国际投资关系、国际金融关系、国际税收关系等。国际金融关系基于国际金融活动而形成,是国际经济关系的重要组成部分。

(二)国际金融关系是以国际金融为特定内容的经济关系

　　它不仅以货币、信用、金融机构、金融市场等国内金融要素为其基本要素,而且以各种形态的货币金融资产跨越国境流通与交易为其特定内容,其中既包含一国的货币资产向境外流通,也包括外国的货币资产向境内流通;既包括一个国家的货币在另一国家的金融市场上的交易,也包括不同国家的货币在国际金融市场之间的交易。因此,作为国内金融的延伸,蕴含着各种形态的货币金融资产在国际间流动所具有的某些特殊规律,反映各国金融要素之间相互作用和相互影响而形成的某些特殊现象,如国际货币关系、国际资金融通关系、国际融资担保关系、国际支付关系、国际金融监管关系等。

二、国际金融法律关系

(一)国际金融法律关系的主体

　　国际金融法律关系的主体既可以是国家和国际经济组织,也可以是从事国际金融交往和

国际金融活动的自然人、法人和其他经济组织。因此,国际金融关系不仅包括国家之间、国际经济组织之间、国家与国际经济组织之间所发生的金融关系,而且包括了分居于不同国家的自然人、法人之间以及他们与国家、国际经济组织之间发生的金融关系。这是国际金融关系区别于国内金融关系的一个显著特征,即国际金融的主体具有国际性和跨国性。

(二)国际金融法律关系的客体

国际金融法律关系的客体是指国际金融法律关系主体的权利义务所共同指向的对象,包括货币、货币资产和行为三类。

作为国际金融法律关系客体的货币包括本国货币、外国货币、有关国际组织依据国际条约创立的计算单位如特别提款权、欧元等。

货币资产是指以货币形式表现或确定的各项财产或财产权益,包括政府公债、国库券、企业债券、股票、息票等有价证券,各种形式的存款,货币支付凭证和其他货币资产。货币资产成为国际金融法律关系客体须具备一定的条件,即跨境流通或以非本国货币表现。

行为是指国际金融法律关系的主体为了实现一定的经济目的而进行的各种金融活动,主要包括国际金融交易行为和国际金融管理行为。前者又分为缔约行为和履约行为,缔约行为如缔结国际贸易支付合同等行为,履约行为如金融机构提供金融服务、债务人偿还借款等行为;后者分为一国的涉外金融管理行为和国际组织的金融管理行为。一国的涉外金融管理行为如外汇管理、货币管理等,国际组织的金融管理行为如世界银行对成员国贷款的管理,欧盟对欧元发行、流通、汇价的管理等。

(三)国际金融法律关系的内容

国际金融法律关系的内容是指国际金融法律关系主体所享有的国际金融权利和所承担的国际金融义务。

国际金融权利有三个方面:①权利主体有权按自己的意志在法律范围进行各种国际金融活动,包括从事国际金融交易活动、国际金融管理活动。②权利主体为保证其国际金融利益的实现,有权依法要求义务主体做出某种行为或不做出某种行为。③义务主体不履行其义务而使权利主体的权利不能实现时,权利主体有权依法要求国内有关机关予以强制保护,并要求有关国际组织作出处理。

国际金融义务与国际金融权利相适应,也有三个方面:①义务主体应当根据法律做出或不做出某种行为,保证权利主体的权利能够实现。②义务主体应当在法律范围内履行义务,不得超出法律范围。③义务主体应当按法律规定或约定自觉履行义务,否则应当承担法律责任,其法律责任可以是行政责任、民事责任、国际责任。

予项目二　国际货币金融法律制度

国际货币金融法是调整货币资金跨国流动所产生的各种法律关系的总和。我国曾有学者将国际金融法的内容分为国际贸易金融、国际投资金融和国际货币金融三个部分。就目前学界研究的热点并结合当前国际经济形势特点,笔者认为,国际货币金融法既是国际金融法律体系中不可或缺的重要组成部分,同时又是当前热点问题,故有必要在此谈及。

一、国际货币本位制

本位货币是作为国家货币基础的货币。国际货币本位制主要有金银本位制和纸币本位制。

（一）金银本位制

（1）金银复本位制。金银复本位制是同时以金银作为本位货币的制度。近代新兴资本主义国家在18世纪及其以前数百年间大多采用金银复本位制。

（2）金本位制。金本位制以黄金为本位货币。黄金是国际结算的最后手段。从1987年到1914年，国际金本位制持续了30年左右。

（3）银本位制。银本位制以白银为本位货币。在西方国家实行金本位制时，印度、墨西哥等少数国家实行银本位制。

（4）金汇兑本位制（虚金本位制）。金汇兑本位制规定货币单位的含金量，但是市场上不流通金币，而以银行券为流通货币。流通中的银行券能兑换外汇，且一定条件下在国外可兑换黄金。1924年德国最先实行金汇兑本位制，随后30余国仿效，但到20世纪30年代中期各国基本放弃该制度。

（5）国际货币集团。国际货币集团是20世纪30年代到二战期间形成的以美元、英镑、法国法朗为中心的汇兑制。

（二）纸币本位制

纸币本位制是以不含黄金量、不兑换金银的纸币及其金属辅币作为法定货币的制度。纸币由国家一般通过中央银行发行，作为强制通行的货币符号，充当价值尺度和流通、支付、储备手段等货币职能。现在世界各国均采取纸币本位制。

二、布雷顿森林体系

（一）布雷顿森林体系的内容

布雷顿森林体系，是指根据《国际货币基金协定》而建立的以美元为中心的国际货币体系，其具体内容如下：

（1）建立货币平价制度，以黄金或1944年7月1日通过的美元含金量为准，不经美国同意不得变动。

（2）建立固定汇率制，各国货币根据黄金确定其汇价，并维持在平价上下1‰的幅度内。

这一体系确定了以美元为主要国际储备货币的地位。但同时这一体系又具有内在不稳定性：①美元危机对各国货币有重要的反馈作用。②由于成员国承担义务稳定汇率，则必须对外汇活动进行干预，若美元汇率下跌就需买入美元，但因此会导致本国货币通货膨胀。

（二）布雷顿森林体系的演变、崩溃

1.《牙买加协定》

1968年爆发了严重的美元危机，美国被迫宣布"新经济政策"。但该政策仅维持了14个月就瓦解了。至此，布雷顿森林体事实上已经崩溃，国际货币体系进入多元化浮动时代。于是,国际货币基金临时委员会于 1976 年 1 月在牙买加首都讨论修订《国际货币基金协定》,达成《牙买加协定》。

该协定的主要内容:①增加份额 33.6%,发达国家投票权与发展中国家比较相对减少。②固定汇率与浮动汇率可以并存。③实行黄金非货币化。④应以特别提款权为主要储备资本。⑤扩大信用贷款。

2.特别提款权

特别提款权(special drawing right,SDR)是国际货币基金组织为补充成员国国际储备不足而创设的,成员国在普通提款权之外的一种使用资金的特别权利。1970 年 1 月正式发行特别提款权,至 1981 年底每单位含金量为 0.888671 克黄金,由于美元不断贬值,自 1974 年 7 月起,特别提款权改由在世界商品和劳务输出中所占比重居于世界前列的成员国的货币加权平均计算。1982 年起改由按照美、英、德、法、日五国货币加权平均计算。

特别提款权可作为成员国储备资产的一部分。成员国可动用办理政府间结算,转让给另一成员国以换取可兑换货币,偿付逆差或偿还基金组织的货款,也可用于货币交换安排、期货交易、贷款、支付金融债务及其担保、捐款等。特别提款权也决定基金组织资产的价值和成员国货币的价值。特别提款权价值比较稳定,但发行量小,且是根据成员国在基金中所占股份比例分配的一种账面资产和记账单位,故特别提款权尚不能成为主要的国际储备资产。

三、现行国际汇兑体制

(一)现行国际汇兑体制的基本特征

(1)国际储备货币多元化。由于以美元为本位的货币体系难以维持,特别提款权本位尚未建立,因此国际储备货币呈多元化态势。

(2)浮动汇率长期化。浮动汇率是经济不稳定的产物,由于各国经济发展不平衡,因此汇率浮动具有长期化趋势。

(3)发展中国家国际支付平衡严峻化。由于发展中国家经济实力和对外经济地位较弱,又缺少对付金融动荡的物质准备和经验,故国际支付平衡严峻化。

(二)各国的货币汇兑制度

(1)钉住制,即把本国货币价值与其他货币联系起来,本币对外币的价值随着钉住的一种或一组货币价值的变化而变化。

(2)对单一货币或一组货币有限制的浮动汇率。

(3)较灵活的汇兑安排。有三种情况:①智利等国根据一组指数调整本国货币对美元的汇率。②41 国采取自由浮动汇率。③我国等 22 国采取有管理的浮动汇率,汇率可以由市场决定。

(三)欧洲货币体系

欧洲货币体系是一个复杂的机制。主要包括:①创设欧洲货币单位,作为欧洲货币体系的核心。②稳定汇率机制。对内规定成员国货币同欧洲货币单位的中心汇率,并在双边基础上确定各成员国相互间货币的中心汇率;对外则实行联合浮动。③建立欧洲货币基金。

欧洲货币一体化的目标是建立欧洲中央银行和发行统一的欧洲货币。欧元从发行到完全取代欧洲货币联盟(EMU)各成员国的货币,经历了三个阶段:①1991 年 1 月 1 日,欧元取代埃居(欧洲货币单位)与成员国货币同时流通。②2002年1月1日,欧元纸币和硬币逐渐取代各成员国的货币。③2002年7月1日,取消各成员国的纸币和硬币,实行单一欧元。

项目习题

1.简述国际金融法的概念。

2.简述国际金融法律关系。

3.如何理解特别提款权?

4.分析布雷顿森林体系的产生与崩溃。

项目小结

现代国际货币法律制度中,《国际货币基金协定》居于中心地位。本项目围绕该协定阐述了国际货币法律制度,主要涉及有关汇率安排的准则、汇兑措施的规则、资金支持的制度和国际储备的规定。

项目二
国际贷款融资及担保法律制度

学习目标

　　知识目标　掌握国际贷款融资及担保法律制度
　　能力目标　能够操作国际贷款融资的业务

项目分析

　　项目概述　国际贷款融资与国际融资担保的运用越来越受普遍。国际贷款融资法律制度和融资担保法律制度是国际金融法不可或缺的组成部分,其法律制度的成熟与特色颇受关注。

导入阅读

　　甲国 P 公司委托乙国 A 银行组织一项直接型的银团贷款,于是 A 银行邀请 B、C、D 三家银行参加贷款银团。在银团贷款协定中,约定了 A、B、C、D 各银行的参与比例分别为 40%、30%、20%、10%,并指定 B 银行为代理银行,由 B 银行设立一个独立的信托账户。

　　问:(1)当 C 银行未能按期向 P 公司提供贷款资金时,P 公司能否要求代理行 B 银行或其他银行就 C 银行应提供的贷款额承担连带责任?

　　(2)在借款人 P 公司依约履行还款义务后、B 银行将该偿还款支付给各参与行之前,B 银行破产了。各参与行能否继续向 P 公司要求清偿,或采取其他方法收回贷款本息?

　　(本案例选自《国际经济法概论》,栾建新主编,人民日报出版社,2006 年 8 月第 1 版,190 页)

任务分析

　　任务一　采用课件,演示国际贷款融资的程序
　　任务二　设计案例,起草贷款委托书等法律文件

必备知识（理论知识）

<h1 style="text-align:center">子项目一　国际贷款融资概述</h1>

一、国际贷款的概念

国际贷款是指借款人通过签订贷款协议向其他国家或地区的贷款人借贷资金的国际融资方式。国际贷款实际上是一种合同性融资行为，是不同国家或地区的借款人与贷款人以贷款协议为基础形成的特定债权债务关系，其中借款人是债务人，贷款人是债权人。

二、国际贷款的类型

按照不同的标准，国际贷款可以划分为不同种类。如按贷款人的不同，国际贷款可分为政府贷款、国际金融机构贷款和国际商业银行贷款；按贷款期限的长短，国际贷款可分为长期贷款、中期贷款和短期贷款；按贷款的组织方式，国际贷款可分为独家银行贷款、联合贷款和银团贷款等。从实践来看，国际商业银行贷款是国际贷款的主要形式，而政府贷款和国际金融机构贷款往往有特定的依据和贷款政策。商业银行贷款中以银团贷款最为典型，它体现了现代国际融资的基本特点和发展趋势。以下分别就政府贷款、国际金融机构贷款和国际商业银行贷款作简单介绍。

（一）政府贷款

政府贷款是指一国政府利用财政资金向另一国政府提供的优惠贷款。政府贷款具有以下特点：

（1）政府贷款是具有双边经济援助性质的优惠性贷款，利率低，附加费少。按照国际惯例，优惠性贷款一般含有 25％ 以上的赠与成分。政府贷款的利率一般为 1％～3％，有的甚至是无息贷款。

（2）政府贷款的期限比较长，通常为 10～30 年。

（3）政府贷款往往带有一定的附加条件。例如一般规定贷款必须用以购买贷款国家的资本货物和技术设备，有时还规定贷款必须与银行出口信贷按照一定比例混合使用，从而使提供信贷的国家既能够输出国家资本，又能够带动并扩大其产品出口，还可以为民间资本寻找出路。

（4）政府贷款的申请程序复杂，一般要各国的中央政府经过完备的立法手续加以批准。许多国家设有专门机构负责对外贷款，如美国国务院隶属的国际开发署、日本海外经济协力基金等。

（二）国际金融机构贷款

国际金融机构贷款是指国际金融机构作为贷款人向借款人提供的优惠国际贷款，具有以下特点：

（1）国际金融机构贷款的借款人资格受到限制。如世界银行的借款人仅限于成员国政府、政府机构或得到其政府机构担保的公私企业，亚洲开发银行贷款的借款人限于其成员国开发本地区项目的投资人。

（2）国际金融机构贷款期限较长，一般为 10～30 年，最长可达 50 年之久，宽限期为 5 年左右。

（3）国际金融机构贷款的利率较低，对贷款收取的杂费很少。其贷款的优惠程度类似于政府贷款。

（4）国际金融机构贷款大多为项目贷款，主要用于经济复兴或开发性项目，非项目性贷款通常为配套性使用。

（5）国际金融机构贷款的目的和使用范围受到严格限制，贷款人的资金使用进行严格的监督和检查。

（三）国际商业银行贷款

国际商业银行贷款是指国际商业银行作为贷款人以贷款协议方式向借款人提供的商业贷款。它是最常用的一种国际贷款方式，具有以下特点：

（1）国际商业银行贷款是非限制性贷款。其资金使用并不附带商业条款以外的限制条件或附加条件，借款人可以自由支配所借资金。贷款可用于任何一种用途，借款人在使用贷款方面有很大的主动性和自由性。

（2）贷款成本较高。国际商业银行贷款利率以国际金融市场的利率为基础，一般由伦敦银行间同业拆放利率再加上利差所构成。与政府贷款和国际金融机构贷款相比，贷款利率较高。

（3）商业银行贷款主要是定期贷款和中短期贷款，贷款期限为 1～10 年。

（4）贷款手续较简便。国际商业银行贷款不像政府贷款和国际金融机构贷款那样程序繁杂，手续比较简便，贷款较容易获得，这对于那些经济效益好，又迫切需要资金的企业来说，是一个良好的资金来源。

子项目二　国际银团贷款

一、国际银团贷款的概念

在传统的独家国际商业银行贷款中，银行受自身贷款能力、经营条件和法律禁止性规定的限制，无法提供金额巨大、期限较长的贷款。为了满足这类贷款需求，从事国际贷款业务的银行往往组成一个银行集团，由集团的每一个成员分别承担贷款总金额的一部分，按照该集团与借款人订立的单一的借款协议所规定的条件，由集团的代表统一向借款人提供贷款。这就是国际银团贷款或称辛迪加贷款。这种贷款方式既可满足借款人的需要，又分散了贷款银行的经营风险，已成为国际商业贷款中经常使用的一种贷款方式。

二、国际银团提供贷款的方式

国际银团贷款有两种提供方式：

（1）直接贷款方式。由各银行直接向借款人贷款，贷款工作由各银行在贷款协议上指定的代理行统一管理，无论贷款还是还款，均通过它办理。

（2）间接贷款方式。由一家牵头银行向借款人提供贷款总额，然后由牵头银行将贷款权出售给各参与银行，各参与银行将款项交给牵头银行。

三、国际银团贷款的程序

（1）借款人先物色一家或几家牵头经理银行作为贷款银团组织者，并交给牵头经理银行一份委托书，委托其组织银团贷款，此委托书是授权的依据。

（2）牵头经理银行根据对借款人各方面情况的调查了解，向借款人出具一份义务承担书，承诺为其组成一个银行集团。

（3）由借款人与牵头经理银行共同拟订一份关于借款人财务状况等内容的信息备忘录，由牵头经理银行分发给对此项贷款感兴趣的银行，作为它们考虑是否参加贷款的依据。

（4）由牵头经理银行代表贷款银行与借款人进行谈判，商定货款协议和相关协议文件的各项条款。

（5）银行集团与借款人签订一项单一的贷款协议。

（6）提供贷款。

四、国际银团贷款的当事人与关系人

（一）借款人

国际银团贷款的借款人可以是一国的政府组织、金融机构，也可以是商业机构或企业组织。

（二）贷款银团

参加贷款的银团成员一般包括牵头经理银行、经理银行和参与银行。牵头经理银行一般由信誉良好、资金雄厚、具有国际贷款推销能力和经验的大型跨国银行担任。其主要任务是：①组成贷款银团。②审查借款人各方面情况。③与借款人商定贷款协议和其他法律文件。④贷款期间负责安排借款人的提款和还款事项。⑤与其他参与银行签订合同，将参与贷款权出售给其他参与银行。

经理银行虽然在形式上也有参与组织贷款银团、贷款协商、贷款推销的职责，但根据国际惯例，经理银行在推销阶段才参与贷款项目，其承担的贷款份额应高于一般参与银行。

参与银行通过签订合同获得参与贷款权，其承担的贷款额低于经理银行。参与银行必须把它所承诺的贷款金额直接交给牵头银行向借款人发放，但它并不能据此取得对借款人的任何直接权利以及向借款人要求偿还贷款的权利。贷款的管理权完全属于牵头经理银行。

（三）担保人

国际银团贷款中的担保人要求具备良好的信誉和足够的外汇支付能力，既可以是国际性商业银行，也可以是借款人所在国的政府、政府组织、金融机构和商业组织等。

(四)专业顾问

在国际银团贷款中常需要一些专业顾问参加,如借款人和贷款银团的法律顾问就起着十分重要的作用。此外,在项目性贷款中,财务顾问和工程专业人员的咨询服务也是不可缺少的。

五、国际银团贷款的法律文件

国际银团贷款主要涉及四个法律文件:贷款协议、委托书、义务承担书以及信息备忘录。其中,委托书是借款人授权牵头经理银行为其安排银团贷款的法律文件,是牵头经理银行组织银团贷款的授权依据,委托书除说明委托组织银团外,一般还说明贷款金额、利率、还款期以及适用法律和法院管辖权等内容,并写明借款人愿承担的义务。根据当事人的约定,委托书既可以具有一定的法律约束力,也可以仅具有意向书的信誉约束力。义务承担书是牵头经理银行与借款人初步接触之后交给借款人的一项具有要约性质的文件,其内容主要是列举贷款的各项条件,并表明牵头经理银行应作怎样的努力争取做成借贷交易。信息备忘录是由牵头经理银行分发给可能参加银团贷款的银行,邀请其参加银团贷款的一份法律文件,信息备忘录须载明借款人的法律地位、财务状况以及贷款的主要条件等内容,它由牵头经理银行与借款人共同签署,是供贷款银行考虑决定是否参与银团贷款的重要依据,因此,借款人和牵头经理银行对于信息备忘录内容的真实性、准确性和完整性应承担法律责任。

子项目三 国际项目贷款

一、国际项目贷款的概念

项目贷款是指贷款人向某个特定的工程项目提供贷款,以该项目所产生的收益作为还款的资金来源,并在该项目资产上设定附属担保的一种融资方式。国际项目贷款是指项目所在国与至少项目所用资本的一部分来源地分处不同国家的贷款。

二、国际项目贷款的主要类型

项目贷款可以分为无追索权项目贷款和有限追索权项目贷款两种类型。

(1)无追索权项目贷款。无追索权项目贷款也称纯粹项目贷款,是指贷款人对项目主办人没有任何追索权,即由贷款人将资金提供给主办人专为该项目而成立的公司,以项目建成后所产生的收益作为还本付息的来源。贷款人可以在该项目的资产上设定担保权益,但无权再要求主办人提供任何信用担保,如果项目中途停建或经营失败,其资产或收益不足以清偿全部贷款,贷款人亦无权向项目主办人追索。由于无追索权项目贷款对贷款人的风险太大,因此贷款人一般很少采用这种方式。

(2)有限追索权项目贷款。在这种项目贷款方式下,贷款人为了减少贷款的风险,除要求以贷款项目的收益作为偿还债务来源,并在该项目资产上设定担保物权以外,还要求与项目有利害关系的第三人提供各种担保,当项目不能完工致使经营失败,项目本身的资产或收益不足以清偿债务时,贷款人就有权向项目主办人和这些担保人追索。项目主办人和担保人对项目债务所负的责任,仅以贷款合同和担保合同所规定的金额为限。

三、国际项目贷款的主要风险

(一)政治风险

政治风险一般是指项目东道国因政变、政权更迭、领导人变更、暴乱及其政策多变等行为而给项目造成的不利影响或经费超支等风险。这是国际项目贷款中最重要的风险,因为它会对所有其他项目风险产生重要的影响。

(二)法律风险

法律风险是指由于项目建设、营运周期长,在此期间,东道国与项目有关的法律、法规及条例发生变化影响到项目的经营与开发的风险。发展中国家的法律发展迅速,若在这些国家进行项目融资,法律风险将成为评估项目必不可少的因素。另外,发展中国家制定和公布法律尚缺乏透明度,这进一步加大了该风险的发生率。

(三)经济风险

(1)外汇风险。外汇风险是指东道国货币自由兑换风险、经营收入的自由汇出风险以及汇率波动所引起的货币贬值风险。

(2)市场风险。市场风险是指由于市场经济条件下的价格变动风险、竞争风险、需求风险以及这三风险之间直接联系相互影响的综合风险带来的项目收益状况变化的风险。

(3)利率风险。利率风险是指在项目的经营过程中,由于利率的变动直接或间接造成项目价值降低或收益减少的风险。它主要表现在资本的筹集和运营过程中,如投资方在进行长期筹资借款时利率较高,而后利率下降造成的机会损失。

(四)完工风险

完工风险是指工程项目能否如期完成,并在借贷双方估算的建设成本范围内能否达到设计要求的风险。造成完工风险的原因主要有成本超支、不能按期完工和中途停建等。

(五)经营风险

经营风险是指在经营项目工程中,由于经营者的过错或疏忽,使项目无法按照预定标准运行,从而影响项目获利能力的风险。即项目建成投产后的实际经营中,由于经营者业务素质或管理水平的问题,使项目应有的效益不能正常发挥,出现低于设计能力的经营风险。

(六)环境风险

环境风险是指项目融资中由于可能发生的环境污染或保护环境的开支而给项目和贷款人造成损失的风险。

四、国际项目贷款的违约救济

国际项目贷款的法律关系,比一般国际商业贷款要复杂得多。只要有一方当事人违约,就可能牵动整个合同结构中的各方当事人的利益,最终影响贷款债权的实现。因此,如果发生违约事件,各方通常均以友好协商解决为宜,以免影响全局。但对于某些严重的违约,受害方也不免诉诸法律,通常可采取以下救济方法:

(一)请求损害赔偿

(1)对于违反贷款偿还义务和违反担保义务的行为,债权人和担保人除了要求义务人(项目公司或担保人)履行义务外,还可提起诉讼,要求违约方支付预先约定的违约金。

(2)对于违反其他项目合同的行为,债权人也可提起损害赔偿之诉,但其请求额不能事先约定(以免被视为带有惩罚性而被认定为无效),也无法事先约定,而应根据违约程度和损害结果的轻重来确定,而且其赔偿范围通常仅限于违约一方在订约时能合理预见到违约损害程度。

(二)请求实际履行

当义务人违约时,权利人除了请求损害赔偿,还可请求法院判令义务人实际履行合同义务,但是否作出实际履行的判决,则属于法院自由裁量权的范围。如果法院认为支付损害赔偿金已能满足权利人的权利需要或足以补偿受害人的损失,或认为实际履行是不可能或不必要的,那么法院就会拒绝作出实际履行的判决。

子项目四　国际融资担保法律制度

一、国际融资信用担保

国际融资中的信用担保又被称为人的担保,是指借款人以外的第三人以自己的资信向贷款人作出的,在债务人违约或无法履行债务的情况下,代债务人清偿债务的承诺。

(一)保证

国际融资中的保证,是指保证人与贷款人约定,在借款人不履行债务或不完全履行债务时,由其履行债务或承担责任的一种信用担保形式。保证是国际融资中最常见、最普遍使用的一种信用担保形式,还可称为担保、保证、保证书、保函、赔偿担保书等。保证的特征如下:

(1)保证协议的从属性。它是依附于国际贷款协议而存在的,国际贷款协议是主合同,为国际贷款协议提供担保的是从合同,即贷款协议无效或消灭,保证合同也随之无效或消灭。同时,保证人仅以贷款协议规定的借款人的责任范围为限向贷款人承担清偿责任。

(2)保证人责任的次位性。相对于贷款协议的主债务人,保证人是从债务人,其对贷款协议的清偿责任是第二位的,只有在借款人到期无力偿还或拒不偿还时,贷款人才有权要求保证人履行代偿义务。

(3)保证责任的或然性。如果主债务人能够依约履行贷款协议的还款义务,则保证人即可免除代为履行义务的责任;如果主债务人未能履行义务,保证人才应依约承担保证责任。因此,保证责任具有或然性,保证人不是必定要承担代为履行的保证责任。

(二)见索即付担保

见索即付担保(on demand guarantee),又称见索即付保函,或凭要求即付担保,是担保人

(通常是银行)应申请人(债务人)的要求或指示,对受益人(贷款人)允诺在其要求付款时,向其支付约定金额的一种信用担保方式。

见索即付担保是适应现代国际经济贸易发展的需要,在银行业和商业实践中发展起来的一种新型信用担保。它和传统的从属性担保不同,其法律特征主要为:

(1)担保人承担第一位的付款责任。传统保证中,担保人承担的是第二位的付款责任,即担保人享有先诉抗辩权。而见索即付保函则要求作为担保人的银行承担第一位的付款责任,当申请人(债务人)不履行付款责任时,受益人(债权人)即可立即直接向担保银行要求索赔,其实质是担保人放弃先诉抗辩权。

(2)见索即付担保的独立性。保证的最大特征是其从属性,但见索即付担保是非从属性的独立的担保,虽然担保合同的产生是以借贷合同为依据,但它一经订立并生效即脱离基础合同而独立存在,不受基础合同存在和履行情况的影响。担保人承担的付款义务独立于基础合同,贷款人放弃对借款人的某些权利(如抵押权)或解除某些责任人的责任均不影响保函的效力和履行。

(3)见索即付担保的无条件性。在受益人按照担保合同的规定索赔时,保证人必须无条件承担赔付责任。这里的无条件是指受益人索赔只需符合担保合同规定的手续即可(提交一定的单证)。担保合同对受益人索赔提供证明文件只是具有书面形式的要求,保证人无须核实借款人是否违约,是否偿还到期贷款,也不核定收益人实际所受损失的多少。因此,见索即付担保也被称之为"自动担保"或"自杀性保函"。

(三)备用信用证

备用信用证(stand-by letter of credit)是开证行(保证人)应申请人(债务人)要求,向受益人(债权人)开出的,凭受益人提交的与信用证条款相符的单据(债务人的违约证明书及其他单据)付款的一种独立的书面承诺。

1.备用信用证与见索即付担保的比较

备用信用证与见索即付保函都是担保人(多为银行)以自身的信用向受益人作出的付款承诺。从备用信用证的产生和定义来看,其法律性质几乎等同于见索即付保函,开证行承担独立的、第一位的、无条件的付款责任。两者的性质和地位,所起的作用、适用的范围及付款的条件等方面几乎完全一样。但二者之间也有显著的区别,具体如下:

(1)适用的法律规范不同。见索即付担保通常可以适用于有关国家的担保法,而备用信用证一般只能适用于惯例。尤其在国际惯例方面,备用信用证可以适用于国际商会制定的《国际备用信用证惯例》、《跟单信用证统一惯例》和《见索即付保函统一规则》,而见索即付担保则只能适用于《合同担保统一规则》和《见索即付保函统一规则》。

(2)二者生效的条件不同。英美法系国家对商业合同都有对价要求,对见索即付保函的开具同样也有对价要求,而备用信用证即使无对价也可成立。各国普遍接受的《跟单信用证统一惯例》也未对信用证作对价要求。

2.备用信用证与商业跟单信用证的比较

(1)适用范围不同。商业跟单信用证是一种国际支付方式,通常适用于国际贸易领域;而备用信用证则可广泛适用于各种形式的国际经济交易担保,包括国际借贷、国际融资租赁。

(2)对单证的要求不同。虽然两者都规定以权利人提交一定的单据作为开证行承担付款责任的根据,但其要求的具体单据种类截然不同。商业跟单信用证要求卖方提交的是能证明卖方适当履行基础合同的单证;备用信用证通常只要求提交能证明借款人未适当履行基础合同的文件,如借款人违约证明、借款人签发的到期拒绝付款的本票等。

(3)付款责任不同。尽管开证行在两种信用证项下承担的都是"第一付款人"的责任,但具体履行是不一样的。商业跟单信用证开证行的付款行为是基础合同正常履行的自然延伸,只要卖方所提交的单证与信用证条款的规定表面相符,开证行即应付款;而备用信用证的作用则在于担保,如果借款人能依贷款协议履行还款义务,贷款人的到期债权完全得到实现,备用信用证的开证行并不承担直接付款责任,只有当借款人未履行还款义务,并由贷款人提交信用证规定的单证以资证明后,开证行才实际承担付款责任。

(4)开证行的权利保障不同。在商业跟单信用证项下,在申请人赎单之前,开证行持有的由受益人提交的一系列单据成为自然的质押物,是开证行实现债权的重要保障;而在备用信用证项下,除非另有反担保,开证行对借款人的追偿权只能是无担保债权,因此,银行一般只给信誉良好的客户开立备用信用证。

(四)安慰信

安慰信(comfort letter),又称为"意愿书"、"支持函"等,通常是指一国政府为其下属机构或母公司为其子公司而向贷款人出具的,表示支持并愿意为该下属机构或子公司的还款提供适当帮助的书面文件。安慰信并不是严格意义上的担保文书,但在当今国际融资担保中,安慰信却以其独特的作用方式受到了普遍重视和采用。

安慰信一般没有固定的格式和标准条款,但通常有以下几种主要形式:

(1)知悉函。知悉函通常适用于出具人(政府或母公司)表明其已知晓并同意借款人的融资安排。取得这种意愿书的意义在于确认出书人与借款人之间的关系,防止出书人日后以借款人未经其同意为由否认这项融资安排,并采取不利于贷款人的行动或拒绝给予借款人支持。

(2)允诺函。允诺函通常适用于母公司声明在子公司未还清贷款本息之前,将保持其在子公司一定比例的股权,以示母子公司共担风险,而不会以退股或减资的方式弃子公司于不顾。有的出书人还进一步承诺,如果出书人出于商务上的考虑不得不抽回其在借款人公司中的股权或将其在借款人公司中的股权减少至一定幅度以下时,出书人应向贷款人出具一份具有实质性保证意义的保函。

(3)支持函。支持函通常适用于母公司向贷款人表示将在各方面对借款人偿还到期贷款予以支持的意愿。如母公司声明将在其权限之内尽力保证按审慎的财务政策使子公司得到适当的管理;在子公司偿清贷款之前,母公司不接受来自子公司的分红或股息;母公司对子公司提供资金或其他方面的支持,以免借款人产生财务危机等。

尽管创立安慰信的初衷是因为其不具有法律拘束力,但实践中一般认为,意愿书仅具有道义上的约束力,而无法律效力。虽然出具人违反意愿书无须承担法律责任,但此举关系到自身声誉和资信,因此重信誉的出书人通常都会履行自己在意愿书中所作的允诺。

二、国际融资的物权担保

国际融资的物权担保,是指借款人或第三人通过在其特定的财产(特定的物或权利)上设定优先受偿权的方式向贷款人提供还贷的担保形式。物权担保是与信用担保相对而言的另一类担保方式,它的特征是以财物或代表一定财物的权利为标的而设定的担保,债权人通过设定物权担保而形成的权利即为担保物权。

（一）动产担保

动产担保，是指在可移动的有体物财产或无体物权利上设置的物权担保。

（1）动产质押。动产质押是指由债务人或第三人将其动产的占有转移给债权人作为履行债务的担保，如债务人不能清偿其债务，债权人有权依法将该动产出售以得到优先受偿。债务人或第三人为出质人，债权人为质权人，移交的财产或权利为质物。

质押的设定以移转质物的占有为有效要件，未移转占有或已返还占有均不构成质押关系的有效存在。质权的优先顺序是以质押有效设定的时间先后排列，并不受登记的影响。但若以法定特定质物设定抵押，除移转占有外，还需办理质押登记方为有效。以知识产权中的财产权出质，应向知识产权管理机构办理出质登记。

（2）动产抵押。抵押是指债务人或第三人不转移动产或不动产的占有，而将其作为债权的担保。在债务人不履行债务时，债权人有权依法以该财产折价或以拍卖、变卖该财产的价款优先受偿。债务人或第三人是抵押人，债权人是抵押权人，提供担保的财产是抵押物。

抵押物的清偿，可能超过或低于担保的债权金额，超过部分应退还抵押人，不足部分应由债务人清偿。同一抵押物有两个以上抵押权人时，登记的先于未登记的清偿；都登记的，按登记的先后顺序清偿；登记顺序相同，或都未登记的，按债权比例清偿。抵押物灭失的，抵押权随抵押物的灭失而消灭，但因灭失所得的赔偿金应作为抵押财产受偿。

（二）不动产担保

不动产担保，是指在不能移动的财产上设置的物权担保。不动产一般包括房屋及其他建筑物、地产或土地使用权及地上定着物、林木等，不动产担保主要以不动产抵押的方式进行。不动产抵押除了必须有书面协议，各国一般还规定必须进行登记方为有效。在国际融资中，由于贷款人一般难以实现对借款人国境内的不动产的持有，加上各国法律对变卖不动产都有比较严格的限制，因此，在国际融资中的不动产担保使用的不多。

（三）浮动担保

浮动担保（floating charge），也称浮动抵押（floating mortgage），是指债务人以其现有的或将来取得的全部或某一类财产，为贷款人的利益而设定的一种物权担保。

浮动担保的法律特征表现在以下几个方面：

（1）担保物的范围是债务人的全部财产。浮动担保是以债务人的全部或某一类财产而设定的担保，它既包括债务人现有的全部财产，也包括将来所有的全部资产。

（2）担保物的价值和形态处于不确定状态。在担保期间，担保物的价值和形态都处于不断的变化和运动之中，其价值可能会时增时减，其形态会不断从货币形态转化为实物形态，从无形财产转化成有形财产，从动产转成不动产等；或正好与之相反。

（3）担保物不移转占有。浮动担保无需移转担保物的占有，借款人对担保物享有占有、使用和处分权。在借款人违约或破产之前，借款人对担保物的处分无需征得贷款人的同意。经借款人处分后的担保物自动退出担保范围，贷款人不再对其拥有担保权；反之，借款人在设定浮动担保后取得的一切财产也自动进入担保物范围。

（4）浮动担保于约定事件发生时转化为固定担保。尽管浮动担保的担保物在担保期间一直处于不确定的浮动状态，但浮动担保一旦出现借款人违约、破产或停业清算等约定事件，则转化为固定担保。这时，贷款人可以对借款人的全部现有财产（包括应收款债权）行使担保物权,借款人的全部财产均成为担保标的物,借款人无权再处分任何担保物。

项目习题

1.简述国际贷款的表现形式。
2.简述比较国际银团贷款与国际项目贷款。
3.简述浮动担保、见索即付担保的概念。

项目小结

国际贷款融资法律制度形式多样,在实践中应结合具体情况选择不同的资金运作方式。国际融资担保也是形式多样,它具有与传统担保方式不同的特点和担保功能。学生通过本项目的学习应掌握不同业务的操作流程。

拓展活动

中国 N 市 C 公司(本案保证人),在 N 市与香港 B 公司签订合同,约定双方合资兴建位于 N 市的 H 饭店。之后,B 公司与香港 A 银行(贷款人)签订一份贷款协议,约定 B 公司为 H 饭店的建造向 A 银行借款 3000 万港元,并约定 C 公司为该贷款的保证人,C 公司为此向贷款人出具一份不可撤销的、无条件的、凭要求即付的保证书。

B 公司提款后,未按其与 C 公司签订的合资合同将资金用于建造 H 饭店。后因 B 公司未按期向 A 银行偿还贷款本息,于是 A 银行依约宣告全部贷款立即到期,并要求 B 公司立即偿还全部贷款本息,同时要求保证人 C 公司立即履行保证义务,偿还借款人所欠全部贷款本息。

保证人 C 公司复函辩称,其担保此笔贷款的目的是 B 公司将该贷款用于建造 H 饭店,但借款人 B 公司并未依约投资,因此属借款人违约在先,保证人有权拒绝为其偿还贷款。

A 银行经多次追偿未果,于 1988 年 5 月向香港法院提起诉讼,香港法院作出判决,判令 B 公司立即偿还贷款本息;同时判令 C 公司立即履行保证义务,向 A 银行偿付贷款本息。后因 B 公司破产,且香港法院的判决无法在大陆执行,贷款本息并未得到偿还。于是 A 银行向 N 市中级人民法院提起诉讼,请求法院判令 C 公司履行保证义务。

根据本项目所学知识,回答下列问题,并说明理由:

(1)保证人 C 公司是否有义务偿还全部贷款本息?
(2)保证人的抗辩是否成立?

(本案例选自《国际经济法概论》,栾建新主编,人民日报出版社,2006 年 8 月第 1 版,188 页)

模块五　国际税收法律制度

本模块通过阐述国际税法及其调整对象国际税收关系的基本概念和特征，说明国家税收管辖权之间的冲突是国际重复征税现象产生的原因。国际税法的核心目的之一在于通过利用国际税收协定协调有关国家在各种跨国所得和财产价值上的征税权冲突，规定缔约国应当采取消除国际重复征税的措施。本模块另一个重点问题是国际逃税和国际避税的问题。各国主要通过国内法律措施和开展国际税务合作来管制国际逃税与国际避税。

项目一
国际税法概述

学习目标

    知识目标　掌握国际税法的概念和特点,了解国际税法的产生与发展

    能力目标　能够分析国际税收入法律关系

项目分析

    项目概述　国际税法是调整国际税收关系的各种法律规范的总称。它是从传统的国内税法中逐渐发展出来的一个新的综合性的税法分支体系,其在主体、客体、调整对象和方法等许多方面都具有自身的特点。

任务分析

    任务一　采用课件,演示国际税收法律关系的内容及特点

    任务二　通过案例,分析国际税法调整的法律关系

必备知识(理论知识)

子项目一　国际税法的概念和特点

一、国际税法的概念

    国际税法(international tax law)是调整国际税收关系的法律规范的总称。这是从一般意义上来理解国际税法这个概念。但是,由于人们对国际税收关系范围的不同理解,形成了关于国际税法的不同学说。

(一)狭义的国际税法学说

    这种学说认为,国际税法所调整的国际税收关系仅限于国家间的税收分配关系。它只能采用国际法规范,通过运用冲突规范划分各国税收管辖权。这种学说严格区分国际法与国内法之间的界限,认为国际税法是国际法的一个组成部分,因此其主体只限于作为国际法主体的

国家,其法律渊源只包括国际法规范,不包括国内法规范,即只限于调整国家与国家之间的税收条约、协定,各国的涉外税法不能作为国际税法的内容,它所运用的调整方法是单纯的间接调整方法。

(二)广义的国际税法学说

这种学说认为,国际税法所调整的国际税收关系除了国家间的税收分配关系以外,还包括国家与跨国纳税人之间的税收征纳关系;其法律渊源既包括国际法规范,又包括各国的涉外税法等国内法规范;在调整方法上,既运用冲突规范进行间接调整,又运用实体规范进行直接调整。

广义的国际税法学说突破了传统法学分科的严格界限,更加符合实际情况,所以已被人们普遍接受。有鉴于此,我们可以给国际税法下这样一个定义:国际税法是调整国家之间的税收分配关系以及国家与跨国纳税人之间的税收征纳关系的国际法规范与国内法规范的总称。

二、国际税法的特点

国际税法作为一个独立的法律部门,具有自身的特点,主要表现在以下三个方面:

(一)国际税法的调整对象

国际税法的调整对象是国际经济交往中主权国家与跨国纳税人之间的税收征纳关系,以及由此产生的有关国家之间的税收分配关系。它包含了两层含义:第一,它反映了一个国家的征税权及其征税制度;第二,它反映了国家之间税收利益的分配,两者互为条件,相互依赖。由于在国际税收中存在着两个或两个以上国家对税收的管辖权,而同一纳税义务人在两个或两个以上国家负有双重纳税义务,因此,国际税收关系的内容也必然具有双重性,即一方面表现为相关主权国家之间就纳税人的跨国所得上的税收分配关系,另一方面表现为主权国家与具有跨国所得的纳税人之间的税收征纳关系。国际税法特殊的调整对象决定了它是一个独立的法律部门。

(二)国际税法的主体

国际税法的基本主体有两个:一是国家;二是跨国纳税人,包括跨国法人和跨国自然人。国家作为国际税法的主体有两种情形:在国家之间的税收分配关系中,它属于一般含义的主体,既是权利享有者,又是义务承担者;在国家与跨国纳税人之间的税收征纳关系中,它属于征税主体,只享有征税权利,不承担相应的义务。跨国纳税人作为国际税法的主体属于纳税主体,只承担纳税义务,并不相应地享有权利。

此外,还需指出,国际组织通常不能成为国际税法的主体,因为它一方面不像主权国家一样享有征税权,另一方面也不负有纳税义务。不过,少数有赢利的国际经济组织可能成为个别国家涉外税法所规定的纳税主体。

(三)国际税法的客体

国际税法所调整的国际税收关系主要发生在所得税方面,在某些情况下也涉及财产税和遗产税。因此,国际税法的客体既包括跨国纳税人的跨国所得,也包括其跨国财产和遗产,但通常仅是指前者。

跨国纳税人的跨国所得主要有两类:一是居民纳税人来源于居住国境外的所得;二是非居

民纳税人来源于非居住国境内的所得。如果没有这两类跨国所得,就不会形成不同国家对跨国纳税人的征税问题,也就没有所谓的国家之间的税收分配关系。因此,跨国纳税人的跨国所得不仅属于国际税法的客体,而且是国际税法赖以存在的基础。

子项目二 国际税法的渊源及其调整方法

一、国际税法的渊源

法的渊源,简单来讲就是法的表现形式。国际税法的渊源是指调整国际税收关系的法律规范的表现形式。由于国际税收关系是以纳税人的跨国所得为基础所形成的一种特殊的经济分配关系,它既涉及国家与跨国纳税人的权益,又涉及相关国家的权益分配,因而调整国际税收的法律规范亦呈现出多样性的特点。国际税法的渊源包括国际法规范和国内法规范。

(一)国际法规范

国际法规范是国际税法的主要渊源,它首先表现为国际税收条约或协定。一般认为,最早的税收协定是1843年法国和比利时缔结的双边税收协定,但最早旨在解决国际重复征税问题的税收协定是由英国与瑞士在1872年缔结的,该协定主要涉及继承税,而1899年奥匈帝国与德意志帝国缔结的双边税收协定则主要以解决对所得和财产重复征税为内容。第二次世界大战之后,国家之间缔结税收协定的情况更多,国际税法已成为协调国家之间经济关系的重要手段。

(二)国际税收惯例

国际税收惯例是指在国际经济交往中,在处理国家间税收权益关系中,反复出现并被各国接受,因而具有法律约束力的税收通例,它是国际税收关系的行为准则。因为国际税法本身的历史较短,而国际惯例一般都需要较长的形成过程,再加上国际惯例很容易被国际条约或各国法律所肯定从而失去其作为惯例的特性,所以作为国际税法渊源的国际税收惯例并不是很多。尽管如此,各国都应充分尊重和遵循国际税收惯例,因为只有这样才能有利地促进国际经济合作和发展。如果各国无视国际税收惯例,不履行应尽的国际义务,势必影响自身的国际信誉,最终损害自身的经济权益。

(三)国内法规范

国内法规范也是国际税法的重要渊源之一。它具体表现为各国的涉外税法,包括涉外所得税法和关税法等具有涉外性的流转税法,其中各国的涉外所得税法尤为重要。我国在实行对外开放政策以来,已先后颁布了一系列有关涉外税收的法规,这些税法规则是我国调整跨国自然人和法人在征纳中发生的税收关系的主要法律依据。

调整国际税法的国际法和国内法互相配合、互相渗透、互相补充。因此国际税法是包括国际法和国内法在内的综合性法律部门。

二、国际税法的调整方法

调整国际税收关系的法律规范,既包括国际法中的实体法规范和冲突规范,又包括国内法中的实体法规范和冲突规范。因此,国际税法的调整方法有两种:直接调整方法和间接调整方法。国际税法的直接调整方法是指通过实体法规范调整国际税收关系,它直接规定了国际税收关系中当事人的实体权利和义务,国际税法中的规范大多数属于实体法规范;国际税法的间接调整方法是指通过冲突规范调整国际税收关系。国际税法所包括的冲突规范不同于国际私法中的冲突规范,它不是为了解决私法性涉外民商事关系的法律冲突,以便为其确定准据法,而是在两国对某一征税对象的税收管辖权发生冲突时,将税收管辖权划归某一国或由两国共享,由各国依其本国实体法决定是否征税和怎样征税。

子项目三 国际税法的产生和发展

一、国际税法的产生

国际税法是调整国际税收关系的一个新的法律部门,而国际税收关系的产生,则是国际经济交往发展到一定阶段、国家的税收管辖权扩大到跨国征税对象的结果。

19世纪末,世界资本主义经济的发展由自由竞争阶段过渡到垄断阶段。垄断时期资本主义经济的主要特征是资本输出。随着资本输出的不断扩大,货物、资金、技术和劳动力等经济要素的跨国流动日趋频繁,从而促使从事跨国投资和其他经济活动的企业与个人的收入和财产日益国际化。企业与个人收入和财产国际化的普遍存在和不断发展,为国际税收关系和国际税法的产生奠定了客观经济基础。由于纳税人收入的国际化,当主权国家采取不同的征税原则时,势必将出现对跨国纳税人的同一征税对象重复征税的情况。此外,由于各国存在税负水平和税收稽征水平的差异,也很容易被跨国纳税人利用,实现国际逃税和避税。所有这一切,必然会引起相关国家如何对纳税人的跨国所得进行税收协调与分配的问题,即税收的国际化问题。所以,可以说国际经济交往的发展以及纳税人收入的国际化直接孕育了国际税收的形成。

在国际税收实践中,由于任何一个国家都不可能简单地强调独立行使管辖权,而不顾同其他国家发生税收权益的利害冲突。因此,如果没有一个共同的准则作为指导,将直接影响国与国之间的税收分配关系以及国际商品、劳务、技术和资金的流动,从而直接制约各国经济的发展。在这种情形下,主权国家一方面为维护自己的经济主权,另一方面也为了适应国际经济关系相互依存的格局,就必须和有关国家进行税收上的合作协调和调整,即可以通过国内法上的单边调整,抑或通过国际上的双边或多边调整,并将二者有机结合起来。因此,调整现代国际税收关系的国际税法便应运而生。

二、国际税法的发展

随着国际经济交往的不断扩大和纳税人收入的国际化,税收的国际化趋势也日益显著,国际税收关系业已成为国际社会普遍关注的热点。当今国际税法的发展趋势呈现出如下基本特点:

（一）国家之间缔结国际税收协定的步伐不断加快，协定的广度和深度在不断发展之中

第二次世界大战以后，各国政府为消除国际双重征税，防止国际逃税避税，避免税收歧视对国际经济合作产生的不利影响，深深体会到必须缔结国际税收协定，并逐步使之向规范化方向演进。1977 年，以 24 个发达国家组成的经济合作与发展组织公布了《关于对所得和财产避免双重征税协定范本》（后简称《经合范本》），这一范本的公布标志着国际税收协定进入了规范化阶段；1979 年，联合国为解决发展中国家与发达国家之间的税收权益分配问题也通过了《发达国家与发展中国家间双重征税的协定范本》（后简称《联合范本》）。这两大范本为当今世界各国政府制定税收协定提供了重要参考依据，在国际上有很大的影响力。

20 世纪 80 年代以来，国际税收协定的缔结又出现了新的动向，参与缔结国际税收协定的国家数量越来越多，国际税收协定的内容也有所扩大。目前，国际税收协定网络已遍及发达国家和发展中国家，并且还在不断向纵深方向发展。

（二）各国不断完善涉外税收的立法，加强了对税收的征管

这表现在一些传统的所得税课税原则上实行严格的属地主义的国家，先后改为兼采属地和属人相结合的课税原则，开始对本国居民来源于境外的所得征税。同时，越来越多的国家纷纷制定相关法律规章制度，加强对各种国际逃避税行为的打击。

项目习题

1. 什么是国际税法？它有什么特征？
2. 国际税法的渊源有哪些？
3. 国际税法的调整方式有哪些？

项目小结

国际税法是调整国际税收关系各种法律规范的总称，是国际经济法的一个分支。同时，国际税法是从传统的国内税法中逐渐发展起来的一个新的综合性的税法分支体系，是国际经济交往发展到一定历史阶段的产物。通过本项目的学习，学生要掌握国际税收法律关系的特征，了解国际税法的产生、发展和渊源等基本问题。

拓展活动

通过多媒体介绍国际税收法律关系的内容及特点。

项目二
税收管辖权

学习目标

知识目标　掌握税收管辖权的种类及各自特点
能力目标　能够分析居民税收管辖权和收入来源地税收管辖权的行使

项目分析

项目概述　国际税法涉及的一个最基本的范畴就是税收管辖权。国际税收法律关系中的一系列矛盾和问题,与税收管辖权有着极其密切的关系。因此,研究国际税法中的基本法律问题,就首先必须从税收管辖权的有关问题入手。

导入阅读

英国人查尔斯常年在中国经商并且非常喜欢中国文化。为了让其独生女儿从小接受中国文化的熏陶,查尔斯特意将女儿接到北京上学,并在望京新区购买了一套公寓,雇佣了一名中国保姆照顾女儿。查尔斯夫人则对其从事的莎士比亚文学研究情有独钟,不愿意随丈夫来中国而抛弃自己的事业,所以一直居住在伦敦的家中,查尔斯为了商务,同时也为了照顾妻子和孩子,不得不经常往返于伦敦、北京两地。

问:如何认定查尔斯的居民身份以征税呢?

(选自《国际经济法律教程》,王传丽主编,知识产权出版社 2001 年 6 月第 1 版,274 页)

任务分析

任务一　采用课件,演示居民税收管辖权、收入来源地税收管辖权,以及跨国纳税人身份的确定和收入来源地的确定

任务二　通过案例,分析税收管辖权的行使

任务三　掌握我国立法关于涉外税收管辖权的规定

必备知识(理论知识)

子项目一　税收管辖权概述

一、税收管辖权的概念与特征

(一)税收管辖权的概念

税收管辖权(tax jurisdiction)是指一国在征税方面所享有的权力。它决定了纳税人和征税对象的地域范围,具体表现为税收立法权和税收管理权。

(二)税收管辖权的特征

税收管辖权是国家主权在税收领域的体现,是国家主权的重要内容。因此,税收管辖权具有如下特征:

(1)从单一征税国的角度看,税收管辖权由各国自主确定,具有独立性和排他性的特点,不受他国的支配和干涉。

(2)从国家间的关系看,各国的税收管辖权应当处于相互平等的地位,一国税收管辖权的确定要受到国家权力所及范围的限制,一国不得拒绝对国际组织及外国的外交代表机构和使领馆人员给予豁免,一国的税务机关也不得在另一国境内实施其税务行政行为。

二、税收管辖权的确定依据及其分类

国际税法的税收管辖权是有其理论依据的。在国际公法领域,主权国家主要根据属人原则和属地原则行使其管辖。所谓属人原则是指国家对在国内和在国外的一切本国人,有权行使管辖。所谓属地原则是指主权国家对其领域内一切人(享受豁免者除外)和物以及所发生的事件有权行使管辖权。这里所说的领域,包括一国的领陆、领海、领空和底土,凡在这些领域内的人、物和事,均受该国管辖。在国际税收领域,按照属人原则和属地原则可以将税收管辖权分为以下两类:

(一)居民税收管辖权

居民税收管辖权又称居住国税收管辖权,是指在国际税收中,国家根据纳税人在本国境内存在着税收居所这样的连结因素行使征税权力,它是属人原则在国际税法上的体现。它的确立是以纳税人与征税国之间存在着某种属人的联系为前提。这种根据纳税人的居民身份行使税收管辖权的原则又称为从人征税。

根据属人原则行使征税权的前提条件,是纳税人与征税国之间存在着以人身隶属关系为特征的法律事实。这些属人连结因素,就自然人来说,主要有住所、居所、习惯居留地、国籍等;就法人来说,主要有公司的注册登记所在地、公司的实际管理和控制中心所在地以及公司的总机构所在地等。确定这类属人性质的连结因素在国际税法上一般称作"税收居所"。凡是与征税国存在着这种税收居所联系的纳税人,便是该国税法上的居民纳税人,而这个征税国亦相应

地被称为该纳税人的居住国。主权国家根据纳税人在本国境内存在着税收居所这一法律事实来行使征税的权力。这种根据税收居所联系对纳税人进行征税的原则,被称为"居住原则"或"居民税收管辖权原则"。在此种税收管辖权中,纳税人应就其来自居住国境内外的全部财产和收入即全球所得纳税,因此居民纳税人承担的是无限纳税义务。

(二)收入来源地税收管辖权

收入来源地税收管辖权是指一国对跨国纳税人在该国领域范围内的所得课征税收的权力。它是属地原则在国际税上的体现。它的确立,是以课征对象与征税国领土之间存在着某种经济利益的联系为依据的。这种根据来源地行使税收管辖权的原则,亦称从源征税。

根据属地原则行使税收管辖权的前提条件,是作为征税对象的纳税人的各种所得与征税国之间存在着经济上的源泉关系。这些表示所得与征税国存在着某种渊源联系的地域连结标志,如不动产所在地,常设机构所在地,股息、利息、特许权使用费、租金等所得的发生地,债务人或支付人所在地等,在国际税法上称为"所得来源地"或"所得来源地国"。对那些在来源地国没有税收居所,但却因取得上述所得而负有纳税义务的人,一般称为来源地国的非居民纳税人。而在国际税法上,一国根据所得来源地这一连结因素对非居民纳税人征税的原则,称为"收入来源地原则"或"收入来源地税收管辖权原则"。在此种税收管辖权中,纳税人仅就其来自于来源国境内的财产和收入纳税,因此纳税人承担的是有限纳税义务。

子项目二　居民税收管辖权的行使

一、跨国纳税人居民身份的确定

由于居民税收管辖权的行使是以纳税人与征税国之间存在着税收居所这一事实为前提条件的,而且根据国际税收实践,一国税法上的居民纳税人应就其来源于该国境内外全部所得向该国纳税,即承担无限的纳税义务;而一国税法上的非居民纳税人仅就来源于该国境内所得向该国纳税,即承担有限的纳税义务。因此,对跨国纳税人居民身份的确定,直接影响到国家居民税收管辖权的行使。

(一)自然人居民身份的确定

国际税法上判断自然人居民身份,主要采用以下标准:

(1)住所标准。住所标准,是以自然人在征税国境内是否拥有住所这一法律事实,决定其居民或非居民纳税人身份。所谓住所,是指一个自然人的具有永久性、固定性的居住场所,通常与个人的家庭和主要财产利益关系所在地相联系。当前采用此标准的国家主要有中国、日本、法国、德国等国。

(2)居所标准。居所一般是指一个人在某个时期内不具有永久性但经常居住的场所。现在越来越多的国家采用居住时间标准来确定自然人的居民纳税人身份,即以一个人在征税国境内居留是否达到和超过一定期限,作为划分其居民或非居民的标准。在居留时间上,各国税法规定不一,有的为半年,有的为一年。

(3)国籍标准。国籍是一个人同某一特定国家的固定的法律联系。据此标准行使的税收管辖权,又可称为公民税收管辖权。当前,只有美国、墨西哥、菲律宾等少数国家采用此标准。

（二）法人居民身份的确定

在公司、企业和法人团体的居民身份确认方面,各国税法实践中通常采用的标准主要有以下几种:

(1)法人注册地标准。按照这一标准,法人的居民身份依法人在何国依法注册成立而定。凡在本国境内依法登记注册成立的公司企业,即为本国的居民纳税人。美国、瑞典、墨西哥等国采用此标准。

(2)法人实际管理和控制中心所在地标准。按照此标准,企业法人的实际管理和控制中心处在哪一国,便为哪一国的居民纳税人。所谓法人的实际管理和控制中心所在地,是指作出和形成法人的经营管理重要决定和决策的地点。英国、印度等国采用此标准。

(3)法人总机构所在地标准。按此标准,法人的居民身份取决于它的总机构所在地,即总机构设在哪一国,便认定其是哪一国的居民。所谓法人的总机构,一般是指负责管理和控制法人的日常经营业务活动的中心机构,如总公司、总部等。中国和日本采用此标准。

上述确认自然人和法人居民身份的各种标准,各国税法并非仅限于采用其中的一种标准。许多国家往往同时兼采用两种以上标准,以尽可能地扩大自己的居民税收管辖权范围。

二、居民税收管辖权冲突的解决原则

由于各国税法对纳税人居民身份的判定采用不同标准,因此不可避免地会发生居民税收管辖权的冲突。对此,目前主要依靠各国在国际税收协定中规定的冲突规则的办法来加以解决。在这方面,《经合范本》和《联合范本》规定的冲突规则具有重要意义。

1.自然人居民身份冲突的解决方法

关于自然人的居民身份的冲突,一般有两种可供选择的解决方法:一是由缔约国双方通过协商确定该纳税人应为哪一国的居民。二是采用两大范本所提出的规范性的循序解决的原则,即首先以该纳税人永久住所地为标准。如在缔约国双方均有永久住所,则以主要经济利益在哪一国为准;如仍不能解决,则以习惯性住所为准;如在缔约国双方境内均有习惯性住所,则以国籍为准;如系双重国籍或无国籍,则由缔约国双方协商解决。

2.法人居民身份冲突的解决方法

关于法人的居民身份的冲突解决也有两种方法:一是由缔约国双方通过协商确定该法人应为哪一国的居民;二是在税收协定中规定一种标准,按标准确定法人为哪方的居民。两大范本都以实际管理机构所在国为居住国。在我国同日本、法国、德国等国缔结的双边税收协定中都以总机构所在国作为解决法人居民身份冲突的标准。

子项目三　收入来源地税收管辖权的行使

一、收入来源地的确定

确认收入来源地,就是要认定收入的地域标志,根据这一地域标志,来源国有权对非居民纳税人在本国境内取得的所得进行征税。各国对各种收入采取的来源地认定标准主要有以下几种:

1. **营业所得来源地标准**

营业所得是指纳税人从事工业生产、交通运输、农林牧业、金融、商业和服务性行业等生产性或非生产性企业经营活动取得的纯收益,又称经营所得或营业利润。关于营业所得来源地的认定,各国税法一般都采用营业活动发生地原则。只是对营业活动发生地,各国税法上有不同的解释,主要有营业机构所在地、合同签订地、商品使用地等解释。

2. **劳务所得来源地标准**

劳务所得一般是指纳税人因对他人提供劳动服务而获得的报酬。个人所获得的劳动报酬可分为独立劳务所得和非独立劳务所得两类。独立劳务所得是指个人以自己的名义独立从事某种专业性劳务和其他独立性活动而取得的收入,如以个人名义从事的律师、会计师的业务收入,以及个人独立从事科学、文艺或教育活动所获得的报酬。非独立劳务所得则指个人由于任职受雇于他人从事劳动工作而取得的工资、薪金、各种劳动津贴和奖金等。在各国税法上,确认个人劳务所得的来源地标准主要有劳务履行地、劳务所得的支付地和劳务报酬支付人居住地等标准。

3. **投资所得来源地标准**

投资所得主要包括纳税人从事各种间接性投资活动而取得的股息、红利、利息、特许权使用费和租金收益。

各国确认这类投资所得的来源地,主要采用以下两种原则:一是投资权利发生地原则,即以这类权利的提供人的居住地为所得的来源地;二是投资权利使用地原则,即以权利或资产的使用或实际负担投资所得的债务人居住地为所得来源地。

4. **财产收益来源地标准**

财产收益,又称财产转让所得或资本所得,是指纳税人因转让其财产的所有权取得的所得,即转让有关财产取得的收入扣除财产的购置成本和有关的转让费用后的余额。对转让不动产所得的来源地认定,各国税法一般都以不动产所在地为所得来源地。但在转让不动产以外的其他财产所得的来源地认定上,各国做法不尽一致,有的以转让人居住地为其所得来源地,有的以转让行为发生地为其所得来源地。

二、对征税权的划分

各国国内税法在纳税人跨国所得来源地确定标准上存在着分歧,为此,《经合范本》和《联合范本》两个税收协定和各国缔结的双边税收协定对纳税人各类跨国所得的征税权划分问题,制定了相应的协调性原则。

(一)营业所得征税权的划分

居民纳税人来自居住国境内的营业所得,由该居住国独占地行使征税权。一国居民来自于另一国境内的营业所得,由另一国(即收入来源国)优先行使征税权。收入来源国对非居民的营业所得行使征税权时,通常采用常设机构原则,即征税国只能对非居民设在本国境内的常设机构来源于本国的营业所得征税。

按照常设机构原则征税时,收入来源国必须将非居民法人设在该国的常设机构视为独立企业,当作一个独立的纳税实体看待。国际税收协定通常采用确定常设机构的原则具体有:①实际联系原则。②引力原则。作为常设机构原则的例外,国际运输企业的营业所得,因其来源地难以确定,通常由居住国独占行使征税权。

(二)投资所得征税权的划分

对跨国投资所得征税权的划分,税收协定一般采用税收分享的原则。

(三)劳务所得征税权的划分

关于非居民的独立个人劳务所得,原则上由居住国独占行使征税权,但具备下列条件之一者,应由收入来源国优先行使征税权:①非居民通过设在收入来源国境内的固定基地经常从事独立劳务活动所取得的那部分所得。②非居民在某一会计年度内在收入来源国境内连续或累计停留时间超过 183 天而取得的独立劳务所得。③非居民在某一会计年度内超过一定限额的劳务所得是由收入来源国居民支付,或由设在该国境内的常设机构或固定机构负担。

关于非居民的非独立个人劳务所得,由收入来源国优先征税。

(四)财产所得征税权的划分

非居民的不动产所得和转让不动产的所得,由不动产所在地的来源国优先征税。对经营国际运输的船舶或飞机的转让所得,由转让者的居住国独占征税。

项目习题

1.税收管辖权的种类有哪些?

2.居民税收管辖权的冲突有哪些? 如何解决?

3.收入来源地的确定标准有哪些?

项目小结

税收管辖权是指一国政府进行征税的权力,是国家主权在税收领域内的体现。各国在征税上都是基于主权的属人效力和属地效力来确定各自的税收管辖权。在所得税和一般财产税上,各国基于主权的属人效力所主张的税收管辖权表现为居民税收管辖权和公民税收管辖权;而各国基于主权的属地效力所主张的税收管辖权表现为所得来源地税收管辖权。

拓展活动

1946 年,埃斯特石油有限公司在喀麦隆注册成立,总机构设立在喀麦隆的雅温得。1949 年英国政府要求埃斯特石油有限公司就其全部公司所得纳税。

埃斯特石油有限公司则认为,该公司在喀麦隆注册,总机构设立在喀麦隆的雅温得,公司的产品和销售地都不在英国。所以不应该向英国政府纳税。

英国法院则认为,埃斯特石油有限公司的绝大部分董事在英国,只有个别董事在喀麦隆,多数董事会在英国伦敦举行。公司的重要决定都在英国作出,所以埃斯特石油有限公司的实际的控制和管理中心在英国,是英国公司,应该向英国纳税。

根据本项目所学知识,回答下列问题:

(1)埃斯特石油有限公司认定应当纳税的标准是什么?

(2)确定纳税法人居民身份的标准有哪些?

项目三
国际重复征税与国际重叠征税

学习目标

知识目标　理解国际重复征税与国际重叠征税的含义及特点
能力目标　能够掌握国际重复征税的解决办法

项目分析

项目概述　国际重复征税与国际重叠征税均为税收管辖权冲突所致。在国际经济领域中,国际重复征税与国际重叠征税,是跨国投资者和各国政府共同关心的问题,同时也是国际税法的核心问题。国际税法的许多规范,都是为了解决国际重复征税与国际重叠征税问题。因此把握本章内容对于理解国际税法规范的本质和国际税法的整个体系,具有重要意义。

导入阅读

M 国 R 公司,某一纳税年度末,其设在甲国的分公司获利 10 万美元;设在乙国的子公司获利 50 万美元,从税后利润中向 R 公司支付股息 20 万美元。

在上述纳税中,哪些属于国际重复征税? 哪些属于国际重叠征税?

任务分析

任务一　采用课件,演示免税法、抵免法、扣除法以及税收饶让制度
任务二　通过设计计算案例,学习免税法、抵免法、扣除法的计算方法,并比较各种国际重复征税解决方法的不同效果

必备知识(理论知识)

子项目一　国际重复征税与国际重叠征税概述

一、国际重复征税的含义与特点

(一)国际重复征税的含义

国际重复征税是指两个或两个以上的国家,对同一纳税人就同一征税对象,在同一时期内

课征相同或类似的税收。

（二）国际重复征税的特点

从国际重复征税的含义中可以看出，国际重复征税具有以下几个特点：

(1)存在着两个或两个以上的征税主体。两个征税主体分别代表两个国家政府，如果是同属于一国境内的两个税务机关，则不属于国际重复征税，而是国内性质的重复征税。

(2)只有一个纳税主体。即同一纳税人对两个或两个以上国家的税务机关负有纳税义务。这里所称的同一个纳税人包括同一个自然人和属于同一个法人的总机构与分支机构。

(3)课税对象的同一性。即两个征税主体是就同一所得或财产价值对同一纳税人进行征税的，才构成国际重复征税。

(4)同一征税期间。这里指两个征税主体均是在同一个纳税期间对纳税人进行征税，即对纳税人在同一个纳税期间内取得的所得或拥有的财产价值征税，并不是指两个征税主体对纳税人具体征缴税款的时间是同时进行的。

(5)课征相同或类似性质的税收。这是指两个国家对同一纳税人分别课征的税收，必须是属于同种性质或类似性质的税收，否则不构成国际重复征税。

（三）国际重复征税形成的原因

国际重复征税的产生，是有关国家所主张的税收管辖权在纳税人的跨国所得或财产价值上发生重叠冲突的结果。这种税收管辖权的冲突，主要有以下三种：

(1)居民税收管辖权之间的冲突。引起居民税收管辖权之间冲突的原因，在于各国税法上采用的确认纳税人居民身份的标准差异。这样，可能使某一自然人或法人同时成为两国税法上的居民，引起居民税收管辖权的冲突。

(2)收入来源地税收管辖权之间的冲突。同一纳税人来自居住国境外的某一所得，如果同时被两个非居住国认定为来自本国，即引发收入来源地国税收管辖权之间的冲突。

(3)居民税收管辖权与收入来源地税收管辖权之间的冲突。除极少数国家和地区以外，目前绝大多数国家在所得税和一般财产税方面，既对本国居民纳税人来自居住国境内和境外的一切所得和财产价值行使居民税收管辖权，同时对非居民纳税人来源于本国境内的各种所得行使收入来源地税收管辖权。因此，在一国居民所取得的来源于居住国境外的跨国所得上，势必会发生一国的居民税收管辖权与另一国的收入来源地税收管辖权之间的冲突。这一冲突，是造成当前大量的国际重复征税的最普遍的原因。

二、国际重叠征税

国际重叠征税是指两个或两个以上的国家对不同的纳税人就同一课税对象或同一税源在同一期间内课征相同或类似性质的税收。与国际重复征税相比，国际重叠征税不具备同一纳税主体这一特征。

国际重叠征税主要发生在公司和公司股东之间，具体表现为两个国家分别同时对在各自境内居住的公司的利润和股东从公司获得的股息进行征税。

在国际重叠征税这个概念上目前还存在着一些分歧意见，有些学者把国际重复征税称为法律上的重复征税，而将国际重叠征税称为经济上的重复征税，也就是把国际重叠征税纳入国际重复征税的范畴。对于这个问题，我们认为，国际重复征税与国际重叠征税各有自己的内涵,各有自己的解决方法,因而,在概念上应当区别开来,避免混淆。

三、国际重复征税与国际重叠征税的消极影响

国际重复征税与国际重叠征税,严重制约了国际经济正常交往的顺利进行,是当前国际税法实践中需要解决的主要问题。其消极影响体现在以下两个方面:

(1)从法律角度看,国际重复征税和国际重叠征税使从事跨国投资和其他各种经济活动的纳税人相对于从事国内投资和其他各种经济活动的纳税人,背负了沉重的双重税收负担,违背了税收中立和税负公平的税法原则。

(2)从经济角度看,国际重复征税和国际重叠征税造成了税负不公,使跨国纳税人处于不利的竞争地位,势必挫伤其从事跨国经济活动的积极性,从而阻碍国际间资金、技术和人员的正常流动和交往。

正是因为国际重复征税与重叠征税有着各种消极影响,特别是造成跨国纳税人的税负过重而不利于其进行国际投资对世界经济的不利影响尤为深重,所以国际重复征税和国际重叠征税在国际上受到人们的普遍关注。

子项目二 国际重复征税的处理

一、避免国际重复征税的措施

避免国际重复征税可以由一国单方面地采取措施,也可由双方或多方共同采取措施。

(一)单边措施

单边措施是指一国的立法机关通过国内立法,从单方面解决跨国纳税人所承受的双重税负问题。单边措施不需要其他国家的配合,因此,在制定这些措施时,程序相对简单,见效迅速。单边措施可以采取的方法很多,如免税法、抵免法、扣除法等。从目前的情况看,采取单边措施避免国际重复征税主要是跨国纳税人的居住国。当然,各国在税收管辖权上所作的单方面自我限制是有一定限度的,并非放弃本国的一切税收权益。

(二)双方措施

双方措施,主要是指两国(在个别情况下也可能是多国)按照平等互利的原则,通过协商来避免国际重复征税,其法律形式就是国际税收协定。

双方措施和单方措施相比,具有一定的优势:能更好地照顾两国的税收利益。双方协商针对性较强,任何一方都能根据彼此的具体情况作出适当的协调,从而使双方都可以减少在单边措施时所作的不必要的牺牲,同时能更好地保护跨国纳税人的利益。因为国际税收协定系国际法,单方不能任意解除,而国家间达成的双边或多边协议,使国际投资者在避免被重复征税上感到更有保障。

二、避免国际重复征税的方法

（一）免税法

免税法是指居住国一方对本国居民纳税人来源于来源地国的并已在来源地国纳税的跨国所得，在一定条件下放弃居民税收管辖权。由于居住国放弃了对其居民纳税人来源于境外的那部分所得的征税权，从而避免了在这部分跨国所得上与来源地国发生税收管辖权的冲突。

采用免税法有两种不同的计算方法：

1.全额免税法

全额免税法是指居住国在对居民纳税人来源于居住国境内的所得计算征税时，其适用的税率，完全以境内这部分应税所得额为准，不考虑其来源于境外的所得数额。

2.累进免税法

累进免税法是指居住国虽然对居民纳税人来源于境外的所得免于征税，但在对居民纳税人来源于境内的所得确定应适用的累进税率时，将其境外所得额考虑在内，这样对纳税人来源于境内的所得确定适用的税率，比在采用全额免税法条件下适用的税率要高，居住国采用这种方法对居民纳税人计算征收的所得税额也比适用全额免税法计征的税额要多。

从维护居住国征税权益的角度，免税法不是避免国际重复征税的最佳方法，许多国家国内法和税收协定规定的免税都是有一定条件或进行一定限制的。

（二）抵免法

抵免法是目前世界上大多数国家所采用的避免国际重复征税的方法。所谓抵免法是指纳税人可将已在收入来源国实际缴纳的所得税税款从应当向居住国缴纳的所得税额内扣除的方法。其基本公式是：

居住国应征所得税税额＝纳税人来源于居住国境内外总所得

×居住国税率

－允许抵免的已缴来源国税款

抵免法内容复杂，种类也比较多，按照不同的标准，可以有以下几种不同的分类：

1.按照居民纳税人与收入来源国征纳关系的不同，可以分为直接抵免和间接抵免

直接抵免是对同一纳税人在收入来源国缴纳的税款予以抵免；间接抵免则是本国居民通过设在另一国的独立法人实体将缴纳的税款予以抵免，其属于避免国际重叠征税的方法。

2.按照抵免数额的不同，可以分为全额抵免和限额抵免

全额抵免是指居住国允许纳税人已缴的来源国税额可以全部用来冲抵其居住国应纳税额，没有限额的限制；限额抵免是指纳税人可以从居住国应纳税额中抵扣的已缴的来源地国税额，但有一定限额的限制。

目前，国际上普遍实行的是限额抵免，其计算公式为：

抵免限额＝纳税人来源于居住国境内外应税所得总额

×居住国税率

×（纳税人来源于居住国境外应税所得

÷纳税人来源于居住国境内外应税所得总额）

在居住国采用比例税率情况下，上述抵免限额的计算公式可以简化为：

抵免限额＝纳税人来源于居住国境外应税所得×居住国税率

居住国如果是累进税率制,则不能采用上述简化公式。

3.**按照抵免限额的计算方法不同,限额抵免又可以分为分国限额抵免、综合限额抵免和分项限额抵免**

(1)分国限额抵免。分国限额抵免是指居住国对居民纳税人来自每一个非居住国的所得,分别计算出各个非居住国的抵免限额,然后确定允许居民纳税人从居住国应纳税额中给予抵免的限额。分国限额的计算公式是:

分国抵免限额＝纳税人来源于居住国境内外应税所得总额

×居住国税率

×(纳税人来源于某个非居住国的应税所得

÷纳税人来源于居住国境内外应税所得总额)

在居住国采用比例税率情况下,上述分国抵免限额的计算公式可以简化为:

分国抵免限额＝纳税人来源于某个非居住国应税所得额×居住国税率

居住国如果是累进税率制,则不能采用上述简化公式。

(2)综合限额抵免。综合限额抵免是指居住国将某居民来源于境外的所得汇总相加,统一计算抵免限额。综合限额的计算公式是:

综合抵免限额＝纳税人来源于居住国境内外应税所得总额

×居住国税率

×(纳税人来源于各个非居住国的应税所得之和

÷纳税人来源于居住国境内外应税所得总额)

同理,在居住国采用比例税率情况下,上述综合抵免限额的计算公式可以简化为:

综合抵免限额＝纳税人来源于各个非居住国应税所得之和×居住国税率

居住国如果是累进税率制,则不能采用上述简化公式。

(3)分项限额抵免。分项限额抵免是指居住国对其居民来源于居住国境外的各种类型所得分别计算抵免限额。其计算公式如上所示,可以简化为:

分项抵免限额＝纳税人来源于非居住国的专项所得×居住国税率

(三)扣除法

扣除法是指居住国允许本国居民就其境外所得而向来源国缴纳的税款,从其境内外的应税所得总额中扣除,并就其余额适用相应的税率计算应纳税额的方法。其基本计算公式为:

居住国应征税额＝(纳税人来源于居住国境内外应税所得总额

－纳税人在收入来源国已纳税款)

×居住国税率

扣除法不同于免税法,在免税法中,居住国在计算本国居民的应税所得时不考虑其境外所得;但在扣除法中,本国居民的应税总所得包括其境内和境外的全部所得。扣除法也不同于抵免法,其区别在于扣除法是从应税总额中扣除境外已纳税款,抵免法则是从应纳税款中扣除境外已纳税款。

(四)税收饶让

税收饶让,又称为税收饶让抵免,是指居住国政府对跨国纳税人在收入来源国得到减免的那一部分所得税,视同在外国已缴纳的税收,准予抵免,不再按居住国税法规定的一般的抵免办法征税。

许多国家为了吸引外资,实行了很多税收优惠政策,如低税率、税收减免等。但是在一般税收抵免的情况下,跨国纳税人在收入来源国缴纳低税率的所得税后,在居住国还是要按照居住国的所得税税率向居住国纳税,差额部分要向居住国补齐。这样,收入来源国所实行的各项税收优惠政策的受益人不是投资者,而是投资者的居住国政府,实行税收优惠政策就背离了其本来的意义。为了解决这一重大问题,收入来源国通常要求居住国实行一种不同于抵免法的特殊制度——税收饶让制。

居住国对本国居民来自境外一定范围的所得给予饶让,一般要通过双方国家签订税收协定加以明确规定。许多作为海外投资国的发达国家已经采用了税收饶让制,如英国、日本、德国等;但并不是所有的海外投资国都实行饶让制,如美国。

子项目三　国际重叠证税的解决

国际重叠征税可以从两个方面来解决,一方面是由收取股息公司的所在国采取措施,另一方面是由付出股息公司所在国采取措施。

一、股息收入国所采取的措施

在收取股息公司的所在国方面,解决国际重叠征税的主要方法有三种:

(一)对来自境外的股息减免所得税

对境外来源的股息减免所得税,是不少国家的共同做法,但是具体方法又有所不同。对母公司的股息实行减免税的方法主要有三种:一是无条件地免征公司所得税;二是有条件地免征公司所得税;三是对一定比例的股息收入免征税,即减征公司所得税。

(二)准许国内母公司和国外子公司合并报税

准许国内母公司和国外子公司合并报税,事实上就是对子公司支付给母公司的股息免征所得税,这就实际上避免了国际重叠征税。但是,有些国家对此规定了一定的条件,如持股比例的要求或在手续上要求经过财政部长的批准。

(三)对外国所征收的公司所得税实行间接抵免

实行间接抵免是收取股息公司的所在国为解决国际重叠征税的一项重要措施。所谓间接抵免,就是母公司所在国对子公司向东道国缴纳的公司所得税所给予的税收抵免。

股息收入国允许母公司享受间接抵免的条件包括:母公司必须是直接投资者,而不能是消极的证券投资者;母公司在子公司中享有的股份必须达到一定比例。有些发达国家还允许母公司享有多层间接抵免。

间接抵免常在各国国内税法中加以规定,这主要是一些发达国家。有些国家的国内税法未对此作出规定,而是在国际税收协定中规定采用间接抵免的措施。

二、股息付出国所采取的措施

（一）双税率制

双税率制是指用于分配股息的利润和不用于分配股息的利润分别按不同的税率征收公司所得税,其中对分配利润的股息适用的税率较低的措施。

双税率制通过子公司用于分配股息的利润减轻税负的方式,缓和了国际重叠征税的矛盾。目前,德国、日本是采用双税率制的国家。

（二）折算制

折算制,又称冲抵制。在折算制下,股息付出国对本国子公司的利润依法征收公司所得税,税后利润以股息形式分配给外国股东,国库按其所收到的股息额的一定比例退还母公司已交税款,然后以股息与所退税款之和为基数按适用税率对外国股东征税,纳税余额即净股息所得。法国是采用折算制的国家。

折算制不同于双税率制。双税率制是用减轻公司税负的方式解决国际重叠征税,股东分配到的股息仍应适用税率征税;而折算制则用减轻股东税负的方式解决国际重叠征税,公司应缴所得税额并未减轻。

项目习题

1.什么是国际重复征税？它与国际重叠征税有什么不同？
2.国际重复征税的解决方法有哪些？
3.国际重叠征税的解决方法有哪些？

项目小结

国际重复征税与国际重叠征税是国际税法解决的主要问题之一。通过本项目的学习,掌握消除国际重复征税的几种方法,并比较其不同效果。

拓展活动

2008年度,甲国的A公司通过向乙国的B公司转让专利技术使用权,从乙国获得100万美元的收入。对于A公司的该项收入,甲、乙两国均主张税收管辖权。甲国（居住国）的税率为40%,乙国（收入来源国）的税率为30%。

根据本项目所学知识,回答下列问题:在甲国分别实行免税制、抵免制和扣除制的情况下,A公司须分别向甲乙两国政府缴纳多少税款？

项目四
国际逃税与国际避税

学习目标

    知识目标   掌握国际逃税与国际避税的含义与方式

    能力目标   了解防止国际逃税与国际避税的措施

项目分析

    项目概述   这是国际税法的另一重要问题。跨国纳税人通过国际逃税和避税安排,逃避了就其跨国所得和财产价值本来应当承担的纳税义务。这不仅损害到有关各国的税收利益,而且破坏了国际经济的正常竞争秩序。随着国际经济交往的扩大发展,国际逃税避税现象也日趋泛滥。当前,如何对国际逃税避税进行管制,已成为各国税务当局和有关国际组织机构共同关注的问题。

导入阅读

    经济合作与发展组织(OECD)秘书长安杰尔·古里亚(Angel Gurria)日前接受媒体采访时表示,伦敦金融峰会(G20)对打击"避税绿洲问题"已起到巨大推动作用。84个国家与地区被列入黑色名单与灰色名单。

    全球许多国家已先后就银行保密制度和税收信息交换作出了非常积极回应,特别是瑞士就跨国税制改革立场颇受国际社会赞赏。

    自伦敦金融峰会以来,在打击"避税绿洲"方面所取得的共识与成果远比此前15年还多。

"避税绿洲"列为峰会议题重点

    如何采取联合举措打击利用"避税绿洲"(Tax Havens)刻意跨国逃税问题被列为G20伦敦金融峰会的主要议题之一,期间OECD还特意公布了一份经过该组织长期跟踪并监察后开列多达84个国家与地区的"避税绿洲"与"不合作金融中心"黑色名单与灰色名单。

    而出席峰会的20个国家元首与国际货币基金组织(IMF)等在促成各方就加强金融监管,限制跨国避税空间等方面赢得了共识;会议一致同意将对OECD开列的避税天堂黑名单国家联合采取一系列制裁措施,旨在逼迫他们最终摒弃避税制度。

    OECD秘书长古里亚表示,G20伦敦峰会对打击"避税绿洲问题"已起到巨大推动作用,其取得的历史性成果在于刻意逃税者今后将不能再利用银行保密制度藏匿收入和财产,否则必将面临多国联合制裁。

"避税绿洲"具有共同表现特征

    OECD曾于2006年6月针对"避税绿洲"具有的共同特征公布一份报告。报告指出,任何一个经济体或金融中心凡具有以下任何一项"情节"的均可被列入"避税绿洲"黑名单：

(1)对金融或金融以外其他服务领域所得不实行所得税。

(2)只实行名义上或变相所得税的。

(3)将本国或本地区变成庇护外来居民逃避其居住国税收的场所。

(4)不能与国际监管机构或相关国家就某项税征信息进行有效交换的。

(5)在税收制度及税收征管方面运作缺乏透明度。

据此,当年OECD认定的"避税绿洲"多达50余个。除OECD对"避税绿洲"下过概念性定论外,国际社会也对"避税绿洲"行为有过普遍定论。人们通常把那些政局稳定,但因本国严重缺少独立发展工农业所需自然资源,或依靠自身条件发展工农业基础相对薄弱,而"被迫"在税费征收等问题上做他国文章的国家或地区称为"避税绿洲"。此类国家中太平洋岛国瑙鲁(Nauru)就是个典型例子。

此外,被OECD列为"避税绿洲"的国家还具有以下特征：

(1)袖珍国家(pocket-sized country)王室严重缺乏固定财政收入。据OECD公布的资料反映,类似列支敦士登、摩纳哥、卢森堡等大公国,早期推崇避税制的目的在于希望通过在税费征收等问题上做他国文章,从而来弥补王室庞大的日常财政支出。

(2)被殖民化(colonized)的小国遭到其宗主国奴役并刻意演变成"避税绿洲",旨在掠夺更多财富。英属维尔京群岛(British Virgin Islands)就属于这类小国。首先因为这些殖民属地在高压殖民政策统治下本身丧失了赋予制定税收条款的自主权,而它们的宗主国则为了便利自身渔利殖民地民众,制定了有利于外来资本输入者的税法和管理制度。

(3)通过离岸金融中心(offshore financial centers,OFC)掠取利益。外国企业到"避税绿洲"注册后,企业真正的母国就不可能获得任何财政回报。因此,国际社会要求这些离岸金融中心承担更高的信息公开义务,但遭到既得利益阶层和既得利益国家的强力阻挠。

(选自:http://hi.baidu.com/xztlsy/blog/item/1e0c922f583556301f3089dd.html)

任务分析

任务一　搜集资料,识别国际避税的常见方法

任务二　搜集资料,了解国际社会对打击逃税、避税的举措

必备知识(理论知识)

子项目一　国际逃税与国际避税的概述

一、国际逃税与国际避税的含义与区别

(一)国际逃税与国际避税的含义

国际逃税是指跨国纳税人违反国际税法或国际税收协定的规定,采取种种隐蔽的非法手

段,以谋求逃避或减少应该承担的纳税义务的行为;国际避税是指跨国纳税人利用各国税法规定的差异或国际税收协定的漏洞,采取变更经营地点或经营方式等种种公开的合法手段,以谋求最大限度减轻国际纳税义务的行为。

(二)国际逃税与国际避税的区别

国际逃税与国际避税是两个不同的概念,主要区别有以下几点:

(1)性质不同。国际逃税是非法行为,具有欺诈的性质;而国际避税是以合法的手段来达到减轻税负的目的。

(2)采取的手段不同。国际逃税是采取各种隐蔽的非法手段,更不愿让征税国税务机关察觉;国际避税则通过形式上合法的手段而进行,因而往往是公开的。

(3)处理方法不同。国际逃税行为由于其是非法的,因而一旦为有关当局查明属实,纳税人就要为此承担法律责任,可能是行政的、民事的,甚至可能是刑事责任;而对于国际避税,征税国一般不能追究纳税人的法律责任,只能对国内税法或税收协定中的不完善之处进行修改或作出相应的补充规定,从根本上杜绝税法漏洞,防止避税行为的发生。

二、国际逃税与国际避税的产生原因

国际逃税与国际避税的产生主要有主观和客观两个方面的原因:在主观上,少纳税、多获利是每一个纳税人所共同追求的目标,对一个从事国际投资的跨国纳税人来说更是如此。因此,跨国纳税人从主观上总是通过各种方式,运用各种手段,逃避税收。

在客观上,由于跨国纳税人的活动具有国际性,故各国税法上的差异为跨国纳税人进行逃避税收活动提供了可乘之机,比如各国主张税收管辖权的不同、征税范围的不同、税基的差异、税率的差异等。

三、国际逃税与国际避税的危害

国际逃税与国际避税在实践中给各国所造成的危害是显而易见的。具体表现在以下几个方面:

首先,国际逃税与国际避税严重损害了有关国家的税收利益。纳税人应向政府缴纳税款而未缴,使国家税收收入减少,而税收收入在国家财政收入中占有重要比重,从而严重影响了国家的经济利益。

其次,国际逃税与国际避税使税收公平原则难以实现。奉公守法者处于不利的竞争地位,而逃避税收的人则获得了不当的利益,严重地破坏了国际经济领域内的正常竞争秩序。

最后,国际逃税与国际避税会引起国际资本的不正常流动,对国际经济交往活动产生不利影响。为了实现逃避税收的目的,跨国纳税人经常利用转移定价等方法转移资金和利润,造成国际资本流通秩序的极大混乱。

随着国际经济活动的扩大与发展,国际逃税与国际避税的危害日益引起越来越多的国家和有关国际组织的关注,成为国际上迫切需要解决的国际税法问题之一。

子项目二　国际逃税与国际避税的方式

一、国际逃税的手段

跨国纳税人进行国际逃税手法多种多样,比较常见的主要有以下几种:

(一)匿报或谎报应税所得

跨国纳税人不向税务机关报送纳税资料,采用这种手段主要是匿报应税财产和所得。匿报应税所得和财产,经常发生在纳税人在国外拥有的财产或获得的股息、利息以及薪金和报酬等项收入上,在这方面,银行为顾客保密的义务往往为纳税人转移和隐匿应税所得提供了便利条件。谎报应税所得是指纳税人将应税财产和所得以多报少,或者为了取得税收上的好处将一种财产和所得谎称为另一财产和所得。

(二)虚构成本费用等扣除项目

这是跨国纳税人最经常采用的一类逃税方法。各国税法计算纳税人在纳税年度内的应税所得额时,应从总所得中扣除必要的成本、费用和损失等项目。纳税人往往采取以少报多、无中生有的做法,虚构有关佣金、使用费等开支,以减少应税所得额。目前,许多国家没有严格的开支标准和统一的支付凭证,这就使得国际交易的成本费用很难控制。

(三)伪造账册和收支凭证

在这方面,纳税人往往采用各种会计上的方法实现逃税目的。其中包括设置两套账簿的伪造账册的方法:一套登记虚假的经营项目,以应付税务机关的审查;另一套则反映真实的经营状况,从而使税务机关无法了解其实际利润水平。还包括伪造收支凭证,主要是在购入上多开发票,在售出上少开发票,甚至用销售货物不开发票等办法达到逃税的目的。

二、国际避税的手段

纳税人在国际避税方面的手段同样是花样繁多,主要有两类:

(一)通过纳税主体的跨国移动进行国际避税

这类避税方式,经常发生在自然人方面。在对自然人征税方面,各国一般以个人在境内存在着住所、居所或居住达一定天数等法律事实,作为行使居民税收管辖权的依据。因此,纳税人也往往采取移居国外或压缩在某一国的居住时间等方式,变更其税收居所,达到规避在某一国承担居民纳税人的义务的目的。法人也可能通过选择或改变税收居所的方式进行避税,如改变董事会的地点而转移经营管理中心。

(二)通过征税对象的跨国移动进行国际避税

这是纳税人最经常使用的方法,具体有以下三种:

1.跨国联属企业通过转移定价和不合理分摊成本费用进行避税

在同一集团利益的支配下,联属企业之间的经济交易就完全可能背离市场竞争原则,采用人为地抬高或压低交易价格的办法实现把利润从高税率国转移到低税率国的目的。不合理地分摊成本费用,主要发生在联属企业的总机构与国外分支机构之间。众所周知,应税所得是收入减除有关的成本和费用的结果。成本和费用的增减,直接影响到应税所得额的多少。因此,总机构和国外分支机构之间利用分摊成本费用的办法,同样可以实现利润的跨国转移。

2.跨国纳税人利用避税港避税

一般来说,避税港是指那些对财产和所得不征税或按很低的税率征税的国家或地区,如巴拿马、巴哈马群岛等。跨国纳税人利用避税港实现国际避税的主要形式,就是通过在避税港设立"基地公司",将在避税港境外的财产和所得汇集在基地公司的账户下,从而达到躲避国际税收的目的。这些基地公司,是指那些在避税港设立而实际受外国股东控制的公司,这类公司的全部或主要的经营业务活动是在避税港境外进行的。

3.跨国投资人有意弱化股份投资进行国际避税

公司所需要的资金,主要来自于股东的投资和贷款,由于跨国股息和利息所得的实际国际税负可能存在着较大的差别,以致跨国纳税人经常利用这种国际税负的差别,有意弱化股份投资而增加贷款融资比例,从中达到避税的目的。

子项目三　防止国际逃税与国际避税的措施

一、防止国际逃税和国际避税的国内法律措施

(一)一般国内法措施

不是针对某种具体的国际逃税与国际避税行为,而是针对一般的国际逃税与国际避税采取的防止国际逃税与国际避税的一般国内法措施主要有下列几种:

(1)加强国际税务申报制度。了解纳税人的国际经济活动情况和在国外的财产状况,对于防止纳税人进行逃税和避税,具有十分重要的意义。许多国家在税法上特别对跨国纳税人规定了申报国外税务的义务。除了在实体法上直接规定纳税人有申报国外税务义务外,有的国家还在司法程序上要求纳税人在税收案件中应就有关国外事实负举证责任。

(2)强化会计审查制度。实行会计审查制度,是加强对跨国纳税人进行经营活动的税务监督的一种重要手段。法律规定,公司企业的税务报表必须经过会计师的审核。

(3)实行评估所得征税制度。许多国家对于那些由于不能提供准确的成本费用的凭证,因而无法正确计算应税所得的纳税人,以及那些每年所得数额较小的纳税人,按照同行业纳税人的正常或平均利润水平,核定其应税所得,采取评估所得征税制度。这种办法对于防止那些为数众多但又难以实行有效的税务监督和管理的小型企业进行逃避税,具有一定的作用。

(二)特别国内法措施

特别国内法措施是指主要针对跨国纳税人的某种具体的逃税和避税行为而采取的特别法律措施。该措施具体包括:

(1)限制居民身份的转移。为了防止跨国纳税人出于避税目的而改变其税收居所,大多数国家的国内法要求本国居民移居国外前必须缴清所有的应缴税款。

（2）正常交易原则。这是防止跨国纳税人利用转移定价和不合理分摊成本费用进行逃税避税的措施。所谓正常交易原则，是指关联企业之间的关系，当做独立竞争的企业之间的关系来处理。各个经济实体之间的营业往来，都应按公平的市场交易价格计算，如违反此规定，税务机关可按公平市场价格，重新调整其应得收入和应承担的费用。

（3）取消延期纳税待遇。为了防止跨国纳税人通过在避税港设立基地公司进行避税，美国、加拿大、法国等国取消了设有基地公司的跨国纳税人的延期纳税待遇。按美国税法的规定，当国内股东拥有基地公司50％以上的股权时，尽管基地公司未按股息形式向其分配利润，也应将其计入股东有关纳税年度的应税所得额中，不准其如同某些未从国外收到股息的股东那样享受延期纳税待遇。

二、防止国际逃税和国际避税的国际法律措施

目前，各国之间通过有关条约或协定达成的防止国际逃税与避税的措施，主要有两个方面：

（一）建立有关情报交换制度

在国际税收实践中，各国往往根据国际税收协定的规定，确立彼此间的税收情报交换制度。关于交换情报的种类和范围，由缔约国通过谈判在协定中具体确定。根据有关情报资料的不同，缔约国之间交换情报的方法一般分为例行的交换、经特别请求的交换和一方主动提供三种。

（二）在税款的征收方面提供协助

在征税方面的相互协助主要是指缔约国一方代表另一方执行某些征税行为。如代为送达纳税通知书，在纳税责任未确定前对有关纳税人及其财产代为实施管理保全措施等。由于跨国纳税人时常采取将财产和所得转移到境外，甚至采用逃避到国外的办法，拒不履行纳税义务。因此在这种情况下，由有关国家提供这方面的协助就能有效地制止这类逃避税收的行为。

项目习题

1. 什么是国际逃税？其与国际避税有什么区别？
2. 国际逃税的方式有哪些？如何解决？
3. 国际避税的方式有哪些？如何解决？

项目小结

跨国纳税人进行的国际逃税与国际避税，不仅损害了有关各国的税收权益，而且破坏了国际经济范围内的正常竞争秩序。因此，如何对国际逃税与国际避税进行管制，已成为各国税务当局和有关国际组织机构共同关注的问题。通过本项目的学习，要学会识别国际逃税与国际避税的常用方式，以维护国家的税收利益。

✦ 拓展活动

　　新西兰罗伊乔公司为躲避本国的所得税,将其年度利润的 70% 转移到世界著名的避税港巴哈马群岛的某一信托公司。由于巴哈马群岛的税率要比新西兰低 35%～50%,这样就使该公司每年可以有效地躲避 300 万～470 万美元的税款。

　　根据本项目所学知识,回答罗伊乔公司采用的国际避税方式是什么?

　　(选自《国际经济法案例教程》),王传丽主编,知识产权出版社,2001 年 6 月第 1 版,292 页)

项目五
国际税收协定

学习目标

知识目标　了解国际税收协定的种类和主要内容

能力目标　能够掌握国际税收协定的主要条款

项目分析

项目概述　国际税收协定是有关主权国家之间签订的,旨在协调彼此间税收权益分配关系和实现国际税务行政协助的书面协议。它体现的是两个或多个缔约国的意志,调整的是国家间的税收管辖关系和税收分配关系。国际税收协定是国际税法的国际法规范。

导入阅读

中巴签署避免双重征税协定议定书

2010年2月10日中华人民共和国驻巴巴多斯使馆魏强大使和巴巴多斯国际商业交通部赫特森部长分别代表本国政府在巴巴多斯首都布里奇顿签署了《中华人民共和国政府和巴巴多斯政府关于对所得避免双重征税和防止偷漏税的协定议定书》。

自2000年中巴避免双重征税协定签订以来,中巴两国各自的国内法及国际税收标准都发生了一些变化。为适应新的发展形势,中巴两国税务当局于2009年1月就该协定进行了修订性谈判并达成一致意见。双方认为,该议定书的签订将有助于加强两国税务部门之间的税收征管合作,更好地避免双重征税和防止逃避税收,促进两国在投资、贸易、技术和人员等方面交往的健康发展。

（资料来自中国商务部网站）

任务分析

任务一　了解我国签订的国际税收协定的格式与内容

必备知识(理论知识)

子项目一　国际税收协定概述

一、国际税收协定的概念

国际税收协定(international tax convention),又称国际税收条约,是指两个或两个以上的主权国家,依照对等原则,通过政府间谈判所缔结的确定其在国际税收方面的权利义务关系的一种书面协定。它是目前国际法上调整国际税收分配关系的主要法律表现形式,也是国家相互协调税制差异和利益冲突,进行国际税收调整,实现国际税务合作的有效形式。

二、国际税收协定的种类

国际税收协定可以划分为不同的类型,比较常见的有以下几种:

(一)按缔约方的数目,国际税收协定可以分为双边税收协定和多边税收协定两种类型

双边税收协定是指两个国家缔结的协调相互之间税收关系的条约,目前,它仍然是所得税方面国际协调与合作的主要形式。多边税收协定是指两个以上国家参加缔结的协调相互间税收关系的协定。在所得税方面,目前达成的多边税收协定并不多,但由双边向多边发展,将是一个发展趋势。

(二)按协定所涉及的内容范围,国际税收协定可以分为综合性的所得税协定和单项所得税协定两种类型

综合性的所得税协定旨在全面解决有关国家对跨国所得课税过程中所出现的各种矛盾与冲突;单项的所得税协定是为了协调某一特定所得或有关国家对跨国所得课税过程中的某一特定税收问题而缔结的书面协议。

三、国际税收协定的意义

国际税收协定的产生,适应了国际税收协调与合作的发展需要,对国际经济的合作与交流也有重要意义。

首先,协调了各国税收管辖权的冲突,避免和消除了国际重复征税现象,减轻了跨国纳税人的不合理负担。国际税收协定明确规定了各国税收管辖权的行使原则,要求彼此接受约束,这对于解决国际重复征税和国际重叠征税现象是很有意义的,同时也合理地协调了缔约国之间的税收利益分配关系。

其次,加强了国家之间的税务合作,互通税收情报,防止国际逃税和国际避税。通过缔结国际税收协定,缔约各方自愿承担税收情报交换义务,有助于协同打击纳税人的逃税和避税行为。

再次,签订国际税收协定,实行税收饶让制度,保证发展中国家鼓励外来投资政策的顺利实施。发展中国家作为东道国为了吸引外资,引进先进的技术和管理经验,一般都采取了各种税收优惠政策。但这些税收优惠政策在缺乏税收条约安排的情况下,往往使投资者不能真正的获得利益,反而引起东道国的税款流失。通过国际税收协定,使投资者在东道国未实际缴纳的税款,视同已经缴纳,使东道国的税收优惠政策真正落到实处。

最后,消除税收的国际歧视,保护纳税人的税收利益。一国政府对外国人实行歧视性的税收差别待遇,直接违背了税负公平原则,也不利于吸引外国资金与技术。通过签订国际税收协定,避免税收歧视,有助于改善征税国的投资环境,也有利于保护纳税人的合法权益。

四、国际税收协定的发展

二战后,国际税收协定的发展呈现出逐步演进的特点,目前集中表现在以下几个方面:

(1)国际税收协定数量迅速增加。二战后,随着国家之间的交往进一步扩大,各国所得税制进一步普及化和国际双重征税问题的日益尖锐,国际税收协定在数量上也有长足的发展。

(2)国际税收协定内容不断扩展。早期缔结的税收协定多数条款较少,内容也比较狭窄。而近年来所缔结的税收协定,内容日益广泛,条款日益严谨。其具体表现为由单一税种扩展到多项税种,由对少数所得征税扩展到对几乎全部所得征税。

(3)国际税收协定日趋规范化。1963年经济合作与发展组织的24个发达国家草拟了一份避免双重征税的协定,于1977年4月11日正式颁布并命名为《关于对所得和财产避免双重征税的协定范本》,共7章30条,它强调了居民税收管辖权,是适宜发达国家之间的税收条约范本。从范本发布后的五年中,经合组织成员国之间参照这一范本,共签订了183个避免双重征税的税收协定。

子项目二　国际税收协定的主要内容

目前,世界各国签订的双边税收协定已达数百个之多,但其内容基本上一致,主要包括以下几方面的内容:

一、国际税收协定的适用范围

税收协定的适用范围主要包括主体范围、客体范围、空间范围和时间范围。

(1)主体范围。协定适用于为缔约国一方或者同时为缔约国双方居民的人,包括自然人和法人。因为任何人只在其为居民的国家,才对该国家负有无限纳税义务。但国际税收协定不影响按照国际法一般原则或特别协定规定的外交代表或领事官员所享有的财政和税收的特权。

（2）客体范围。即协定适用于哪些税种。一般认为，所得税以及利润汇出税等都是双边税收协定的客体。税收协定的客体主要是所得，但也不限于所得，对一些特定财产的占有行为课征的财产税也可列入协定的适用范围。总之，协定的客体适用范围所确定税种的多少，主要取决于缔约国国内税制的特殊要求。

（3）空间范围。国际双边税收协定所限定的空间范围，一般都是各缔约国的领土，即协定生效的地点为缔约国双方境内。也有些国家签订的双边税收协定规定，其适用的空间范围可以延伸到领土之外的其他区域。

（4）时间范围。一般国际税收协定以交换批准书为生效要件。缔约国双方经过谈判、协商，达成协议文本草案，然后由双方主管部门草签，最后经缔约国各方的权力机关批准，双方互换批准书后方可生效。国际税收协定生效后，一般应长期有效，除非条约本身规定了明确期限或缔约一方对通知期限的权利作出保留，协定可以终止。

二、国际税收协定中税收管辖权的划分

税收管辖权的划分是国际税收协定的核心条款，即对征税所得涉及他国或多国的情况下，确定应由哪一国行使优先征税权，由哪一国行使最终征税权以及哪一些可由一国行使独占征税权。在国际税收协定中一般涉及的所得有四种，即营业所得、劳务所得、投资所得和财产及其他所得，对上述几种国际所得的税收管辖权是这样划分的：

（1）对营业所得的税收管辖规定。在国际税收协定中所涉及的营业所得主要有缔约国一方企业的营业所得、常设机构的营业所得和跨国联属企业的营业所得。对于缔约国一方企业的营业所得，双边税收协定奉行居住国独占征税的原则。对于常设机构的营业利润，税收协定一般规定适用来源地国优先征税的原则。《联合国关于发达国家与发展中国家之间双重征税的协定范本》中明确规定，缔约国一方企业的利润应仅在该缔约国征税，但该企业通过常设机构进行营业的除外。企业通过常设机构进行营业的利润，可以在缔约国另一方征税，其数额应仅属于：第一，该常设机构；第二，在缔约国另一方销售与通过常设机构进行相同或同类货物或商品的收入；第三，在缔约国另一方进行与通过常设机构进行相同或同类的其他营业活动的收入。对于跨国联属企业的营业所得，国际税收协定一般倾向于适用独立竞争原则，要求联属企业应按彼此完全独立，如同不受任何共同控制的企业一样以公开市场价格为标准处理它们之间的收入分配，根据具体情况决定由居住国或收入来源国管辖。

（2）对投资所得的税收管辖规定。对于投资所得，国际税收协定一般适用来源国与居住国分享收入的原则，即在承认来源地国对非居民纳税人的投资所得拥有优先征税权的基础上，同时又对来源地国的征税加以某种限制。

（3）对劳务所得的税收管辖规定。劳务所得其内容有：独立个人劳务，即自由职业者所从事的专业性劳动；非独立个人劳务，即受雇的职员或雇员的劳务；董事的报酬所得；表演家或运动员的报酬所得；退休金；政府职员所得；学生和实习人员所得；教师和研究人员所得。对劳务所得的征税及限定条件，政策性和原则性很强，并且情况复杂。如何解决好这些问题，对国家间人才交流、提供劳务和跨国经营具有重要的意义。

（4）对财产所得的税收管辖规定。一是对不动产，缔约双方都有征税权，其基本原则是对不动产及其所得和利益，以不动产所在地为准征税；二是财产收益所得，指在所有权转移的情

况下,处理或转让财产的所得,也称为资本所得,对财产所得税收管辖权的协调,是以缔约国征收财产税,并对其居民的境外财产征税为前提的;三是对其他所得的税收管辖权的协调。

三、国际税收协定关于消除国际重复征税的方法

国际重复征税,是由于有关国家对跨国所得同时行使不同的税收管辖权导致冲突所产生的,所以要解决国家间对跨国纳税人的重复征税问题,就必须在有关国家之间就下述两项内容达成一致性的协议:一是避免重复征税,即缔约国之间需要明确属地管辖权行使的范围,对哪一些所得可由非居住国优先行使属地管辖权,哪些所得要限制非居住国行使属地管辖权;二是消除重复征税,即缔约国之间需要协商确定对行使居民权的居住国应该如何采取有效的措施,最终消除重复征税。针对国际重复征税的既存事实,税收协定规定了两种解决方法,即免税法和抵免法。

四、国际税收协定的特别规定

在各国签订的双边税收协定中,还就缔约国之间的税务行政协助等方面作出某些特别的规定,如"无差别待遇"、"相互协商程序"、"税收情报交换"等等。

项目习题

1.什么是国际税收协定? 有哪些种类?
2.国际税收协定包括哪些内容?

项目小结

国际税收协定是有关国家之间签订的,旨在协调彼此间税收权益分配关系和实现国际税务行政协助的书面协定。根据不同的标准,国际税收协定可划分为不同的种类,这是本项目的学习重点。

参考文献

[1] 王传丽. 国际经济法[M]. 北京:法律出版社,2009.

[2] 莫世健. 国际经济法[M]. 北京:中国政法大学出版社,2008.

[3] 郭寿康,赵秀文. 国际经济法[M]. 北京:中国人民大学出版社,2009.

[4] 余劲松,吴志攀. 国际经济法(第三版)[M]. 北京大学出版社、高等教育出版社,2009.

[5] 廖益新. 国际经济法[M]. 厦门大学出版社,2007.

[6] 陈安. 国际经济法(第二版)[M]. 北京:法律出版社,2007.

[7] 刘丰名. 国际金融法[M]. 北京:中国政法大学出版社,2007.

[8] 刘剑文. 国际税法(第二版)[M]. 北京大学出版社,2004.

[9] 王贵国. 国际投资法(第二版)[M]. 北京:法律出版社,2008.

[10] 余劲松. 国际投资法(第三版)[M]. 北京:法律出版社,2007.